OPTION B

逆境、レジリエンス、そして喜び

シェリル・サンドバーグ
アダム・グラント
櫻井祐子=訳

FACING ADVERSITY, BUILDING RESILIENCE, AND FINDING JOY

SHERYL SANDBERG
ADAM GRANT

日本経済新聞出版社

OPTION B

FACING ADVERSITY, BUILDING RESILIENCE, AND FINDING JOY

BY

SHERYL SANDBERG

ADAM GRANT

BOOK DESIGN
ALBIREO

DTP
MARLIN CRANE

最愛のデービッド・ブルース・ゴールドバーグに捧ぐ
1967年10月2日―2015年5月1日

デーブ、いつまでも愛している

はじめに

デーブに最後にかけた言葉は、「眠くてたまらない」だった。

デーブ・ゴールドバーグと出会ったのは1996年夏、私がロサンゼルスに引っ越したときのことだ。共通の友人が、私たち2人を夕食と映画に誘ってくれた。映画が始まったとたん、私はデーブの肩に頭をあずけてコトンと寝てしまった。この子は僕にゾッコンだと思ったよ——「シェリルがどこでも、だれの肩でも寝る」のを知るまでの話だけどね。そういって人を笑わせるのが、デーブは好きだった。

デーブはいちばんの親友になり、おかげではじめてロスになじめた気がした。楽しい仲間に紹介し、渋滞を避ける裏道を教え、週末や休日に暇にならないよう気を配ってくれた。インターネットの手ほどきをし、知らない音楽を聴かせて、ちょっとクールな人間にしてくれたのも彼だ。一緒に暮らしていた彼氏と破局したときも、デーブはあいだに入って私をなぐさめてくれた。彼氏は海軍特殊部隊の元隊員で、実弾を装塡《そうてん》した銃をいつもベッドの下に置いて寝ていたのに、である。

僕はひとめぼれだったけど、彼女が「かしこくなって負け犬どもを袖にふり」、僕とつきあってくれるまで何年も待たされたよ、というのがデーブの口癖だった。いつだってデーブは私の数歩先を行っていた。でもとうとう彼に追いついた。あの映画から6年半後、私たちは1週間の2人旅をおずおずと計画した。行ってしまえば、2人の関係が新しい一歩を踏み出すか、大切な友情が壊れてしまうかのどちらかだとわかっていたから。1年後、私たちは結婚した。

デーブは心の支えだった。私がじたばたしても、いつもどっしり構えていた。不安なときは、すべてうまくいくさと励ましてくれた。うろたえていると、どうすべきか一緒に考えてくれた。もちろん、夫婦だからいろいろあった。それでも深く理解され、真に支えられ、心の底から手放しで愛される喜びを、デーブは教えてくれた。彼の肩にもたれて一生過ごすんだと、そう信じていた。

結婚式から11年経って、友人のフィル・ドイチェの50歳の誕生日をお祝いするために、夫婦でメキシコに行くことになった。私の両親にカリフォルニアの自宅で息子と娘を見てもらい、デーブと私は大人だけで過ごす久しぶりの週末にわくわくしていた。金曜の午後、デーブとプールサイドでのんびりしながら、iPadで「カタンの開拓者たち」を対戦していた。まさかの展開で、私が勝ちそうだった……なのに、まぶたが閉じてくる。猛烈な睡魔のせいで勝利をものにできないとわかると、「眠くてたまらない」と降参して、その場に丸くなった。午後3時41分にだれかが撮ったスナップ写真が残っている。iPadをもったデーブ、となりにデーブの弟のロブとフィル、そして手前の床のクッションで眠りこけている私。デーブはにこにこ笑っていた。

1時間以上経ってから目を覚ますと、デーブはもうそこにいなかった。ジムに行くといっていたのを思い出し、私はみんなとひと泳ぎしに行った。シャワーを浴びに部屋に戻ってきても、デーブはいなかった。変ねと思ったが、とくに気にとめたわけではない。夕食のための着替えをすませ、メールをチェックしてから、子どもたちに電話をかけた。息子はしょげていた。校庭のルールを破って友だちと柵に登り、スニーカーに穴があいてしまったという。涙の告白に、正直に話してえらかったわねとほめ、新しい靴を買うのにお小遣いからいくら出してもらうかは、パパと相談して決めましょうと伝えた。4年生の息子はやきもきしたくないとばかりに、ママがいま決めてよ、とがんばった。それはパパとママが一緒に決めることだから、明日またかけるわね、となだめて電話を切った。

部屋を出て下に降りても、デーブは見当たらなかった。みんなのいる海辺まで歩いて行った。そこにも姿が見えないと、パニックの波に襲われた。何かよくないことが起こっている。「デーブがいないの」と、ロブと奥さんのレスリーに向かって叫んだ。レスリーは一瞬黙り、それから叫び返した。「ジムはどこ?」。近くの階段を指さすと、みんないっせいに駆け出した。あのときの息づかいと身のすくみを、いまも体が覚えている。「ジムはどこ?」と、この先だれかにいわれたら、いつでも心臓が破裂しそうになるだろう。

デーブは床に倒れていた。トレーニングマシンのそばに横たわり、顔は青ざめて左を向き、頭の下に小さな血だまりができていた。みんな悲鳴をあげた。私はとっさに心臓マッサージを始めた。ロブが私に代わり、駆けつけたドクターがロブに代わった。

救急車で病院に向かうときほど、人生で長く感じた30分間はない。デーブはうしろの担架に乗せられ、ドクターが懸命に処置を施していた。「どうかまだ生きているといって」と、前の座席から泣いて訴え続けた。病院があんなに遠いだなんて、道を空けてくれる車があんなに少ないだなんて、信じられなかった。やっと到着すると、デーブは重い木のとびらの向こう側に運ばれ、私はそこで足止めされた。その場にへたり込むと、フィルの奥さんで私の親友のマーニー・レビーンが、ずっと肩を抱いていてくれた。

永遠とも思える時間が過ぎてから、小部屋に通された。ドクターが入ってきてデスクにつくのを見て、すべてを察した。ドクターが出て行き、入れ代わりにやってきたフィルの友人が、私の頬にキスをして「お気の毒に……」とつぶやいた。その言葉とお義理のキスに、これから何度も何度も、そして何度もくり返される、未来のシーンを見ているような気がした。

ご主人にお別れをいいますか、と聞かれた。そうした――そして離れたくなかった。そこにいてずっと抱きしめていれば、ずっと離さなければ、この悪夢から覚めると思った。

やはりショックを受けていたデーブの弟のロブが、「そろそろ行こうか」と肩をたたいた。部屋を出たが、すぐに身をひるがえして駆け戻り、デーブの体をきつくきつく抱きしめた。最後はロブにやさしく引き離された。白く長い廊下を歩くあいだ、私が倒れたり部屋に駆け戻ったりしないよう、マーニーが腕を腰にまわしてくれていた。

こうして残りの人生が始まった。自分で選ぶはずもなく、覚悟のまったくできていなかった人生。いまも覚悟などできていない。想像もできないことが続いた。子どもたちに、パパが死んでしまったのと告げた。2人の泣き叫ぶ声に、自分の慟哭《どうこく》が重なるのを聞いた。お葬式。デーブのことが過去形で語られたスピーチ。わが家に来てくれた大勢の顔なじみの人たち。来る人来る人が私の頬におずおずとキスをして、「お気の毒に」とくり返した。

墓地に着くと、子どもたちは車から降りて崩れ落ち、歩き出せなかった。そのまま芝生に座って、涙に暮れる2人を抱きしめた。2人のいとこたちも次々と加わり、すすり泣く大きなかたまりになった。悲しみからなんとか守ってやれないものかと、大人たちは虚しく腕をまわしていた。

詩も、哲学も、物理学も、時間の進み方は一定でないと教えている。時の流れはぐんと遅くなった。子どもたちの泣き叫ぶ声がいつもあたりを満たしていた。泣いていないときは、いつなぐさめが必要になるかとハラハラしながら見守った。自分の叫びが――心の叫びと、ときには本当の叫びが、残りの空間を占めた。あのころ「虚空《こくう》」のまったただなかにいた。心臓や肺を満たし、思考を奪い、息すらできなくする、圧倒的な虚脱感である。

悲嘆はどこにでもしつこくつきまとい、何もできなくさせる。最初の数日、数週、数カ月間は、つねにそこにあった。水面下に隠れているばかりか、不意に顔を出す。いつまでも煮えたぎり、くすぶり、うずいている。悲しみの波がいきなり立ちあがり、心をもぎとろうとするかのように私を突き抜ける。そんなとき、1時間も、1分だってこんな苦痛には耐えられないと思った。

デーブがジムの床に横たわる姿が頭を離れない。空には彼の顔が浮かんでいる。夜になると彼を求めて、虚空に向かって呼びかけた。「デーブ、さびしいわ。どうして行ってしまったの？　お願い戻ってきて、愛しているの……」。毎晩泣きながら眠りについた。毎朝目を覚まし、うわの空で支度をしながら、彼がいないのになぜ世界がまわり続けるのか、不思議で仕方なかった。なぜ何事もなかったかのように過ごしているの？　みんな知らないの？

なんでもないできごとが、悲しみの引き金を引いた。学校の作品展で、娘が8カ月前の新学期の日に書いた作文を見せてくれた。「2年生になったよ。これから何が起こるかな」。これを書いたとき、まさか2年生が終わる前にパパがいなくなるだなんて、娘も私も夢にも思っていなかったのだと気づき、頭を鉄球で殴られたような衝撃を受けた。まだ2年生よ。私の手のなかの小さな手と、私が作文を気に入ったかどうか確かめようと見上げてくる愛らしい顔を見下ろした。よろめいて転びそうになり、つまずいたふりをしてごまかした。2人で教室をまわりながら、ずっと下を向いていた。ほかの親たちと目が合った瞬間、泣き崩れてしまいそうだったから。

特別な日はさらに切なかった。デーブは学校の始業式の日にはいつも大騒ぎをして、家を出る子どもたちの写真を撮りまくった。私もなんとかやる気をかき集め、デーブのまねをして写真を撮った。娘の誕生日には、母と妹、マーニーの前で寝室の床に座り込み、下へ行ってパーティーのあいだ中にこやかにしているどころか、その場にいるのも無理だわと泣いた。そうしなくてはいけないのはわかっていた。娘のために。それにデーブのためにも。でも、デーブと一緒にできたらどんなによかっただろう。

こんなときでも、おかしさを感じられる瞬間はあった。美容院でカットしてもらっているとき、眠れなくて困っているの、とこぼした。すると美容師さんが「まあ」と大げさにいってハサミを置き、カバンに走り寄って、睡眠薬の錠剤をよりどりみどり、とり出してみせた。心遣いはとてもうれしかった——でも丁重にお断りした。あるときは父との電話で、悲しみを癒すための本を読んでいるのだけど、どれもタイトルがひどいのよ、と嘆いた。『死には重要な意味がある』に、『イエスといって死を迎えよう』でしょう（ノーなんていえるわけないのに）。電話の最中にまたすごいのが届いた。『ベッドのまんなかに移りましょう』。別の日には、帰りの車で気を紛らわせようとラジオをつけた。チャンネルを変えるたび、ますますひどい曲に変わる。『懐かしい人』いやよ。『終わりじゃない』同意しかねます。『いつまでも若く』そんな気分じゃないわ。『せいせいしたぜ――あのころはしあわせだった』全然ちがう。最後は『トナカイのほうが人よりずっといい』で手を打った。

友人のデイビス・グッゲンハイムは、ドキュメンタリー映像作家として、物語自身にみずからを語らせることを学んだと教えてくれた。プロジェクトを始めるとき、物語がどのような終わりを迎えるのかを、彼は知らない。物語があるべきところに自然と導かれるのを待たねばならないという。私が悲しみを無理に抑えようとするのではないかと心配して、自分の気持ちを見つめ、じっくり向き合い、あるがままに任せるんだと諭《さと》してくれた。そう、彼にはお見通しだった。あのころの私は、悲しみを終わらせようとあがき、むりやり箱に閉じ込めて投げ捨てようとしていた。何週間、何カ月と失敗し続けた。いつだって苦悩に圧倒された。落ち着きはらって見えるときも、痛みにもだえていた。体は会議に出ていても、子どもたちに本を読み聞かせていても、心はデーブが横たわっていたあのジムの床にあった。

「悲嘆がこんなにも恐れに似ているとは、だれも教えてくれなかった」と、C・S・ルイスは書いている。[*1] 恐れはつねにそこにあり、悲嘆はいつまでも消えないように思えた。この荒波に揉まれ続けたら、いつか自分の足で立つことも、自分自身でいることもできなくなる。虚空がいちばん深かったころ、知り合いの60代半ばの女性に手紙をもらった。この悲しい旅路の先輩として、よいアドバイスができればうれしいと書いてあったが、そうはならなかった。彼女は数年前に、彼女の親友は10年前にご主人に先立たれたが、2人とも歳月のおかげで痛みが薄らいだようには思えないという。「どんなに頭を絞っても、あなたを力づけられるようなことは何ひとつ思い浮かばないのですよ」と書いていた。手紙は思いやりに満ちてはいたが、苦痛がいつか癒えるだろうという私の望みを打ち砕いた。虚空がひたひたと迫りくるのを感じ、空虚な日々がこの先いつまでも続くような気がした。

このお先まっ暗な手紙を、友人でペンシルベニア大学ウォートン校の経営学・心理学教授、アダム・グラントに電話で聞いてもらった。デーブは2年前にアダムの著書『GIVE & TAKE──「与える人」こそ成功する時代』を読んでいたく感銘を受け、自分がCEOを務める会社サーベイ・モンキーに呼んで話をしてもらったのだ。その夜、アダムをわが家での夕食に招待した。アダムは人がどのようにして意欲と生きがいを見出すかを研究している。私たちはすぐに意気投合し、女性が直面する課題について議論し、アダムの研究をどのように役立てられるかを話し合った。私たちは一緒に執筆するようになり、親しい友人になった。デーブが亡くなったとき、アダムはお葬式のために東海岸から飛んできてくれた。私がなにより心配していたのは、子どもたちが二度としあわせな気持ちになれないのではないかということだ。みんなが体験を語って励ましてくれるなか、アダムは確かなデータをもって、根気強く説明してくれた。親を失っても多くの子どもが驚くほど早く立ち直る。[*2] その後もしあわせな子ども時代を送り、精神的に安定した大人に成長するというのである。

　手紙を読んで絶望した私の声を聞いて、アダムは東海岸から舞い戻り、一見終わりのない虚空も、必ず底を打つのだと説得してくれた。悲嘆から逃れることはできないが、自分と子どもたちの痛みを和らげる方法はあるのだと、そう伝えるために来てくれたのだ。彼によると、配偶者を亡くした人の半数以上が、6カ月後には心理学者が「鋭い悲嘆」と呼ぶ段階を脱しているという。[*3] 悲嘆はありのままに受け止めなくてはいけないが、どれだけ早く虚空を通り抜けられるか、その過程でどのような人間に成長するかは、自分の信念と行動次第でコントロールできるのである。

「バラ色」だけの人生を送っている人なんて、ひとりも知らない。生きていればだれだって苦難に遭遇する。前もって察知できる災難もあれば、不意を襲われることもある。子どもの急死のような悲劇もあれば、恋愛の破局や叶わなかった夢のような苦悩もある。こういうことが起こったときに考えるべきは、「次にどうするか」である。

　それまで私は「レジリエンス」とは、苦しみに耐える力だと思っていた。だから、自分にその力がどれくらいあるのかを知りたかった。でもアダムは、レジリエンスの量はあらかじめ決まっているのではない、むしろどうすればレジリエンスを高められるかを考えるほうが大事だという。レジリエンスとは、逆境が襲いかかってきたときにどれだけ力強く、すばやく立ち直れるかを決める力であり、自分で鍛えることができる。それはめげない、へこたれないといった、精神論ではない。精神を支える力を育《はぐく》むことなのだ。

デーブが亡くなってから、本当に多くの人が「私には想像もできない」と声をかけてくれた。つまり、そんなつらいことが起こるなんて想像できない、あなたがどこかに引きこもっていないで、なぜこんなところでふつうに話していられるのか想像できない、といった意味だ。私自身、お子さんを亡くした同僚が職場に戻ってきたり、がんと診断された友人がスタバでコーヒーを買ったりしているのを見て、同じように感じていた。でも、いざいわれる側になってみると、「私だって想像できない、でもそうするしかないのよ」と答えるようになった。

朝が来れば、起きるしかなかった。ショックを、悲嘆を、生き残ったことへの罪悪感を乗り越えるしかなかった。家ではよい母親でいられるよう、前を向いて進むしかなかった。職場ではよい同僚でいられるよう、集中するしかなかった。

喪失感や悲嘆、失望は、きわめて個人的な感情である。どういう状況にいて、どうやって立ち向かうかは、一人ひとりちがう。それでも、思いやりと勇気を奮い起こして自分の体験を語ってくれた人たちのおかげで、私は救われた。心を打ち明けてくれた人たちのなかには、とても親しい友人もいれば、知恵やアドバイスを一般に公開した見ず知らずの人もいた――ひどいタイトルの本にだって、学ぶところはあった。そしてアダムは、辛抱強く、しかしきっぱりと諭してくれた。闇はいつか必ず明けるが、自分でもその後押しをしなくてはいけない。人生最悪の衝撃的な悲劇に見舞われようと、その影響を多少でも自力でコントロールすることはできるのだ、と。

この本は、アダムと私（シェリル）がレジリエンスについてともに学んだことを、お伝えしようとする試みである。執筆は2人で行ったが、簡潔でわかりやすくするために私が語るというスタイルをとり、アダムは三人称で登場する。希望さえあれば必ず苦痛をはねのけられるだなんて、私たちはいわない。そんなはずはないのだから。喪失や挫折を知り尽くしているような顔はしない。そんなことはないのだから。悲しみ方や問題への向き合い方には、正解や正しい方法などないから、完全無欠の答えは示さない。そんな答えはないのである。

それに、ハッピーエンドで終わる物語ばかりでないことも、私たちは知っている。これから紹介する希望に満ちた物語の陰には、乗り越えられないほど過酷な逆境の物語が多くある。戦争や暴力、社会に組み込まれた性差別や人種差別は、暮らしや社会をずたずたにする。差別や病気、貧困は悲劇を生み出し、それに拍車をかける。残念なことに、逆境は均等に分かち合われていない。疎外され権利を剝奪された集団が、不釣り合いに多くの逆境と悲嘆に耐えているのが現状である。

私たち家族はつらい経験をしたけれど、家族や親族、友人、同僚の手厚いサポートがあり、経済的にも恵まれていることは重々承知している。また、逆境に力強く立ち向かう方法を示したからといって、逆境のそもそもの根源を断つ責任を免れるわけではないこともわかっている。私たちが社会や企業のなかで公共政策の充実をはたらきかけ、お互いに手を差し伸べることでこそ、苦しむ人を減らしていけるのである。

しかし、いくら食い止めようと奮闘しても、逆境や不平等、トラウマは現に存在し、そして私たちは立ち向かうしかない。明日の変化を求めて闘うには、今日レジリエンスを育む必要がある。[*4] 心理学者は、喪失や拒絶、離婚からケガや病気まで、仕事での失敗からプライベートでの失望まで、さまざまな逆境や挫折から回復し、立ち直る方法に関する研究を進めている。アダムと私はそうした研究成果を検討したほか、よくある挫折やめったにない困難を実際に跳ね返した人たちを探して、直接話を聞いた。彼らの物語を知ったことで、レジリエンスに対する私たちの考え方は大きく変わった。

この本は、人間精神に備わった、がんばり抜く力についての本である。自分自身を助け、まわりの人を助けるための方法について説明しよう。回復における心のはたらきについて、また自信と喜びをとり戻すために乗り越えなくてはならない壁について考えていこう。悲劇について話す方法や、苦しむ友人をなぐさめる方法もとりあげる。回復力のある《レジリエントな》社会や組織のつくり方、折れない心をもった子どもを育てる方法、そして再び人を愛する方法についても考えていきたい。

トラウマを経て成長できることを、私は身をもって学んだ。壮絶な経験を経てもなお強さを身につけ、より深い意味を見出すことはできるのである。そして、「トラウマ前の成長」も可能なはずだと、私は信じている。悲劇を経験しなくても、この先待ち受けるさまざまな試練のためのレジリエンスを育むことはできるはずだ。

私自身、まだ立ち直りの途上にいる。鋭い悲嘆の霧は晴れたけれど、さびしさも、デーブを焦がれる気持ちもまだここにある。いまも自分なりの方法を模索しながら、この本で紹介する教訓を自分自身学び続けている。悲劇を経験した多くの人たちのように、私も人生の意味を、そして喜びを自分の手で選びとり、ほかの人がそうするのを手助けできることを望むばかりである。

闇がいちばん深かったころを振り返ると、そんなときでも希望の光があったことが、いまならわかる。友人にいわれて思い出したのだが、墓地で泣き崩れた子どもたちに、私はこう語りかけた。「いまは人生で2番めに最悪なときよ。いちばん最悪なときを乗り越えたんだから、これもきっと切り抜けられる。ここさえ越えれば、あとはよくなるだけよ」。そして幼いころに覚えた平安の祈り、「オーセ・シャローム」を歌いはじめた。歌おうと決めたことも、なぜこの歌を選んだのかも覚えていない。あとで知ったことだが、これはカディシュと呼ばれるユダヤ教の弔《とむら》いの祈りの最後の部分で、だからあの場で自然に湧き出てきたのだろう。大人たちがすぐに合唱に加わり、子どもたちが続き、いつしかむせび泣きはやんだ。娘の誕生日には、どうにか床から立ちあがり、パーティーのあいだ中ほほえみ通した。なんとも驚いたことに、娘は心の底から楽しんでいた。

デーブが亡くなってからわずか数週間後に、デーブが参加するはずだった父と子の催しのことでフィルに相談した。だれかにデーブの代わりをお願いする計画を2人で立てた。「でも、デーブにいてほしかった」と、つい弱音を吐いてしまった。フィルは私の肩に腕をまわし、励ましてくれた。「オプションAはもう無理なんだ。ならば、オプションBをとことん使い倒そうじゃないか」。

完璧な人生なんてあり得ない。だからみんな、なんらかのかたちの「オプションB」を選ばざるを得ない。この本は、だれもがオプションBをとことん使い倒せるようにするための本である。

CONTENTS

1 もう一度息をつく

続けなくてはいけない
続けられない
続けるのだ

――サミュエル・ベケット[*1]

デーブが亡くなって1年ほど経ったある日、仕事中に携帯電話が鳴った。着信の相手は長年の友人である。いまどき電話をかけてくる人なんてめったにいないから、大事な用件にちがいないと思った。果たしてそうだった。友人は、メンターをしている若い女性のことで心を痛めていた。その数日前、女性は知人の誕生日パーティーに行き、帰りに家が近い同僚を車で送っていった。家に着くと彼はいきなり凶器を出し、彼女を連れ込んでレイプしたのである。

女性は病院に行って性的暴行の証拠を採取するレイプキット検査を受け、それから警察に通報した。友人は、女性をどうにかしてなぐさめたかった。彼女は君も知っている子だから、話をして支えてやってくれないか、と頼まれたのだ。さっそく番号をダイヤルしたものの、そんなに残酷な目に遭った人をなぐさめられる自信はなかった。でも彼女の話を聞くうちに、悲嘆を乗り越える方法について私が学んだことが、彼女にも役立つのではないかと思えてきたのだ。

私たちは人生のネガティブなできごとをさまざまな方法で処理するうちに、レジリエンスの種まきをする。心理学者のマーティン・セリグマンは、人が失敗や挫折にどのようにして対処するかを長年研究し、「3つのP」が苦難からの立ち直りを妨げることを明らかにした。[*2] すなわち自責化（Personalization：自分が悪いのだと思うこと）、普遍化（Pervasiveness：あるできごとが人生のすべての側面に影響すると思うこと）、永続化（Permanence：あるできごとの余波がいつまでも続くと思うこと）である。簡単にいうと、3つのPとはヒット曲の『すべてはサイコー！』の裏返し、「すべてはサイテー！」の状態である。「このサイテーなできごとは自分のせいだ。何もかもがサイテーだ。この先ずっとサイテーだ」という考えが、頭のなかをぐるぐるまわり続けるのだ。

つらいできごとが「自分ひとりのせいではない、すべてではない、ずっとではない」ことに気づけば、子どもも大人も立ち直りが早くなることを、多くの研究が示している。ネガティブなできごとを自責化、普遍化、永続化しない人は、うつになりにくく、状況によりよく対処できるのである。[*3] 都市部の学校でも農村部の学校でも、3つのPの罠に陥らない教師は、指導能力がより高かった。より効果的な授業を行い、生徒の成績もより高かった。[*4] 競泳の大学代表選手が試合でよい結果を残せなかったときも、3つのPにとらわれない人は心拍数の上昇がより緩やかで、その後の試合でよりよいタイムを出すことができた。[*5] それに3つのPを避けることは、仕事で苦労している生命保険の外交員にも役立った。断られたことを自分のせいだと考えず、「今日がだめでも明日があるさ」と切り替えた人は、同僚の2倍以上の販売成績をあげ、在職期間も2倍長かったのである。[*6]

女性との電話で、まずはじっくり話を聞いた。彼女は尊厳を踏みにじられ、裏切られた思いがし、怒りと恐怖を覚えると、切々と語った。そのうちに、同僚を車で送っていったのがいけなかったと、自分を責めはじめた。私は、暴行されたことを自分のせいだと思わないようにと励ました。レイプは被害者の責任ではけっしてないし、同僚を車で送ってあげるのはごくあたりまえの行動だ。そして、あなたの身に起こる何もかもが、あなたのせいで起こるわけではないのよと、力を込めていった。それからもう2つのP、普遍化と永続化についても説明した。人生のほかの面にはよいことがたくさんあるし、いまの絶望的な気持ちも、時が経てば必ず薄れるということをわかってほしかった。

レイプからの立ち直りは、人それぞれまったくちがう、とてつもなく困難で複雑なプロセスである。一般にレイプ被害者は自分を責め、将来を悲観することが多い。[*7] このパターンから抜け出せる人は、うつやＰＴＳＤ（心的外傷後ストレス障害）を発症するリスクが低いのである。数週間後、女性が電話をくれ、州当局が彼女の協力でレイプ犯を起訴する方向で動いていると知らせてくれた。３つのＰについて毎日考えていて、アドバイスをもらったおかげでちょっと気が晴れた、といってくれた。それを聞いて、私の気も晴れた。

私自身も、３つの罠に陥った。最初は自責化である。デーブが亡くなると、真っ先に自分を責めた。最初の死亡診断書では、トレーニングマシンから落ちたときの頭部外傷が死因とされていたから、もっと早く見つけていれば救えたかもしれない、と悔やみ続けた。トレーニングマシンの高さから落ちても、腕を骨折することこそあれ、死ぬはずがない。そもそもデーブが落ちる原因がほかにあったはずだというのだ。解剖の結果は、弟のいうとおりだった。デーブは冠動脈疾患を原因とする心不整脈で、数秒のうちに亡くなったのである。

床に倒れたまま放置されたことが原因でないとわかっても、自分を責めるべき理由を探し続けた。デーブは冠動脈疾患と診断されたことは一度もなかった。私はデーブの主治医たちと何週間も話し合い、家族に何人かいるドクターは、検死報告書と死亡診断書をしらみつぶしに調べた。胸の痛みを私や主治医に訴えたことがあったのに見過ごしていたのかしら、とくよくよ考えた。食生活を猛省し、体によいものを食べるよう、もっとうるさくいうべきだったと悔いた。でも、生活習慣をひとつ変えたところで病気を確実に防ぐことはできなかったと主治医たちはいう。デーブは私と一緒にいるときはずっと健康的な食習慣を心がけていたと、彼の家族が教えてくれたのも救いになった。

デーブが亡くなり、私のまわりの人たちの生活が混乱したことについても、自分を責めた。それまでの私は長女であり、行動の人、計画の人、「リーン・イン」〔「1歩踏み出す」の意〕の実践者だった。ところがデーブが亡くなると、糸が切れたようにほとんど何もできなくなってしまったのだ。みんなが率先して手を貸してくれた。上司《ボス》のマーク・ザッカーバーグと義弟のマルク、そしてマーニーが、お葬式を計画してくれた。父と義妹のエイミーは、埋葬の手はずを整えてくれた。エイミーは弔問客が来るたび、立ちあがって挨拶するよう、そっと促してくれた。父はちゃんと食べるんだぞといい、私が食事をするのをそばについて見届けてくれた。

それからの数カ月というもの、気がつくといつも「ごめんなさい」といっていた。[*8] いつでもだれにでも詫びていた。最初の1カ月のあいだすべてを放り出してつき添ってくれた母に。多忙の合間を縫って遠くからお葬式に駆けつけてくれた友人に。約束をすっぽかしてしまったクライアントに。感情に流されて集中が途切れたせいで、迷惑をかけてしまった同僚に。いつも「大丈夫、できる」と思って会議を始めるのに、涙があふれてきて、「ほんとにごめんなさい」と口ごもりながら部屋を走り出るはめになった。いくらシリコンバレーが秩序の破壊を求めているといっても、これじゃひどすぎる。

とうとう、アダムにいわれて「ごめんなさい」を禁句にすることにした。それに、「すみませんが」や「残念ながら」といった言葉で禁止をかいくぐろうとするのも厳禁である。アダムによれば、自分を責めることで私の回復が遅れていて、そのことが子どもたちの回復まで妨げているという。それを聞いてバチン、とスイッチが入った。デーブの主治医が死を防げなかったのだから、自分に防げたと考えるのは筋ちがいだ。みんなの生活が混乱したのは私のせいではなく、あのできごとのせいだ。泣いたことを謝ってほしいだなんて、だれも思っていない。いざ「ごめんなさい」を禁句にすると、出かかった言葉を何度ものみ込むうちに、いつしか自責化から解放された。

何もかもを自分のせいにするのをやめると、悪いことばかりではないと気づきはじめた。息子と娘は夜通しぐっすり眠り、泣くことが減り、よく遊ぶようになった。私たちはグリーフカウンセラーやセラピストの力を借りることができる。子どものケアとサポートを自宅で受けられる経済的な余裕がある。親身になってくれる家族や友人、同僚がいる。私と子どもたちをしっかりと――ときには比喩でなく本当に――包み込んでくれる、みんなの度量には感服するしかない。みんなとは前には考えられなかったほど親密になれたように感じている。

職場への復帰も、普遍化の克服に役立った。ユダヤ教の伝統ではお葬式のあと、遺族はシバと呼ばれる7日間の喪の期間に入り、それが明けるとふだんの活動のほとんどを再開する。児童心理学者とグリーフケアの専門家は、息子と娘をふだんの生活にできるだけ早く戻したほうがいいと、口をそろえて勧めてくれた。デーブが亡くなってから10日後に2人は学校に戻り、私も学校のある時間は仕事をする生活を始めた。

職場に戻って最初の数日は、頭がもうろうとしていた。フェイスブックのCOO（最高執行責任者）になって7年以上になるというのに、何もかもに戸惑いを覚えた。復帰後はじめての会議では、みんな何を話しているの？　それがいったいどうしたというの？　としか考えられなかった。でもいっとき議論に引き込まれ、ほんの1秒間、もしかすると0・5秒間だけ忘れていられた。死を忘れた。デーブがジムの床に横たわる姿を忘れた。棺が地中に下ろされるのを見ていたことを忘れた。そしてその日の3つめの会議では、数分とはいえ、居眠りまでした。頭がガクン、となったのは恥ずかしかったが、とてもありがたかったことがある。いびきをかかなかったこと……だけではない。あのときはじめて緊張がほぐれたのだ。数日が経ち、数週間、数カ月が経つうちに、どんどん集中できるようになった。仕事をすることで自分らしくいられる場ができ、同僚の思いやりのおかげで、人生悪いことばかりじゃないと思えるようになった。

職場では「支えられている、理解されている」と感じられることが大切だと、私はかねがね考えている。悲劇的なできごとを経験したあとはなおさらそうだと、いまではわかる。残念なことに、現状は理想とはほど遠い。アメリカでは近親者が亡くなったとき有給の忌引休暇をとれるのは、民間企業の従業員の60％でしかなく、しかもほとんどの場合、数日だけである。[*9] 職場に戻れば、悲嘆は職務遂行の妨げになる。[*10] 大切な人との死別後に襲ってくる経済的ストレスは、まさに泣きっ面に蜂である。悲嘆による生産性の損失は、アメリカだけで年間750億ドルにものぼる。[*11] 休暇や柔軟な勤務体制、勤務時間の短縮、経済的支援を従業員に提供すれば、そうした損失を減らせるうえ、悲しみに暮れる人たちの負担を軽くすることもできる。包括的な医療給付と退職給付、福利厚生、傷病休暇を提供する企業は、従業員への長期的投資が、忠誠心と生産性の向上というかたちで報われることを知っている。[*12] 従業員に支援を与えることは、思いやりに満ちた、かつ賢明な行為なのだ。フェイスブックが寛大な忌引休暇を提供してくれて本当にありがたかった。デーブの死をきっかけに、私はこの方針をさらに広げるべくチームと取り組んだ。

「3つのP」のうち私がいちばん手こずったのは、永続化である。何カ月ものあいだ、何をどうがんばっても、押しつぶされそうな悲しみがいつまでも続くという考えを振り払えなかった。悲劇を乗り越えた知り合いはみな、悲しみは必ず癒えるとなぐさめてくれる。いつか笑ってデーブの思い出話ができる日がくるよ、と。でも信じられなかった。子どもたちが泣くと、父親のいない2人の全人生が目の前にパーッと浮かんだ。デーブは子どもたちのサッカーの試合を1度見逃すだけではない。どの試合も見られないのだ。どのディベート大会にも、どの休暇にも、どの卒業式にも参加することはできない。バージンロードで娘をエスコートすることさえできないのである。デーブのいない生活がこの先ずっと続くと思うだけで身がすくんだ。

そんな暗澹《あんたん》たる展望をもつ人は多い。苦しみの渦中にあるときは、その気持ちが永遠に続くような気がするものだ。将来の自分がどんな気持ちになるかを予測する「感情予測」の研究[*13]により、人はネガティブなできごとの影響が、実際より長く続くと予測しがちなことがわかっている。[*14]大学生を対象としたある研究で、いまの恋人と別れたら2カ月後にどれくらいつらい気持ちでいるかを予測してもらった。その結果を、実際に破局を経験した学生が2カ月後に報告した気分とくらべてみたところ、現実に恋人と別れた学生は、予測よりもずっとハッピーなことがわかった。そのほかのつらいできごとがおよぼすネガティブな影響も、過大に見積もられがちである。准教授は、終身在職権を得られなければ、この先5年はみじめな思いをするだろうと考えた。そんなことはなかった。[*15]大学生は、希望しない寮に割り当てられたらみじめな気持ちになるだろうと思った。そうはならなかった。[*16]大学生のころ、いちばん不人気の寮に——2度も——割り当てられた経験者として、とくに腑に落ちる結果である。

身体に生理的な免疫システムがあるように、脳にも心理的な免疫システムがある。何かまずいことが起こると、本能的に防御システムがはたらくようにできている。絶望のなかにも希望の光を見つけ、不運を幸運に見立てようとする。でもデーブを失ってから、そんなふうには考えられなくなった。「きっとよくなる」と自分にいい聞かせようとするたび、「そうはならない」という、もっと大きな声にかき消された。子どもたちと私は二度と純粋な喜びを感じることはないだろう。二度とけっして。

セリグマンによれば、「けっして」や「ずっと」のような言葉は、永続化のサインである。そこで、「ごめんなさい」を禁句にしたのと同じように、「けっして」と「ずっと」もNGワードにして、代わりに「ときどき」と「最近は」を使うようにした。「これからもずっとひどい気分だろう」を、「ときどきはひどい気分になるだろう」といい換えるのだ。これだって楽しい考えとはいえないが、それでもだいぶマシである。おかげで、割れるような頭痛が和らぐときがあるように、痛みが晴れる瞬間があることに気がついた。そして晴れ間が増えていくにつれ、悲しみのどん底に戻ったときにも、よいときのことを思い出せるようになった。たとえいまはどんなにさびしくても、次の晴れ間が必ずやってくるとわかった。このことは、「自分でなんとかできる」という感覚、すなわちコントロール感をとり戻すのに役立った。

認知行動療法[*17]も試してみた。自分を苦しめている考えを紙に書き出し、次に、その考えが誤っていることを示す具体的な根拠を書く、というものだ。まずいちばん恐れていたこととして、「子どもたちはもう二度としあわせな子ども時代を送れない」と書いた。紙に書かれた文を眺めると胃がキュッとなったが、そのうちに、幼いころに親を亡くしながら、この予測の誤りを地で証明した知り合いがたくさんいることに気づいた。別のときには「もう二度と晴れやかな気分になれない」と書いた。文字を見つめていると、ちょうどその朝、だれかのジョークに声をあげて笑ったのを思い出した。ほんの一瞬のことだったが、それだけで誤りを証明できた。

嘆き悲しむこと、そしてお互い結びつくことは、どちらも人類が進化の過程で獲得した習性なのだと、精神科医の友人が教えてくれた。喪失やトラウマから立ち直るためのそうしたツールを、私たちはいまでは生まれもっているのである。そう考えると、「大丈夫、乗り越えられる」と思えるようになった。人は苦しみを克服するように進化したのだから、深い悲嘆でだめになってしまうことはない。人類がこれまで何世紀にもわたり愛と喪失に向き合ってきたことに思いを馳せ、人類共通の経験という、とても大きなものとつながっていることを心強く感じた。私の敬愛する大学の恩師、スコッティ・マクレナン牧師にも教えを請うた。彼には20代で最初の夫と離婚したときも、親身になっていただいた。40年ものあいだ、人々が喪失を乗り越える手助けをしてきた経験から、スコッティはこう諭してくれた。「神に立ち返ることで、愛に満ちた力強い腕にいつも包まれていることを実感できる。人は自分がひとりではないことを知りたいのだよ」、と。

こうしたつながりについて考えることは、たしかになぐさめになったが、それでも押しつぶされそうな恐怖を振り払うことはできなかった。デーブの思い出や姿はそこかしこにあった。最初の数カ月は毎朝目を覚ますたび、やはり彼はいないのだと打ちひしがれた。夜にはデーブに会おうとキッチンに行き、彼がそこにいないことにショックと苦痛を覚えた。マーク・ザッカーバーグと奥さんのプリシラ・チャンは、デーブとの思い出のない場所に行けば心が安まるのではと考え、私と子どもたちがまだ行ったことのない海辺での休暇に誘ってくれた。なのに、海の見えるベンチに腰を下ろし、大空を見上げたとたん……雲の隙間からデーブの顔がこちらを見下ろしていた。マークとプリシラのあいだに座り、2人の腕に包まれていたのに、なぜだかデーブもそこにいるように感じられたのだ。

逃げ場はなかった。悲嘆は深く濃い霧のようにいつもまとわりついていた。友人のキム・ジャバルは、お兄さんを亡くした経験を、鉛の毛布で顔と体を覆われたようだといい表した。デーブの弟のロブは、まるでブーツで胸を踏みつけられたかのように、肺に息が入らないとこぼした。16年前にお父さんを亡くしたときよりも胸が苦しいという。私も肺に空気が入っていかない気がしてつらかった。不安に襲われたときに効く呼吸法を、母が教えてくれた。6つ数えながら息を吸い、6つ数えるあいだ息を止め、6つ数えながら息を吐き切る。いつもは甘えたがりの名づけ娘のエリーズが、私のパニックがおさまるまで、数を数えながら手を握っていてくれたのにはホロリとした。
「最悪を受け入れなさい《リーン・イン》」、つらくてあたりまえなのだと、デーブのお葬式を執り行ってくれたラビ（ユダヤ教の師）のナット・エズレイは諭してくれた。私が前著の『LEAN IN（リーン・イン）』で伝えようとしたこととはちょっとちがうけれど、でもこの言葉には助けられた。悲しみや不安を感じるとき、じつはその感情から二次派生する別の感情に二重に苦しめられていることに、私は前から気づいていた。たとえば気落ちしているときは、自分が気落ちしていることにも気落ちしている。不安なときは、自分が不安なことにも不安を覚えている。「どんな苦悩にも、苦悩の影が必ず含まれている」と、C・S・ルイスも書いている。「ただ苦しむのではなく、自分が苦しんでいるという事実についてとめどなく考え続けてしまうのである」[*18]。

　デーブを失ったあと、ネガティブな感情から、これまでに感じたことのないほど強いネガティブな感情が二次派生するようになった。ただ悲嘆に暮れていたのではない。自分が悲嘆に暮れていることを悲嘆していた。ただ不安なのではなく、「メタ不安」だった。子どもたちが自転車で通学中にケガをするといった、以前はそれほど気にならなかったささいなことが心配で仕方がない。師の教えどおり「本当にサイアクだわ」と開き直ると、気持ちがとても楽になった。自分のネガティブな感情に当惑するのをやめ、そういうものだと受け入れるようになった。

友人によると、これは仏教徒が紀元前5世紀の昔から知っていたことなのだそうだ。仏教の4つの真理（四諦《したい》）のひとつめ、「一切の生は苦なり」という真理（苦諦《くたい》）である。老、病、死は避けることができない。この世には喜びもあるが、どんなに手を尽くしてもいつしか消えてしまう。アメリカ人女性としてはじめて禅の壁を突破し、チベット仏教の尼僧になったペマ・チュードゥンは書いている。私たちはこの真理を受け入れるとき、「内なる悪魔と折り合う」[*19]ことができ、苦悩が和らぐのだと。内なる悪魔と飲みに行く気はなかったけれど、その存在をありのままに受け入れると、悩まされることも少なくなった。

お葬式の数日後に、私は息子と娘と一緒に新しい「わが家のルール」の表をつくって、毎日見られるように、通学カバンを置く棚の上の壁に貼った。ルールその1は、「自分の気持ちを大切にしよう」。授業中など、間の悪いときに悲しみに襲われることがある。そんなときは、いつでも手を止めて休憩をとっていいことにした。2人はしょっちゅう「泣き休憩」をとり、先生は、お友だちと外に出てもいいし、スクールカウンセラーのところに行って気持ちを吐き出してもいいと、理解を示してくれた。

子どもにはこうアドバイスしたが、自分にも言い聞かせる必要があった。「最悪を受け入れる」とは、悲しみに襲われるタイミングは自分でコントロールできないと認めることだ。私にだって、泣き休憩は必要だった。路肩に駐めた車で、職場で、取締役会で、泣き休憩をとった。お手洗いに隠れてすすり泣くことも、デスクで涙に暮れることもあった。

あらがうことをやめると、感情は早く過ぎ去るようになった。

数カ月もすると、激しい苦痛の霧に、時折晴れ間がのぞいた。再び霧がかかっても、前より早く立ち直れるようになった。悲しみに向き合うのは、体力づくりに似ている。体を鍛えれば鍛えるほど、心拍数の戻りが早くなる。また特別激しい運動をしているときなどに、自分の隠れた力を発見することもある。

ショッキングなことだが、私の立ち直りにもっとも役立ったことのひとつは、「考え得る最悪の事態が起こっていたら」と想像することだった。まずい事態を想定するのは、もともと私の得意とするところである。レストランで最初に案内された席はとりあえず拒するといったことは、ユダヤ人のならわしのようなものだ。でもデーブを失ったばかりの、まだ悲しみが深かったころは、いつも本能的にポジティブなことを考えようとしていた。アダムはその逆をやれという。もっと悪い事態を想像することが、立ち直りを助けるというのだ。[*20]「これよりも悪いですって?」と思わず聞き返した。「冗談でしょう? これ以上最悪なことなんてないわ」。彼の返事は胸に刺さった。「デーブはお子さんたちを車に乗せているときに、不整脈を起こしていたかもしれないよ」。ほんとだ。3人とも失っていたかもしれないだなんて、考えたこともなかった。その瞬間、子どもたちが元気に暮らしていることに、途方もない感謝の念が湧いてきた。そしてこの感謝の気持ちが、悲嘆をいくらか和らげてくれたのである。

デーブと私は、夕食のテーブルでその日のベストとワーストの瞬間をひとりずつ順に発表するのを、わが家の日課にしていた。テーブルを囲む人数が3人になったとき、私は3つめを加えた。いまでは「感謝できること」も発表している。また食前の祈りを毎日捧げるようになった。手を合わせ、目の前の糧を与えてくださった神に感謝すると、日々の恵みに気づきやすくなる。

恵みに感謝すること自体にも、よい効果がある。心理学者が行ったある実験で、参加者を3つのグループに分け、1つめのグループには毎週1回、感謝できることを5つ書き出してもらった。2つめのグループにはわずらわしいできごとを、3つめのグループには日常的なできごとを列挙してもらった。9週間後にくらべてみると、「感謝グループ」はほかのグループよりも幸福感が有意に高く、健康上の問題も少なかったのである。[*21] 不況期に就職した人ほど、数十年後の仕事への満足感が高いが、それは職を得ることの大変さを身に沁みて知っているからだ。[*22] 感謝できることを数えると、この世のよいことを思い出すから、より幸福で健康になれる。毎晩どんなに悲しくても、感謝できるものごとや人について考えるようにした。

経済的な心配をしなくてよいことにも、深い感謝を覚えた。もうこの家には住めなくなるの、と娘にも息子にも聞かれた。いいえ、と答えられるのがどんなに幸運なことかは、私にもわかっていた。病院で診察を受けたり車を修理に出したり、といった予想外のできごとがたった一度起こるだけで、経済的安定が一夜にして吹き飛んでしまう人が多くいる。日本では6人に1人が相対的に貧困とされる。女性とひとり親の場合、割合はさらに高い。[*23] アメリカ人の60%が、家計を脅《おびや》かすようなできごとを経験している。また3人に1人が貯蓄ゼロで、お金の不安をつねに抱えている。[*24] 一般に男性にくらべ収入も退職手当も少ない女性は、パートナーを失うことで深刻な経済的ダメージを被りやすい。[*25] 最愛のパートナーを亡くして打ちひしがれているところに、最低限の生活に必要な収入さえ得られず、家を失うことも多い。[*26] 世界全体で2億5800万人いる寡婦のうち、1億1500万人以上が貧困のなかで暮らしている。女性の賃金格差をなくすことが重要な理由は、ここにもある。

多様な家族のあり方を受け入れ、困難を切り抜けるために必要な支援を与えなくてはならない。事実婚や同性婚のカップルは、異性婚のカップルにくらべ法的保護や労働条件の面で不利である。悲劇がさらなる苦難を呼ぶことがないよう、社会保障政策の拡充や、家庭に配慮した就業環境の整備をはかる必要がある。ひとり親と寡婦はさらに手厚い支援を受ける権利があり、リーダーや同僚、家族、隣人はすすんで支援を与えなくてはならない。

自分がどんなに恵まれているかを知ってもなお、苦しみにとらわれていた。床に倒れているデーブを発見してから4カ月と2日後のこと、子どもたちの新学期の保護者会に出た。はじめてひとりで車を運転していった。親たちは体育館に集まってから、自分の子どものクラスに分かれていく。デーブと私はいつも手分けして息子と娘のクラスに行き、あとでメモを見せ合った。マンツーマンのディフェンスだ。でもそのオプションは、もう無理だった。

　クラスを選ばなくてはならないことを考えてその週はずっと気が重かったが、いざそのときになってみると、さびしさが波のように襲ってきた。友人のキムに手を引かれて教室に向かいながら、どちらのクラスに行こうかまだ決めあぐねていた。と、そのとき携帯電話が鳴った。私の主治医からである。このあいだの乳がんの定期マンモグラフィー検診で怪しい影が見つかったので、一刻も早く知らせたかったという。心臓が飛び出しそうになった。まだ心配することはありませんよ――まあ心強いこと――でも明日必ず超音波検査にいらしてください。

　さびしさはパニックに代わった。どちらのクラスにも行かずに車に駆け戻り、そのまま逃げるようにして家に向かった。父親を亡くして以来、子どもたちは死にとらわれていた。無理もないことである。数週間前の夕食中に、娘が泣き休憩をとりたいといい、私は部屋までついていった。ベッドで添い寝していると、娘は私のネックレスに手を伸ばしてきた。家族4人のイニシャルのチャームがぶら下がっているものだ。思い詰めたような声で「ひとつ選ぶんだ」というので、どうしてと聞き返すと、ママが悲しむからいわない、と娘。何をいってもいいのよと促すと、消え入りそうな声でポツンとつぶやいた。「いまから選ぶ人が、次に死ぬの」。肺から空気が抜けていくような気がしたが、なんとか平気を装った。「それなら、ママに選ばせて」。〝S〟を指さして宣言した。「次に死ぬのはママよ。それはきっといまから40年後のことで、もう90歳を超えているわ」。そんなことをいってよかったのかどうか、わからない（おまけに足し算までまちがえた）。でも、なんとかしてなぐさめたかったのだ。

保護者会を出て家へ車を走らせながら、ネックレスをさわる娘の小さな手の感触を思い出した。私までがんになっただなんて、どうして娘と息子にいえるだろう？　もし、もしも私までいなくなってしまったら、2人はどうなるの？　ほんの数分前、保護者会のクラスを選ぶのをあれほど悩んでいたのが、ウソのようだった。

その夜は動揺して涙が止まらず、子どもたちを寝かしつけられなかった。心配させたくなかったから、母に代わりをお願いした。妹も駆けつけてくれ、3人で手を握り合って祈った。ほかに何をしていいか思いつかなかったのである。母は祈りの言葉を二言、三言唱えた。もう一度、もう一度お願い、と私は懇願し、母は祈り続けてくれた。

次の17時間はのろのろと過ぎていった。眠ることも、食べることも、まともに会話を続けることすらできなかった。ただ時計をぼんやり眺めながら、午後1時の診察を待った。

超音波検査の結果、マンモグラフィーが偽陽性だったこと、つまり乳がんではなかったことがただちに判明した。このとき全身にみなぎった感謝の気持ちは、永遠にも感じられたあの4カ月間の悲嘆と同じくらい、強く心を揺さぶった。健康でいられることに、そしてこの世のよいことに、それまでにないほどの感謝を覚えたものである。

若いころ「3つのP」について知っていたらどんなによかっただろうと、いまにして思う。知っていれば救われただろうと思うことは、たくさんあった。大学を出て働きはじめた初日に、ロータス123という、90年代に主流だった表計算ソフトにデータを入力するよう、上司にいわれた。じつはやり方を知らないんです、と白状するしかなかった。上司は口をあんぐり開けて私をまじまじと見つめ、「そんなことも知らないで、よくこの仕事に就けたものだな」といい、そのまま部屋を出て行ってしまったのだ。もう完全にクビだわと思いながら、とぼとぼ家に帰った。自分は何もかもうまくできないのだと落ち込んだ。でも実際には、表計算ソフトに不慣れなだけだった。普遍化について知っていれば、あの週あんなに心配せずにすんだのに。また彼氏たちと破局したとき、永続化のことをだれかが教えてくれていたらどんなによかっただろう。心の痛みが永遠に続くことはないと知っていたら、あんなに悩まずにすんだのに。それに正直いって……どれも長続きする縁じゃなかったのだ。あのとき、自責化についても知っていればよかった（自分は悪くない、ぜんぶ相手のせいってことも、時にはあるのだ）。

20代で最初の結婚が失敗に終わったとき、3つのPは束になって襲ってきた。この先何を成し遂げようと、いまもこれからもずっと負け組なのだと思った。でも考えてみれば、ワシントンDCから知り合いのほとんどいないロサンゼルスにはるばる引っ越したのは、結婚に失敗したからこそである。運よく友人が、親友と食事と映画に行くからおいでよと誘ってくれた。その夜3人でデリで食事をしてから『戦火の勇気』を見に行き、そこではじめてデーブの肩で眠った、というわけなのだ。

喪失はどんな人にも降りかかる。仕事を失うこともあれば、愛を失うこと、ときには命が失われることもある。大切なのは、こうしたことが起こるかどうかと考えることではない。喪失は必ず起こり、だれもが向き合わなくてはならない。

レジリエンスは心の内奥から生まれ、差し伸べられた助けから生まれる。この世のよいものに感謝することから生まれ、最悪な事態をありのままに受け入れることから生まれる。悲嘆を乗り越える方法を研究することから生まれ、悲嘆を受け入れることからも生まれる。思うように事態をコントロールできないこともあれば、思った以上にコントロールできることもある。

たとえ人生の濁流にのみ込まれても、水底を蹴って水面に顔を出し、もう一度息をつくことはできるのだと、私は学んだのである。

2 部屋のなかのゾウを追い出す

部屋のなかのゾウ：だれもが見て見ぬふりをしている問題

大学のルームメイトといえば1人か2人がふつうだが、3、4人いることもある。デーブには10人いた。卒業後、ルームメイトは全米に散らばり、特別な機会でもなければ会うこともなくなった。２０１4年の春、卒業25周年の同窓会で全員が再会した。家族ぐるみで過ごした時間はとびきり楽しかったから、翌年の7月4日の独立記念日を一緒に過ごそうということになった。

デーブはその旅行の2カ月前に亡くなった。

旅行を見合わせることも考えた。デーブのルームメイトとデーブなしで過ごすなんて、耐えきれないほどつらいのではと思った。でもデーブと過ごした日々にしがみつこうと必死だった私は、行かなければ彼のかけらがまたひとつ、手からこぼれ落ちるような気がした。私と同じように深く悲しんでいる彼の親友たちと過ごすのもなぐさめになるだろうと、思い切って出かけることにした。

旅行中はほとんどのあいだぼんやりしていたけれど、最終日に何人かと朝食をとったときのことだ。そのなかに、数年前に多発性硬化症と診断されたジェフ・キングがいた。デーブとはジェフの病気についてたびたび話していたが、ジェフ本人とはその話を一度もしていなかったことに、その朝はじめて気がついた。

ゾウさん、そこにいたのね。

「ジェフ」と声をかけた。「どうしてる？　あの、本当のところどうなの？　どんな気持ちでいるの？　怖い？」

ジェフは驚いて目を上げ、しばらく黙っていた。それから目に涙をためて、こういった。「ありがとう。ありがとう、聞いてくれて」。そして堰《せき》を切ったように話しはじめた。病気を告知されたときどうだったか。医師の仕事を辞めるのがどんなに悔しかったか。病気の進行のせいで、子どもたちにどんなにつらい思いをさせているか。将来をどんなに不安に思っているか。そして、その朝テーブルを囲んでいた私やみんなとこの話ができて、どんなにうれしかったか。朝食が終わると、ジェフは私をギュッとハグしてくれた。

デーブが亡くなったばかりのころ、友人に会って「どうしてる？」と聞いてもらえないとショックだった。はじめてのとき、これがあの「尋ねない友人」[*1]なのね、と思ったものである。だれでもそういう知り合いが何人かいる。この言葉をつくったブロガーのティム・アーバンは、こんなふうに説明する。「仕事を辞めた。恋に落ちた。恋人の浮気現場に遭遇した。逆上して2人を殺した。でも、たいしたことじゃない。だって『尋ねない友人』とのあいだで話題にのぼることはないんだから。君の人生のどんなことについても、何があろうとけっして尋ねない友だちさ」。自分のことで頭がいっぱいの人もいれば、立ち入ったことを聞くのが気詰まりなだけの人もいる。

友人たちが様子を尋ねてくれないと、なぜなのか理解に苦しんだ。目の前に立っているのに姿が見えない、透明人間にでもなったような気がした。だれかがギプス姿で現れたら、みんな目を丸くして「どうしたの？」と質問攻めにするだろう。足首が砕けたら、何が起こったのか根掘り葉掘り聞かれるだろう。でも人生が打ち砕かれたら、何も聞かれない。

その話題は何度となく避けられた。親しいお宅に夕食に呼ばれたときも、友人夫婦は食事のあいだ中ずっと、たわいのない話をしていた。狐につままれたような気分で耳を傾けながら、心のなかで会話した。**そう、ウォリアーズは絶好調よね！　そのチームの大ファンだったのはだれか知ってる？　デーブよ。**家を空けづらくなったかどうかも問わずに、ただ遠方のイベントで講演してほしいと、メールをよこした友人たちもいた。**あら、たった1泊だけなのね。もちろんよ、デーブが生き返って子どもたちを寝かしつけてくれるかどうか、聞いてみるわ。**近所の公園で会う友人は、お天気の話しかしなかった。**ほんとよ、こう毎日雨と死ばかりじゃうんざりするわ。**

かくいう自分も、つらい会話を避ける友人だったことに気づいたのは、あの朝食のときである。それまでジェフに体について直接尋ねたことは、一度もなかった。気にかけていなかったのではない。つらいことを思い出させて、落ち込ませたくなかったのだ。デーブを失ったいま、それがどんなに小賢《こざか》しい考えだったかがわかる。ジェフに多発性硬化症を「思い出させる」、なんてことができるはずがない。だってそのことは一瞬たりとも彼の頭を離れないのだから。

とてつもない苦しみを味わった人でさえ、その体験を語りたがることが多い。母の大親

2
部屋のなかのゾウを追い出す

友のマール・セイファースタインは、南フロリダにあるホロコースト記念館の渉外担当責任者をしていた。これまで500人以上のホロコースト生存者と関わってきたが、語ろうとしなかった人は覚えているかぎりひとりだけだったという。「生存者は筆舌に尽くしがたい体験をしたからこそ、それを伝える機会がほしい、敬遠されたくない、と思っているの」とマールは教えてくれた。それでも、くわしく尋ねるとトラウマを思い出させてしまうのではないかと心配して、質問しようとしない人が多い。そこでマールは議論を促し偏見をなくすためのプログラムを企画して、高校生や大学生が生存者と交流できる場を設けた。学生は機会さえ与えられれば、素朴な疑問をぶつけてくるという。「こんな質問を聞いたわ。『収容所ではどんなものを食べていましたか?』『まだ神を信じていましたか?』女の子からは『生理はありましたか? どうしていたんですか?』なんて質問も。立ち入った質問ではないの。人間同士の質問よ」。

つらい話題を避けることが、相手の気持ちを慮《おもんぱか》ることになるとは限らない。マールが年若いいとこを連れてある老夫婦を訪ねたとき、壁に2人のお子さんの手形プレートが飾ってあった。老夫婦は片方のお嬢さんの話しかしなかった。2人を悲しませないために、もうひとりの亡くなったお嬢さんのことはけっして触れてはいけないと、いとこは釘を刺されていたという。でもマールはそうと知らず、もう一方の手形のことを尋ねた。いとこはぎょっとしたが、老夫婦は亡くなったお嬢さんのことを、熱を込めてくわしく話してくれたそうだ。「忘れないでいてほしかったのよ」とマールはいう。

子どもを亡くすという、想像し得る最悪の喪失に見舞われた親は、そのような思いをもつことが多い。著作家のミッチ・カーモディは、9歳の息子を脳腫瘍で亡くしたあとで、「名前をだれにも呼ばれなくなるとき、息子は2度めの死を迎える」[*2]と語っている。だからこそ、全米最大の遺族の自助グループ「ザ・コンパッショネート・フレンズ」は、亡くなった子どものことをオープンに、かつ頻繁に話題にするよう、遺族を促しているのだ。

心の痛む話題を避ける現象はあたりまえに見られるから、名前までついている。数十年前、心理学者は人が悪い知らせを伝えたがらない現象を指して、「マム（沈黙）効果」という用語をつくった。[*3]医師は回復の見込みがないことを患者に告げたがらない。企業の管理職は解雇の通告を必要以上に遅らせる。[*4]私の同僚でフェイスブックのダイバーシティ推進責任者のマキシーン・ウィリアムズは、人種をめぐるマム効果に多くの人が屈していると指摘する。「丸腰の黒人男性が、免許証をとり出そうとして白人警官に射殺されるような事件が起こっても、白人でそのニュースを見聞きした人や、その地域に住んでいる人、職場で私たちのとなりに座っている人は、何も声をかけてくれないことが多いのよ」とマキシーンは説明してくれた。「人種差別の被害者は、喪失を経験した人と同じで、沈黙によって傷つけられる。苦しむ人がなによりも知りたいのは、こんな気持ちになるのは異常ではないということ、そして支えてくれる人がいるということ。黒人に関する重大な事件が起こっていないかのように振る舞えば、その2つを全否定することになるわ」。

何もいわずにいると、家族や友人、同僚を遠ざけてしまうことが多い。ふつうの状況でさえ、ひとりきりで考えにふけるのは苦痛に感じられることがある。ある実験で、女性参加者の4分の1、男性の3分の2が、15分間何もせずにひとりで座っているより、電気ショックの苦痛を自分に与えるほうを選んだのである。[5] 沈黙は苦しみをかき立てることもある。私がデーブの話題を安心してもち出せる相手は、限られた家族や友人だけだった。でもほかの友人や同僚にも、私が話しやすいように気を配ってくれる人がいた。心理学者はそういう人たちを、「オープナー」〔opener：相手の心を開き、自己開示を引き出しやすい人という意〕と呼ぶ。[6]「尋ねない友人」とちがって、オープナーはたくさん質問をし、評価や判断を加えることなく、返答にただ耳を傾ける。そしてなにより大切なことに、相手を理解し、気持ちを通じ合わせることに喜びを覚える。オープナーは苦境に置かれた人、とくにふだん控えめな人にとって、大きな救いになるのだ。

まさかこの私が話せなくなるだなんて、思いもしなかった。親友たちのあいだで「話したがり、聞きたがり」といえば、私のことである。ねえねえ、彼のことどう思ってるの？キスは上手？（この順で聞くとは限らない）。職場ではつねにフィードバックを求め、「シェリルはフィードバックを求めすぎる」というフィードバックが返ってくるほどだ。なのに悲しみに沈んでいたときは、自分の悩みを人に押しつけるようで気が引けて、本気で聞かれないかぎりデーブの話は出せなかった。

オープナーは、親しい友人とは限らない。つらい思いを経験した人は、苦しんでいる人に思いやりを示しやすいのである。[*7]「お互いの心の奥深くに同じ深淵《しんえん》が宿ることに気づいている人たち」のあいだで悲嘆は語り合われる、とジャーナリストのアナ・クィンドレンは書いている。[*8]帰還兵も、レイプ被害者も、子どもを亡くした親も、いちばん助けになったこととして、同じような喪失を経験した人たちのサポートをこぞって挙げている。[*9]マールによると、ホロコースト生存者はアメリカに渡ってきたとき、「とても孤独だったから、生存者同士で絆を深めたの。生存者クラブはそのような経緯から生まれました。あの経験を本当の意味で理解できたのは、同じ経験をした人たちだけだった」という。

私にもよくわかる。お葬式のあと、ロサンゼルスに住む友人のコリン・サマーズが近づいてきて、「お気の毒に」の代わりに開口一番、「僕は4歳のときに父を亡くしたんだ」といった。「まあ、よかった」という言葉が思わず口をついた。ハッとして、慌てていい直した。「いえあの、そういう意味じゃなくて、立派に成長したあなたを見ていると、うちの子どもたちにも希望がもててよかったということなの」。しどろもどろになってしまったが、彼は私をハグしていってくれた。「大丈夫、わかってる。お子さんたちは、君が思っているよりずっとたくましいよ」。大いに冷や汗をかいたけれど、あのつらい一日のなかで少しでも明るくなれた、唯一の瞬間だった。

いつの間にか、だれも進んで入りたいとは思わない「クラブ」の一員になっていた――心ならずも入るまでは、存在さえ知らなかったクラブである。デーブが亡くなった9日後に、娘のサッカーの試合を見に行った。娘のお友だちの70歳のおばあちゃま、ジョー・シェパードがイスに座って観戦していて、となりの席がぽつんと空いていた。ジョーも数十年前ご主人に先立たれ、女手ひとつで2人の幼子を育てあげていたから、そのイスが私のための席だと直感的にわかった。腰を下ろして10語も言葉を交わさないうちに、ああ、本当にわかってもらえている、と実感した。フェイスブックの提携企業との朝食会議では、初対面のクライアントが、兄を亡くしたばかりだと話しかけてくれた。2人で隅に座って一緒に泣いた。

喪失を経験したことのない人たちの多くは、ごく親しい友人や同僚でさえ、私や子どもたちになんと声をかければいいのかわからないようだった。私たちがそばにいるだけで、みんなが気詰まりを感じていたのはすぐわかった。それまでの気の置けないやりとりとくらべてしまうのだから、無理もない。友人たちが様子を尋ねてくれないのは、私のことなんかどうでもいいと思っているからだろうか？　ゾウの大きなどろんこの足跡と糞の山が見えないとでもいうの？

そんなことはないと、アダムは断言する。話したいが、どうすればよいかわからないだけだ、と。でもそうは思えなかった。「調子はどう？」の声かけも、本心から尋ねてくれるというよりは、ただの挨拶にしか聞こえなかった。「夫を亡くしたばかりなのよ、調子がいいはずがないでしょう?」と、突っかかりたくなることもあった。通り一遍の挨拶にどう返せばよいのか、途方に暮れていた。「暗殺のことはともかく、お芝居のほうはいかがでしたか、リンカーン夫人?」という、ブラックジョークを思い出す始末である。

不快な感情は隠して無かったことにせよ、という文化的プレッシャーは、世界中どこにでもある。日本や中国で理想的な心の状態とされるのは、平静と沈着である。[*10] アメリカの場合は、興奮(OMG!)と熱狂(LOL!)だ。心理学者のデービッド・カルーソいわく、「アメリカ文化では、『調子はどう?』に期待される返事は、ただの『いいよ』ではありません。……『最高だよ』なのです」。カルーソは、「心の奥にある本当の気持ちを隠さなくてはという意識が、絶えずはたらいているのです」ともいっている。[*11] アナ・クィンドレンは、もう少し詩的に表現する。「悲嘆は世間ではささやかれ、胸の内では叫ばれる。セックスよりも、信仰よりも、それに先立つ死よりも話題にされず、そそくさと終わるお葬式のときを除けば、公にはなかったことにされる[*12]」。

ゾウは職場にもついてきた。これまで私は、とくにフェイスブックでは同僚と親しくつきあってきた。会社のミッションは「よりオープンでつながった世界をつくること」で、企業文化にもその精神がはっきり表れている。オフィスは大部屋で、社員全員がずらりと並ぶデスクに座り、だれでも近くに行って話しかけることができる。会議室の壁はガラス張りである。同僚間のやりとりは、プライベートな会話を含め、頻繁に、おおっぴらに行われる。

最初は、職場に復帰すればいつもの感覚をとり戻せると思っていた。でもいままでと勝手がちがうことはすぐわかった。以前の私は「自然体の自分」で仕事に臨みましょうと、盛んにみんなを促していたというのに、いまや私の「自然体」ときたら、ただ悲しみにおぼれている。友人たちにさえデーブのことは話しづらいのだから、まして職場ではよけい場ちがいな気がした。だから触れなかった。みんなも触れなかった。そのせいで、私たちのやりとりは冷たく、よそよそしく、ぎくしゃくしたものになってしまった。フェイスブックのキャンパスを歩いていると、幽霊にでもなったような気がした。空恐ろしく、だれの目にも見えない存在。どうにも耐えられなくなると、マークの会議室に駆け込み、みんなとの個人的な信頼関係が崩れかけているようで心配だと打ち明けた。君が不安に思うのもわかるが、みんなの反応を誤解しているよ、とマークはいう。君に寄り添いたいけれど、なんといっていいのかわからないんだ、と。

デーブを失った深い孤独感は、日々のうわべだけのやりとりのせいでますます募り、私は日に日に落ち込んでいった。ゾウのぬいぐるみを持ち歩こうかとも思ったが、だれもヒントに気づいてくれそうにない。みんなが精一杯気遣ってくれるのはわかっていた。何もいわないのは、私をこれ以上苦しめたくないからだし、傷つく言葉も、なぐさめようとしてかけてくれたのだ。まるで以前の自分を見ているようだった——私自身、声をかける側にいたときは、まったく同じことをしていたのである。友人が苦しんでいればよかれと思って力づけ、なぐさめようとした。元気を出してほしいとの一心で、明るい兆しをめざとく見つけて指摘した。そうね、たしかに部屋には灰色の生きものがいるけれど、あれはゾウじゃない——ネズミじゃないかしら。それが独りよがりの空頼みでしかなく、かえって相手に疎外感を抱かせることになっていたと、いまではわかる。

ユダヤ教の慣習では、配偶者の服喪期間はシュロシムといって、30日間である。自分の気持ちをフェイスブックにぶつけようと思ったのも、ひと月が経とうとしていたころだ。思いの丈を記事にしたためたけれど、公開するつもりなどなかった——あまりにも個人的で、あまりにも生々しく、あまりにも赤裸々だったから。でもしばらく考えた末に、公開しても状況はこれ以上悪くなりようがない、むしろ少しよくなるかもしれない、と腹をくくった。翌朝早く、気が変わる前に「投稿する」をクリックした。[*13]

私がなによりも先に書いたのは、虚空について、そして虚空に思わず引き込まれそうになったことについてである。「生きているあいだは私を死なせないでください」という祈りのもつ力を、生まれてはじめて思い知ったと書いた。この空虚さに屈するのではなく、人生の意味を自分の手で選びとりたいと、命綱をたぐるような思いで綴った。また五里霧中だった最初の数週間を生き抜くのを助けてくれた家族や友人に、感謝の念を伝えたかった。それから、友人や同僚に面と向かってはいえなかったことを書いた。「調子はどう?」などのふだんの挨拶がつらいのは、ふつうでないことが起こったことを理解し、受け止めている、というメッセージが伝わってこないからだ。でも代わりに、「今日の調子はどう?」と聞いてもらえれば、その日1日を乗り切るだけで精一杯だとわかっているよ、という合図になるのだ、と。

投稿はすぐさま反響を呼んだ。友人、隣人、同僚が次々とゾウについて話しはじめたのである。「どんなにつらかったでしょう。あなたとお子さんのことをずっと考えていたのよ」といったメールが、次々と舞い込んだ。

世界中の見ず知らずの人たちからのメッセージも、疎外感を和らげてくれた。母親になったばかりの女性が、病院の新生児集中治療室から書き込んでくれたメッセージには、生まれたばかりの双子のひとりを亡くし、生きている赤ちゃんにすばらしい人生を与えるための力がほしい、と綴られていた。ある若い男性は、奥さんが生きていれば結婚3周年だった日の前日に結婚式の写真を投稿し、亡き妻と出会った日から自分の世界は変わった、これからは彼女の遺志を継いで、男性優位の自分の専門分野で女性が活躍できるよう支援していきたい、と抱負を書いてくれた。見知らぬ人同士がお互いをいたわり合った。双子のひとりを亡くした女性に、同じ経験をした女性がなぐさめの言葉をかけた。若くして奥さんを亡くした男性に、大勢の人が励ましのメッセージを送った。喪失を人知れず経験していた人たちに、支えになりたいというコメントが友人たちから寄せられた。思いやりの言葉をかける人も、体験談を語る人もみな、気持ちはひとつだった。ある男性が書いてくれたように、オプションAは失われたけれど、私たちには支えてくれる仲間がいるのだ。

自分の身に起こった悲しいできごとを、だれもがオープンにしたいわけではない。自分の気持ちを表すかどうか、いつどのような場で表すかは、一人ひとりが決めることだ。それでも、つらい経験を包み隠さず語ることは心身の健康増進に効果があるという、有力な証拠がある。[*14] 友人や家族に語ることを通して、自分自身の感情を理解するとともに、人に理解してもらっていると感じられることが多い。

あの記事を投稿してうれしかったことのひとつは、「今日の調子はどう?」と聞いてもらえるようになったことだ。この挨拶は、共感を表す合い言葉になった。またこの問いかけのおかげで、すべてを覆い尽くすような悲しみも永遠には続かないと思えるようになった。アダムは、せっかく様子を尋ねてもらっているのに、「元気よ」などと返しているようではだめだと指摘した。そんな返事をしたら、それ以上何も聞いてもらえない。みんなに心を打ち明けてほしいのなら、まず自分からオープンにならなくては、という。だから、もっと率直に答えるようにした。「元気じゃないけれど、あなたに正直にそういえるのがうれしいわ」。また、助けを必要としていることは、ちょっとした仕草で伝えられると知った。たとえば挨拶のハグをいつもよりきつめにするだけで、大丈夫じゃないことをわかってもらえた。
「尋ねない友人」の何人かには、直接会って思いを打ち明けた。勇気をふり絞り、たいていは涙ながらに、何も尋ねてくれないとどうでもいいと思われているような気がすると訴えた。ありがたいことに、話してくれてよかったとみんながいってくれた――そしてなにかと尋ねてくれるようになった。みんなはそれまでも、私がデーブの大学のルームメイトのジェフにしたように、どうしているのかを知りたい一心で、「調子はどう?」と聞いてくれていた。なのに、私は本気で答えようとせず、みんなもそれ以上は遠慮して聞けなかったのだ。

ゾウに追いまわされているのはこの私なのだから、ゾウの存在を認める最初の1歩は、私から踏み出さなくてはならない。職場では親しい同僚たちに、なんでも、本当にどんなことでも聞いてほしいし、みんなもどう感じているのかを話してほしいと伝えた。ある人は、私がそばにいると傷つけるようなことをいってしまうのが心配で、麻痺したように何もいえなくなったと打ち明けた。別の人は、私の自宅の前を車で通っていたのに、いつも迷ったあげくノックできなかったそうだ。でも私がみんなの気持ちを知りたがっていると知って、ある日とうとうドアベルを鳴らして入ってきてくれた。うれしかった……もちろん、スタバのコーヒーを持ってきてくれたからだけじゃなく、その気持ちがね。

私にも、本音の会話をしたくないときはあった。息子や娘と一緒にいるとき。会議の直前。いちばんありがたかったのは、こんな言葉だ。「話したくなったら私はここにいるから。いまでもいいし、あとでもいいよ。真夜中でも歓迎。あなたの好きなようにして」。相手がいま話したい気分だろうかとやきもきするより、自分からきっかけを与えて、あとは相手の判断に任せるほうがいい。

ゾウを呼び寄せてしまう逆境は、死だけではない。喪失の可能性を思い起こさせるあらゆるできごとが、私たちから言葉を奪い去る。経済的な困窮。離婚。失業。レイプ。依存症。投獄。病気。アダムも打ち明けてくれた。10年前、アダムはイギリスに特別研究員のポストを得て、妻のアリソンと渡英することになったが、その前日にアリソンが流産したのである。計画をとりやめることも考えたが、新天地で気分が変われば心の傷も癒えるのではないかと、思い切って行くことにした。遠く離れ、心配もかけたくなかったから、流産のことは――またその後起きた2度めの流産のことも――みんなに黙っていたという。精神医学を修めたアリソンが、アダムにあの方法を教えたのは、このときだった。ひどいことが起こったとき、「もっと悪い事態が起こっていたら」と想像することが救いになるのである。親しい友人が、健康な子どもたちを授かるまでに7度の流産をくり返したことを、2人は思い出した。妊娠後期に流産していれば、ダメージはずっと大きかっただろうと考えた。そして帰国するころには生々しい苦しみは薄れ、人に話せるようになっていた。アリソンは友人たちに打ち明け、ほかにも流産したことを胸にしまっていた人が数人いたのをはじめて知ったという。

心を打ち明けると絆や連帯感が深まることもあるが、リスクを伴う場合もある。社会学者のアンソニー・オカンポは、大学時代数少ないフィリピン人学生のひとりとして、「アメリカン・ドリームのプレッシャー」にさらされていたという。「フィリピン人社会を代表するような人物になってほしいという期待をひしひしと感じていた」。そのうえ彼は、だれにもいえない秘密を抱えていた。「うちの両親のような筋金入りのカトリック系フィリピン人移民にとって、ゲイの息子をもつなんてもってのほかだった」。アンソニーは社会学教授になり、移民家庭におけるカミングアウトの困難について研究した。[*15] 聞き取り調査を通して、さまざまな事例を知った。あるフィリピン人のティーンエイジャーは、自分の飲んだコップを、母親に「汚《けが》らわしいといって捨てられた」という。別の男性は、カミングアウトすると家族にメキシコへ車で連れて行かれ、「パスポートをとりあげて、男になってこいと置き去りにされた」。

アンソニーは移民の親たちの抱えるパラドックスに気がついた。彼ら自身、疎外される苦しみをいやというほど味わってきたというのに、LGBTQ〔レズビアン、ゲイ、バイセクシャル、トランスジェンダー、クィアの頭文字〕のわが子に同じ苦痛を押しつけているのだ。アンソニーはゲイであることを両親にカミングアウトした際、自分の研究についても説明した。それは家族に見捨てられた子どもが受けるダメージに関する研究で、「子どもたちはドラッグやアルコール、危険な性行為になぐさめを求めるようになる」という。「拒絶された痛みはいつまでも忘れられず、人生のあらゆる側面に影を落とす」のである。アンソニーの思慮深く辛抱強い説得を受けて、両親は彼を受け入れるようになり、いまでは祝日をアンソニーのパートナーを交じえて祝っている。沈黙を破ったことで、家族の絆が深まったのである。

がんも触れてはいけない話題、または「ひそひそ話」の話題である。著作家のエミリー・マクドウェルは悪性リンパ腫(血液のがん)と診断されたとき、いちばんつらかったことは、抗がん剤による吐き気でも脱毛でもなかったという。「親しい友人や家族が私の前から消えてしまったときのさびしさと疎外感といったらなかった。なんと言葉をかけていいかわからない人もいれば、知らずに傷つけるようなことをいってしまう人もいた」[*16]。それをきっかけに、彼女は「共感《エンパシー》カード」の制作を始めた。[*17] 私はどのカードも好きだけれど、なかでもお気に入りは、思わず泣き笑いしたくなる左のページの2つだ。

エミリーのカードをはじめて見たとき、末期がんの友人のことを思い出した。彼がこれまでかけられた最悪の言葉は、「大丈夫だよ」だそうだ。「大丈夫だなんて、なぜわかる?もう死ぬかもしれないんだぞ?」という震え声が頭のなかで聞こえたという。デーブが亡くなる1年前に、別の友人ががんと診断された。当時は私も、彼女を安心させてあげるのがいちばんだと信じていたから、「大丈夫、きっとよくなるわ」と声をかけ、それからしばらくは、話したくなれば自分から話すだろうと思って、そっとしておいた。

よかれと思ってしたことだったが、それがどんなに彼女を傷つけていたか、いまはわかる。先日会社の同僚ががんと診断されたときには、ちがう声かけをした。「これから何が起こるかは、あなたにも、私にもわからない。でも、あなたひとりにつらい思いはさせない。私もずっとそばにいるから」。こう言葉をかけることによって、彼女がストレスと不安に満ちた状況にいることを理解し、受け止めたのだ。それから折あるごとに様子を尋ねた。

悪気はないのに相手を傷つけてしまうこともある。ABCニュースの看板キャスターであるダイアン・ソイヤーが、夫のマイク・ニコルズを亡くしたあと職場に復帰し、上りエスカレーターに乗っていると、下りに乗っていた同僚がすれちがいざま、「ご愁傷様です!」と大声で叫んできたそうだ。まあ、逆

あなたがつらいときに、
遠い知り合いの不幸話なんかで
うんざりさせるつもりはないから
安心してね

連絡しなくて本当にごめんなさい
なんていえばいいのか
わからなかったの

方向に向かっていたから、返事をせずにすんだのはよかったけれど。

「悲劇に見舞われると、人間同士の血の通ったやりとりがまわりから消えてしまう。体《てい》のいいありきたりの言葉ですまされてしまうのだ。では、『すべては起こるべくして起こったのよ』などの陳腐な言葉の代わりに、なんと声をかければよいのだろう?」と、心理療法士のティム・ローレンスは問いかける。「いちばんよいのは相手の気持ちを理解し、そのまま受け止めることである。『おつらいですね、いつもそばにいますよ』と、文字どおりいうのだ[*18]」。

ゾウは存在を認めなければ、いつまでもつきまとってくる。見て見ぬふりをしていると、悲しんでいる人は孤立し、なぐさめを与える側の人は相手を遠ざけてしまう。双方から手を伸ばさなくてはいけない。まずはお互い思いやりをもって率直に話してみよう。念じるだけではゾウを追い払うことはできない。でも代わりにこう伝えればいい。「わかる。あなたが苦しんでいるのはわかる。あなたのことを気にかけているよ」と。できれば、エスカレーターで叫ばずにね。

2
部屋のなかのゾウを追い出す

「一緒に部屋にいるのに、
だれも気にしてくれない」

3 友情のプラチナルール

アダムがペンシルベニア大学で教える最初の学期を迎えた8月のある朝、ひとりの学生が教室にドタドタと入ってきた。身長188センチ体重109キロのオーウェン・トーマスは、ペンシルベニア大学のアメフト部に勧誘され、守備のラインマンとして活躍中だった。でもオーウェンが人目を引いたのは、身体が大きいからだけではない。燃えるような赤毛のせいで、遠目にはまるで頭に火がついているように見えたのだ。たとえ最後列にいてもアダムの目を引いただろう。でもオーウェンは最前列に陣取り、いつも早めに来て鋭い質問をした。

オーウェンはクラスメイトに人懐っこい笑顔で話しかける、癒やし系の存在だった。交渉の授業で全員がペアに分かれて架空のビジネスを売買したとき、彼はクラスでビリの成績に終わった。必要でないお金を1セントたりとも受けとろうとせず、実質的に無償でビジネスを譲り渡してしまったのだ。12月に彼はクラスメイトから、「もっとも協力的な交渉者」に大差で選ばれた。

4月に彼は自殺した。

その2カ月前、オーウェンは頼みごとがあってアダムのオフィスを訪れた。いつもは陽気な彼が、その日はどこか不安げだった。インターンを希望しているというので、何社か紹介するよ、とアダムは快諾した。その後一度も連絡はなく、それがオーウェンと話した最後になった。あのときのことを思い出すにつけ、いちばん肝心なときに力になれなかったという思いにアダムは苛《さいな》まれた。お葬式から帰ると、もう教職を辞めるべきだろうかと、妻のアリソンに相談した。

検死解剖の結果、オーウェンの脳に慢性外傷性脳症（CTE）の兆候が認められた。CTEとは、頭部にくり返し衝撃を受けることが一因となる疾患で、重度のうつや衝動制御障害との因果関係が指摘されているほか、数人のNFL〔全米アメリカンフットボール・リーグ〕選手の自殺の原因になったとも考えられている。オーウェンは死亡当時、CTEの最年少症例であり、脳震盪《のうしんとう》の既往歴がなくCTEと診断された初の症例だった。診断を知ってから、アダムは精神疾患の危険信号に気づいてあげられなかったと自分を責めるのをやめた。そして、苦しんでいる学生をいま以上にサポートする方法について考えはじめた。毎秋数百人の新しい学生が入ってくる。アダムに必要なのは、膨大な数の学生の一人ひとりといっぺんにつながる方法だった。このとき彼がヒントを得たのは、「騒音」である。

いまや古典となったストレスに関する実験[*1]で、ランダムな間隔で発される不快な騒音を参加者に聞かせて、集中力が求められるパズルなどの課題に取り組んでもらった。参加者は汗をかきはじめ、心拍数と血圧が上昇した。集中が途切れ、ミスを連発した。イライラするあまり、課題を投げ出してしまった人たちもいた。このとき参加者の一部に、ストレスを軽減するための逃げ道を与えた。騒音があまりに不快になったら、ボタンを押して音を止められると教えたのだ。予想どおり、ボタンを与えられた参加者は冷静を保ち、ミスが少なく、いらだちを見せることも少なかった。そこは驚くところではない。驚くべきは、実際にボタンを押した参加者が、ただのひとりもいなかったことである。騒音を止めたからストレスが減ったのではない。騒音を止められるという意識が、ちがいをもたらしたのだ。参加者はボタンを与えられたことで、「自分で状況をコントロールできる」という意識（コントロール感）をもち、その結果としてストレスに耐える力が高まったのである。

苦しんでいる人には「ボタン」が必要だ[*2]。オーウェンが自殺してから、アダムは学部生の授業の初日に、自分の携帯電話の番号を黒板に書くことにした。そして、僕が必要になったら24時間いつでも電話してきなさいと、学生に伝えている。学生が電話をかけてくることはめったにないが、いまでは全員が、キャンパスで提供される精神衛生面のサポートに加え、もうひとつずつボタンをもっているのだ。

親しい人が逆境に苦しんでいるとき、ボタンを差し出すにはどうすればいいだろう？

つらい目に遭っている友人を支えるのはあたりまえ、と思うかもしれないが、心理的な壁が邪魔して、手を差し伸べられないことがある。他人の痛みに接したときに私たちがもつ感情には、2種類ある。「共感」を感じれば、相手に手を差し伸べようとするし、「苦悩」を感じれば、相手を避けようとする。[*3] コメディ作家のアレン・ラッカーは、難病で体が突然麻痺したとき、両方の感情を目の当たりにした。「デリのサンドイッチやアルフレッド・ヒッチコックの映画全集、または純粋な思いやりをもって毎日のように訪ねてくれる友人もいれば、不思議なことに姿を見せない人もいた」と彼は書いている。「自分の新しい状態が、自分だけでなく、他人にも恐怖を植えつけることがあると気づいたのは、このときがはじめてだった」。[*4]

大事な人が職を失った、化学療法を始めた、離婚協議中だ、などと聞くと、とっさに「手を差し伸べなくては」と思うのがつねである。そしてその衝動の直後に、今度は迷いに襲われる。「傷つけるようなことをいってしまったらどうしよう?」「いやなことを思い出させてしまったら?」「出しゃばりすぎかしら?」。いったん迷いが生じると、続いて行動を起こさない口実を考えはじめる。「彼は友人が多いし、そもそも僕はそこまで親しくない」「大変な時期に行ったら、かえって迷惑になる」。電話をかけたり、手を差し伸べたりするのを先延ばしにしていると、そのうち早くやらなかったことをうしろめたく思い……そして、もう遅すぎると感じるようになる。

知り合いの女性は50代のときご主人をがんで亡くした。それまで毎週のように電話で話していた友人がいたが、それきり連絡がパタリと途絶えたそうだ。1年近く経ったある日、電話がかかってきた。「ずいぶんご無沙汰だったわね」というと、友人はこんないい訳をしたという。「あなたが元気になるまで待っていたのよ」。なぐさめる機会を待つことは、かえって傷口に塩を塗るような行為だということを、友人は知らなかったのだ。

アリシア・ベネットはなぐさめをもっとも必要としていたときに、「苦悩」の反応を見せつけられた。高校生のとき、アリシアはアフリカの貧困と闘う非営利団体の地方支部を運営していた。大学でも恵まれない子どもたちの支援を続けたいと思っていたから、入学後すぐに大学の非営利団体担当者に連絡をとった。彼はプログラムについて説明するといって、アリシアの寮の部屋までやってきた。彼女がひとりだと知ると、レイプした。

事件の余波に苦しみ、うつになったアリシアは、大学での親友にすがった。「それまでは切っても切れない仲だったの」とアリシアはいう。「でも事件のことを知ると、『あなたとはもう話したくない』と突き放された」。ほかの友人にも助けを求めたが、やはり冷たい反応が返ってきた。「あなたには本当につらいことだったと思う。でも私もつらかったのよ」と本音を打ち明けた友人もいた。暴行を防げなかったことをうしろめたく思い、自分を責めていたのだ。あなたは何も悪くないといって安心させようとしたが、友人は口もきいてくれなくなった。「共感」より、逃避を選んだのである。

「暴行されたことはもちろんショックだったわ」とアリシアはいう。「通報しようと決めたとき、猛反対を受けた。白人の富裕層の多い地域だったから、黒人の私への締めつけは厳しかった。でも、それに劣らずショックだったのは、友人たちの反応よ。あのときは本当にどうしていいかわからなかった」。幸い、高校時代の友人たちが立ちあがり、手を差し伸べてくれたおかげで、アリシアは別の大学に移って新しいアパートに引っ越すことができ、そこで新しいルームメイトの支えを得て立ち直った。アリシアはレイプ被害者に声をあげようと呼びかけるために、この物語をリーン・イン・コミュニティ〔女性の活躍・挑戦をサポートするため、著者が主宰するコミュニティ〕のウェブサイトに投稿してくれた。かねてからの目標を目指してがんばるつもりだと、アリシアは書いていた。そして彼女は夢を実現した。大学を卒業し、中東の安全保障に関わるあこがれの仕事に就いたのである。

苦しむ友人に背を向ける人は、感情的苦痛から距離を置くことで、自分を守ろうとしている。悲しみにおぼれる人を見て、自分まで引きずり込まれるのを無意識のうちに恐れるのだ。そうかと思えば、無力感に打ちひしがれる人もいる。何をいっても、何をしても力になれないと思い、何もいわず、何もしない。でも騒音実験が教えてくれるように、「ボタン」は問題を解決しなくても、ただそこにあるだけでプレッシャーを和らげることができる。ただ友人に顔を見せるだけで、大きな力になれるのだ。

私の場合ありがたいことに、ただ顔を見せるだけに飽き足らず、私が何を必要としているかを、私が気づくより先に察してくれる人たちに囲まれている。最初の1カ月間、母は子どもたちの世話を手伝うために……そして私の面倒を見るために、泊まりがけで来てくれた。長い長い1日の終わりにはいつも添い寝をして、私が泣き疲れて眠ってしまうまでやさしく抱いてくれた。そうしてほしいと頼んだことは一度もない。ただそうしてくれた。母が帰ってしまうと、今度は妹のミッシェルが代わりをしてくれた。その後の4カ月間、毎週数日は様子を見に来てくれ、来られないときは必ず友人に代わりを頼んでくれた。

そんなにも助けが必要な自分が情けなかった。でもデーブとともにしていた寝室に足を踏み入れただけで、息が詰まりそうになった。ベッドタイムは、すべてが変わってしまったことをまざまざと思い知らされる時間になった。朝起きた瞬間から悲しみと不安が募っていき、それが最高潮に達したころ、文字どおり這うようにしてひとりでベッドに入らなくてはならない。家族や友人は毎晩のように顔を見せ、必要なときはいつでもそばにいるよと行動ではっきり示すことで、私にボタンをくれたのである。

親友や家族が心から助けになりたいと思ってくれるのがわかったから、みんなのお荷物になっていると悩まずにすんだ。ミッシェルに早く帰ってねと頼んでも、私が眠ったのを確認しなければ安心できないという。弟のデービッドはヒューストンから半年以上、毎日欠かさず電話をくれた。ありがとうというと、私のためではなく、自分のためにやっているのだという。私と話しているときしか心が休まらないのだそうだ。だれかが苦しんでいるとき、寄り添わずにいられないのも、思いやりのひとつのかたちなのだと知った。

私にとってはこのたゆみないサポートが命綱だったが、そこまでの支えを必要としない人ももちろんいる。デーブが亡くなったひと月後にご主人を亡くした女性は、最初はひとりきりで夜を過ごすのが怖くて、2週間はお母さんに来てもらい、そのあとしばらくはお兄さんの家に泊めてもらったそうだ。そしていろいろ助けてもらったことに深く感謝しつつ、「ひと月もすると、ひとりになる準備がすっかりできた」と打ち明けた。

他人の痛みを理解することは、いや、想像することさえ難しい。私たちは身体的または精神的に過酷な状態に置かれていないとき、そうした状態が自分に与える影響を低く見積もってしまう。ある実験で参加者を2つのグループに分け、冷凍室に5時間座っていたらどれほどつらいかを予測してもらった。[*5] 一方のグループは、氷水を入れたバケツに腕を浸しながら予測を行い、もう一方のグループはぬるま湯に腕をつけながら予測した。結果、氷水グループが予測した苦痛の度合いは、ぬるま湯グループより14%高かった。ところが氷水から腕を出してからわずか10分後に予測した場合は、ぬるま湯グループとまったく同じ結果になった。まさに「喉元過ぎれば熱さを忘れる」で、ほんの数分前にとても冷たい思いをしたというのに、冷たいという感覚がもう理解できなくなっていたのだ（現実の生活で、氷水に腕を突っ込むようなシチュエーションがほとんどないのは、喜ばしいことではあるけれど）。

悲しみ方もなぐさめ方も、人それぞれちがう。だれかの助けになることが、別の人には助けにならないこともあるし、ある日役に立ったことが、次の日には役に立たないこともある。私は聖書の黄金律（ゴールデンルール）に従いなさいといわれて育った。「自分が扱ってほしいように他人を扱いなさい」という教えである。でもだれかが苦しんでいるときには、ゴールデンルールより、プラチナルール[*6]に従うほうがいい。「他人が扱ってほしいように他人を扱いなさい」。苦しんでいる人が発するサインを読みとり、思いやりと、できれば行動をもって応じよう。

私が自宅でも職場でも立ち直ろうと四苦八苦していたとき、友人や同僚は寛大にも「役に立てることがあったら、なんでもいって」と声をかけてくれた。心のこもった言葉だが、どう答えていいかわからなかった。こうしてほしい、と思うことがあっても、頼みづらかった。厚かましくて、とてもいい出せないお願いもあった。**お休みの日は私と子どもたちがいつもだれかと一緒にいられるようにしてもらえないかしら？** 不可能なお願いもあった。**時間を巻き戻してデーブにさよならがいえるよう――せめて父の日を飛び越せるよう、タイムマシンを発明してくれない？**

著作家のブルース・ファイラーは、「なんでも」という部分に問題がある、と指摘する。「善意からとはいえ、そういうことによって、悲しんでいる人にはからずもよけいな負担をかけている」のだという。むしろ、『なんでもする』なんていってる暇があったら、なんでもいいからとっとと行動を起こそう」とファイラーは呼びかける。[7] その例として、離婚して引っ越すことになった友人に梱包材を送った人の話や、火事に遭った友人のために、「ブライダルシャワー」〔結婚直前の友人に必要なものをもち寄ること〕ならぬ「ファイアーシャワー」を開催した人の話を挙げている。同僚のダン・レビーは、病気で入院中の息子につき添っているとき、友人から「ハンバーガーのトッピングで嫌いなものは何?」というメールをもらったそうだ。ダンは気遣いに感じ入った。「食べるものがほしいかどうかを尋ねる代わりに、僕に代わって選択をしてくれ、なおかつ『自分のことは自分で決める』という尊厳を残しておいてくれた」。また別の友人は、あなたが下に下りて来ようが来まいが、私はあと1時間病院の待合室にいるから、ハグがほしければ来てね、というメールをくれたという。

こういった具体的な行動がなぜ助けになるかといえば、問題そのものを解決しようとせず、問題が引き起こしたダメージに対処するからだ。「人生には解決できない問題もあります。そういう問題は抱えて生きていくしかないのです」と、セラピストのミーガン・ディバインは指摘する。[8] 手を握るなどのちょっとしたことでも、助けになる。心理学の実験で10代の女子に人前で即興のスピーチをしてもらい、ストレスのレベルを計測した。スピーチをしているあいだ、娘と仲のよい母親が手を握ってやると、スキンシップによって不安がいくぶんとり除かれることがわかった。娘の発汗量は減り、生理的ストレスは母親と分かち合われた。[9]

私にもよくわかる。デーブがジムの床に倒れているのを発見した4日後に、お葬式で挨拶をした。最初はやり通せるはずがないと思ったけれど、子どもたちも一言ずついいたいという。そうときたら、ママにもできるということを見せなくてはなるまい。挨拶をするあいだ、妹のミッシェルが横に立って、しっかり手を握っていてくれた。母娘の実験のことは当時知らなかったが、妹の手はたしかに力を与えてくれたのである。

デーブはそうした力をみんなに与える存在だった。私だけでなく、本当に多くの人にとっての「ボタン」だった。ではデーブ亡きいま、彼の友人や家族はいったいだれを頼ればよいのだろう? 心理学者のスーザン・シルクの提唱する、「リングセオリー」が参考になる。まず、悲劇の中心人物の名前を紙に書いて、円で囲もう。そのまわりに一回り大きな同心円を書き、悲劇から2番めに大きな影響を受けている人の名前をなかに書く。円が大きくなるにつれ、悲劇から受ける影響は小さくなっていく。シルクと、共著者で調停人のバリー・ゴールドマンは、「こうしてできたものが、『嘆きの序列』です」という。[*10]

アダムが書いてくれた、私のリングの中心の4つの円は左の図のようなものである。

リングのどこにいる人も、内側の円に助けを差し伸べ、外側の円に助けを求めていい。自分より悲劇に近い人には支援を与え、遠い人からは支援を受けられるのだ。

私の場合、外側の円になぐさめを求めたこともあれば、支えを受け入れるのをためらったこともあった。お葬式から1週間ほど経って、息子のフラッグフットボール〔アメフトを安全に楽しめるようにした競技」の試合を見に行った。まだもうろうとしていて、子どものフットボールの試合なんてものがあること自体、考えられない状態である。座る場所を探してあたりを見回すと、わが子を一目見ようと大勢の父親が来ているのがいやでも目に入った。デーブはもう二度と息子の試合を見られないのね。流れ落ちる涙を隠そうと、野球帽を目深にかぶろうとしたそのとき、芝生に敷いた毛布に座って、こっちこっちと手招きする友人のミティック夫妻の姿が見えたのだ。少し前に、一緒に試合を見に行っていいかと尋ねてくれたのだが、2人にもお子さんがいて忙しいのはわかっていたから、来ないでねと断った。でも、私のいうことを聞かないでいてくれて、どんなにありがたかったことか。2人は私の両脇に座り、試合のあいだずっと手を握っていて

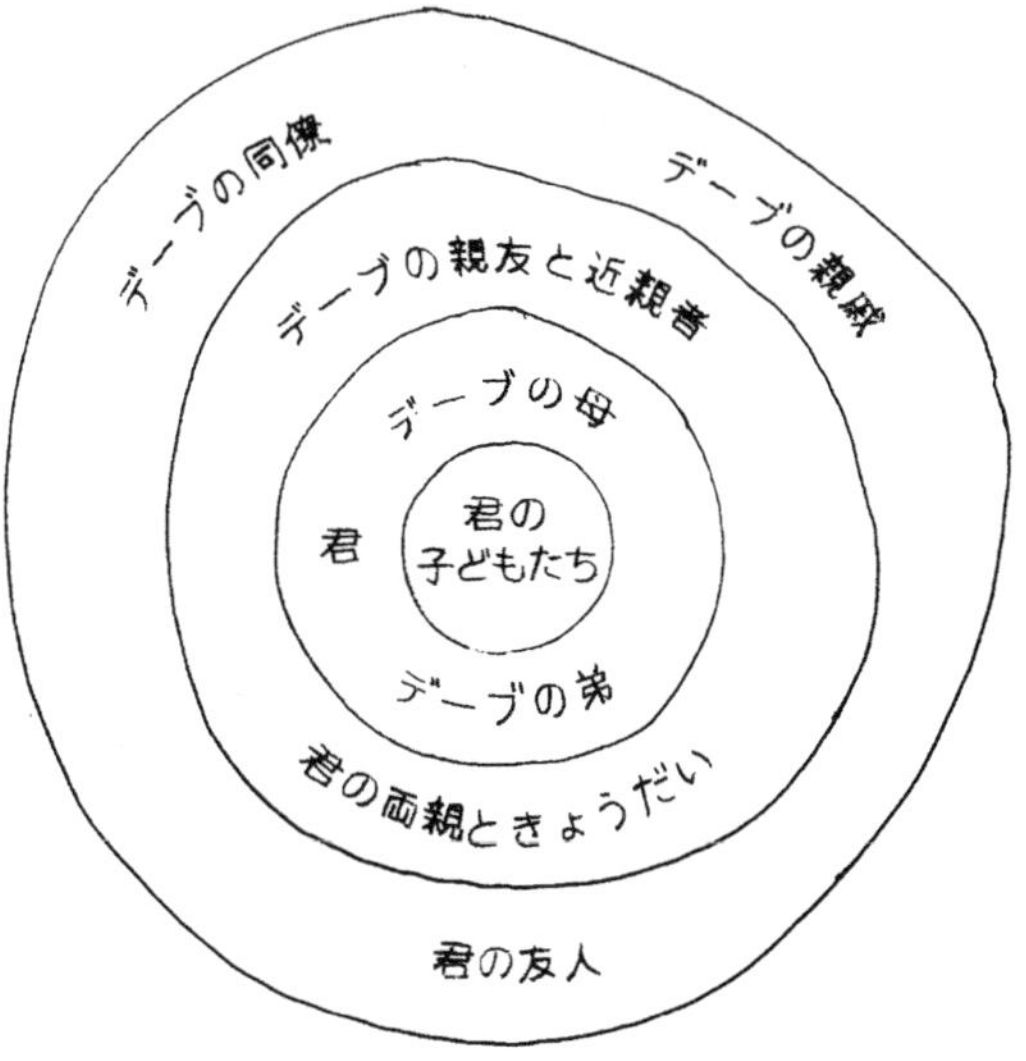

くれた。私は子どもの応援に行き、2人は私の応援に来てくれたのである。

もちろん、悲しいできごとのあと、自分のリングのなかにひとり閉じこもりたい人もいるだろう。ロサンゼルスの友人は、ひとり息子を自動車事故で亡くし、失意の底にあった。前は社交的な人だったのに、友人に夕食に招かれても反射的にノーといいたくなったそうだ。どうしてもと請われれば、しかたなくイエスと返事した。前日になるときまって断りたくなったが、いつも自分を叱咤して奮い立たせたという。「あなたは逃げようとしているだけ。行かなきゃだめよ」。

私も同じ感情の板挟みになっていた。助けを求めるのがいやで、助けが必要な自分もいやで、みんなの迷惑になっているのではないかといつも心配で、それでいて支えなしには生きていけなかった。心配のあまり、「ご迷惑をおかけしたくない人の会」を立ち上げようかと思ったほどだ――でも、そういう人たちはお互いに迷惑をかけるのも心配だから、集まってくれるはずもないのだった。

それまで私は、友情は相手に「何を与えられるか」で決まると思っていた。たとえばキャリア上のアドバイスや、心の支え、懐かしの(デーブにいわせれば悪趣味な)テレビドラマのお勧めなど。でも事情は様変わりし、こんなにも助けを必要とするようになってしまった。自分がお荷物なのではないかと心配などころか、現にお荷物なのである。友情とは「何を与えられるか」だけでなく、「何を受け入れられるか」でもあることを学ばされた。

とはいえ、苦境を経験した人ならだれでもさびしげに認めるように、思ったほど手を差し伸べてくれない友人もいる。よくあるのが、悲しみに沈む友人に、あなたはこうするべきだ、はたまたこう感じるべきだという思い込みを押しつけようとするケースである。知人の女性は、ご主人が亡くなった翌日に、家にいるのが耐えられずに出社した。そのときの同僚のとがめるような口調が、いまも忘れられないという。「今日は気が動転して仕事にならないんじゃない?」。**あなたはそう思っても、実際にどうなのかはわからないでしょう。**

悲嘆のプロセスがどのように進行するかは、だれにもわからない。悲嘆を経験する方法もペースも、人それぞれなのである。「もう3カ月よ。いつになったら吹っ切れるのかしらね?」とは、流産した女性にかけられた言葉だ。あれから1年が過ぎようというころ、私もある友人にいわれた。「悲嘆《グリーフ》とやらは、もうそろそろ終わりにしたら」。**やっぱり? それじゃ、このうっとうしい「悲嘆とやら」は引き出しにしまっとくわね。**それに、悲しんでいる人にこんなことをいっても、助けにならない。「あなたったらすっかり落ち込んで怒りっぽいのね。そばにいるとほんとに気を遣うわ」。そう、じつはこれは私が面と向かっていわれた言葉だ。私の最大の恐れ——つまりそれが本当だということ——をあげつらうものだった。

怒りは、精神科医のエリザベス・キューブラー゠ロス博士が提唱した、有名な「悲嘆の

5段階」のひとつだ。人は喪失に直面すると、まずそれを「否認」し、次いで「怒り」の段階に移り、それから「取引」「抑うつ」へと進む。これらの4段階を経てはじめて、「受容」の境地に達する、というものである。[*11] しかし、これらは5つの「段階」ではない、というのが最近の専門家たちの見解だ。[*12] むしろ5つの「状態」であり、またこの順番で直線的に進行するのではなく、複数の感情が、ときに強くなったり弱くなったりしながら並行して存在するという。悲しみや怒りは、火に水をかけるようにすっかり消えはしない。ある瞬間ふっと消えても、次の瞬間には熱く燃えあがることがある。

怒りを抑えるのには、私も苦労した。友人の言葉に過剰反応して、「あんまりじゃない」と食ってかかったり、わっと泣き出したこともあった。その場でわれに返ればすぐに謝った。でも自分がしたことにあとあとまで気づかなかったこともあるし、たぶん、まったく気づかなかったこともあるのだろう。私の友人でいてくれた人たちは、悲嘆に暮れる私をなぐさめるだけでなく、私がこれまで感じたことがないほど激しく、ときには抑えきれないほどの怒りを表しても、やり過ごしてくれた。私は自分の怒りにおびえ、友人のなぐさめを前にもまして必要とした。ちょうどストレス実験の参加者が、ボタンがひとつあるだけで気持ちが落ち着いたように、どんなに気難しくなっても絶対に見捨てないよ、と請け合ってくれる友人が、私には必要だった。

「あなたなら乗り越えられる」と、やさしい言葉で安心させようとしてくれる人は多かったが、なかなかそうは思えなかった。私がいちばん心強かったのは、君はひとりじゃない、一緒に立ち向かおう、という言葉である。フィル・ドイチェは「一緒に乗り越えよう」とくり返しいって安心させてくれた。遠くにいるときは、しょっちゅうメールをくれた。ときには1行だけのこともあった。「君はひとりじゃない」。子どものころからの女友だちがくれたカードには、「ある日彼女は目を覚まし、何があってもみんな一緒だと知りました」とあった。いまもデスクの上に大切に飾っている。

プラチナルールを実践する方法を身をもって教えてくれた親友や家族と過ごす時間が、おのずと増えた。最初はただ生き抜くためだけに、とにかく一緒にいてもらう必要があった。みんなのそばにいるから、ありのままの自分でいられた。みんなが悲しみや怒りを分かち合い、そうした感情を抱えて生きていくのを助けてくれた。そのうち落ち着くと、必要なときに一緒にいてもらうようになった。このような関係性の変化を、ほとんどの人が自然に経験する。人は成熟するにつれ、少数の有意義な関係に重きを置くようになる。[*13] 友情の量より質が、しあわせになるためのより重要な要因になるのだ。[*14]

最悪の悲嘆が薄れるにつれ、友情が一方通行にならないよう、バランスをとり戻さなくては、と思うようになった。デーブが亡くなってから1年ほど経ったある日、友人が心ここにあらずで悩んでいるように見えた。どうしたのと尋ねても、口ごもっている。お願いだから話してと促すと、じつは夫とうまくいっていないのだけれど、あなたの大変さにくらべればなんでもないから、と強がった。パートナーの愚痴もこぼしてもらえないようじゃ、そのうち私には友だちがいなくなるわ、と笑い飛ばした。私も親しい人たちに寄りそい、困難を分かち合いたいと思っていることを知ってほしかった。

時が経つにつれ、私の様子を確かめ、顔を見せ続けてくれる家族や友人への感謝の気持ちがますますこみあげてきた。デーブが亡くなってから6カ月後の節目に、私の大好きな詩「砂の足跡」[*15]をみんなに送った。もとは宗教的な寓話だったというこの詩は、友情について何か深遠なことを教えてくれているように思えるのだ。語り手は、神と浜辺を歩いた夢を思い出している。砂浜にはいつも2組の足跡があったが、「苦しみや悲しみ、失意」に打ちひしがれていたときには、1組の足跡しかなかった。見捨てられたように感じた語り手は、神に問いかける。「わかりません、なぜあなたをいちばん必要としていたときにお離れになったのですか」と。神は答える。「1組の足跡しかなかったのは、わが子よ、おまえを抱きあげて歩いていたからだ」。

人生最悪のとき、1組の足跡しかなかったのは、友人たちが私を抱きあげて運んでくれたからだと思っていた。でもそれだけではないと、いまならわかる。1組の足跡しか見えなかったのは、私が倒れても受け止められるよう、友人たちが私の足跡を踏みながら、真うしろを歩いていてくれたからなのだ。

4 自分への思いやりと自信——自分と向き合う

キャサリン・ホークは25歳のとき、教会のプログラムで夫とルーマニアに行き、エイズ孤児への支援活動に携わった。助けを必要とする人たちのためにもっと貢献したいという決意を胸にニューヨークの自宅に戻り、ほどなくして友人に誘われた教会の奉仕活動で、テキサス州の刑務所を訪問した。当時ベンチャー・キャピタルに勤務していたキャサリンは、受刑者の多くが、すぐれた起業家に共通する能力と意欲をもっていることに目をとめた。それからは毎週末テキサスに飛び、刑務所でビジネスの講座を教えはじめた。アメリカ人のほぼ4人に1人が犯罪歴をもち、20人に1人が将来投獄される計算であることを[*1]彼女は知った。ほとんどの受刑者が釈放後の就労を希望するが、前科があるために仕事に就けないケースが多い。[*2]彼らはやり直すチャンスを与えられるべきだと、彼女は切実に思った。

キャサリンは仕事を辞め、蓄えを全額投じて、服役歴のある男性の就職、起業を支援する、非営利の刑務所内起業家養成プログラムを立ち上げた。5年後、プログラムは州規模の組織に成長し、600人の卒業生を輩出し、60社の起業を支援していた。キャサリンは公共奉仕賞を受賞し、テキサス州知事から表彰された。[*3]

ところがその後、キャサリンの私生活は破綻《はたん》する。結婚して9年めに夫が突然離婚を切り出し、さよならもいわずに去っていったのだ。「あれは人生のいちばん暗い時期でした」とキャサリンは話してくれた。「私の暮らす社会では、離婚は罪とされているんです。『神は離婚を憎む』といわれました」。自分がそんな状況に陥っているとは、怖くて人にいえなかった。でも、彼女をけっして責めたりしないとわかっている人たちがいた。プログラムの卒業生である。偏見の苦しみをいやというほど味わっていた人たちだからこそ、安心して助けを求めることができた。彼らは引っ越しを手伝ってくれ、心を許せる相談相手になった。しかし精神的につらいこの時期に、彼女は一線を踏み外し、数人の卒業生と性的な関係をもってしまったのである。彼らはすでに出所していたため、キャサリンの行いは違法ではなかったのだが、テキサス州司法当局によって不適切な行為と判断された。キャサリンはテキサス刑務所への立ち入りを禁じられ、彼女が関与し続けるかぎり、プログラムも禁止されるとの通告を受けた。キャサリンは身を引き、その辞任は「刑務所のセックススキャンダル」として全国的に報じられた。

キャサリンは、それまで何年ものあいだ事業主や篤志家に対し、偏見を捨ててください、

4
自分への思いやりと自信

自分の価値を人生最大のあやまちで判断されたらどんな気分になるか考えてくださいと訴えてきた。突如として、今度は彼女自身が判断される側に立たされたのである。「私は自分の精神的な信条に背《そむ》きました。非難の集中砲火を浴びているように感じました」と彼女は語る。「リーダーとしての自分を見失いました。無一文でした。神に与えられた天職を汚したと思い、生きていたくありませんでした」。彼女は自殺をはかった。

キャサリンは、人々がやり直すチャンスを得られるように、あらゆる手を尽くしてきた。犯罪歴のある人たちへの思いやりを育んできた。でもここへ来て、別の人にも思いやりを向ける必要があった――彼女自身にである。

自己への思いやりは、とても大切なわりに話題にのぼることが少ない。自己憐憫《れんびん》や自己耽溺《たんでき》といった、好ましくない意味をもつ類語と混同されがちなせいかもしれない。心理学者のクリスティン・ネフは、自己への思いやりを「友人に対してもつような思いやりを、自分自身に対してもつこと」と説明する。自分を思いやることによって、自己批判や恥の意識から解放され、気遣いと理解をもって自分のあやまちに向き合えるのだという。

あやまちはだれにでもある。小さいが、深刻な影響をおよぼすあやまちもある。ほんの一瞬目を離した隙に子どもがケガをした、車線変更しようとして死角にいた車にぶつかった、といったことだ。あるいは、判断の誤りや責任の放棄、誠意の欠如など、重大な過失もある。一度やってしまったことは、元には戻せないのである。

自己への思いやりは、「人間である以上、落ち度があるのはあたりまえ」という認識から始まる。自己への思いやりをもてる人は、苦境からより早く立ち直ることができる。[*4] 結婚が破綻した人たちを調査した研究で、自尊心や楽観性、離婚前のうつ症状、結婚生活や別居生活の長さなどは、レジリエンスとはなんの関係もなかった。離婚の苦しみを受け止め、乗り越えるのにいちばん役立ったのは、自己への思いやりだった。[*5] アフガニスタンとイラクからの帰還兵を対象とした研究では、自己への思いやりをもつ人はPTSD（心的外傷後ストレス障害）の症状が有意に改善した。[*6] 自分思いの人は、幸福感と満足感が高く、情緒的問題に悩まされることが少なく、不安感が低いのである。[*7] 自己への思いやりは男女どちらにもよい効果をおよぼすが、女性は男性よりも自分に厳しい傾向があるから、その分、得られる効果も大きい。[*8] 「自己への思いやりには、ともすれば自分に厳しくしすぎる私たちをなだめる効果があります」と、心理学者のマーク・リアリーは説明する。[*9]

自己を思いやりながら、深い反省の気持ちをもつことは珍しくない。自己への思いやりをもつからといって、過去の言動の責任逃れをすることにはならない。たんに、未来に希望がもてなくなるほど自分を痛めつけない、ということだ。自己への思いやりをもつことで、「悪い行いをしてしまったからといって、悪い人間になったわけではない」と気づくことができる。「自分が〜でなければよかったのに」ではなく、「〜さえしなければよかったのに」と考えるようになる。[*10] カトリックの告解が、「神よお許しください、私は罪人です」ではなく、「神よお許しください、私は罪を犯しました」から始まるのは、このためなのだ。

自分の人格ではなく、言動を責めるよう心がけると、「恥」ではなく「罪」の意識をもてるようになる。[*11] ユーモア作家のアーマ・ボンベックは、罪の意識は「尽きることのない贈り物」だといっている。[*12] 罪の意識をなかなか振り払えないからこそ、私たちはよりよい人間になろうと努力し続ける。[*13] 罪の意識があるからこそ、過去のあやまちをつぐない、次はよりよい選択をしようという気になる。

「恥」の意識は、これと正反対である。恥の意識をもつと、自分はちっぽけでとるに足らない存在だと感じ、怒りに任せて人を攻撃したり、自己憐憫におぼれて自分の世界に引きこもったりする。大学生を対象としたある研究で、恥の意識を感じやすい学生は、罪の意識を感じやすい学生にくらべ、薬物や飲酒の問題を抱えることが多かった。[*14] 恥の意識の強い囚人は、罪の意識の強い囚人にくらべ、再犯率が30%高かった。[*15] 恥の意識の強い小中学生が敵対心や攻撃心をもちやすいのに対し、罪の意識が強い子どもは対立を和らげようとする傾向が強かった。[*16]

NPO「公正な裁きのイニシアティブ」の代表を務める人権活動家のブライアン・スティーブンソンは、「だれもが何かに傷ついている。だれもがだれかを傷つけている」と指摘する。「私たちのだれしもが、人生最悪のあやまちでは計れない存在」だと、彼は強く信じている。[*17] これこそ、キャサリン・ホークが悟ったことだった。彼女は真っ先に牧師に救いを求め、自分自身を赦《ゆる》してつぐないをしなさいと励まされた。「自分自身に思いやりをもつためには、まず自分のあやまちを認める必要がありました」と、彼女は話してくれた。反省の気持ちを率直に手紙にしたため、プログラムのボランティアと支援者の計7500人に送って、自分のしたことを認めた。正直に書いてくれてうれしかった、あなたを信じる、という返事が、1000通以上も寄せられたという。そして多くの人が、あなたはこれから何をするつもりなのかと尋ねてきた。彼女自身には自分の将来が見えなかったのに、彼らには見えたのだ。「あの人たちが私を生き返らせてくれたんです」と彼女はしみじみいう。彼女は自分を思いやるようになった。

キャサリンの立ち直る力のカギとなったのが、だれかに――また自分に――宛てて文章を書くことである。キャサリンは、物心ついたときからずっと日記をつけている。「考えを思いつくままひたすら書き出す『ジャーナリング』は、瞑想と同じとはいかなくても、心を鎮め、自分に向き合うのにとても役立ちました。自分の気持ちを言葉で表すことで、心の内を吐き出すことができたんです」。

書くことは、自己への思いやりを身につけるための強力なツールになる。ある実験で、参加者に自分がいやになるような失敗や屈辱的なできごとを思い出してもらった。大事な試験でしくじった、運動会のリレーで転んだ、演劇の舞台でセリフを忘れた、など。そして、同じ失敗をした友人をなぐさめるようなつもりで、自分宛てに手紙を書いてもらった。結果、このように自分にやさしくした人たちは、たんに自分の長所について書いた対照群にくらべ、幸福感が40％高く、怒りの度合いが24％低かった。[*18]

感情を言葉で表現することは、逆境を自分のなかで処理し、克服するのに役立つ。健康心理学者のジェイミー・ペネベーカーが数十年前に行った実験で、大学生を2つのグループに分け、毎日15分ずつ4日間連続で課題を行ってもらった。一方の対照群は、日常のできごとを感情を抜きにして書き、もう一方のグループは人生最大のトラウマ体験、たとえばレイプや自殺未遂、子どものころの虐待経験などについて書いた。書きはじめた初日は、トラウマグループのほうが幸福感が低く、血圧が高かった。トラウマに向き合うのは苦痛を伴うだろうから、当然の結果といえる。しかし、6カ月後の追跡調査では逆の結果が出た。トラウマについて書いた人のほうが、心身ともに良好な状態にあったのだ。[*19]

ジャーナリングの治療効果は、その後に行われた100を超える実験で実証されている。ジャーナリングは、医学生から慢性痛に悩む患者、犯罪の被害者、重犯罪刑務所の受刑者、産後の女性まで、さまざまな人たちの役に立っている。ベルギーからメキシコ、ニュージーランドまで、文化や国境を超えて多くの国で効果をあげている。トラウマ体験について書くことには、不安や怒りを鎮め、学業成績を上げ、欠勤を減らし、失業の心理的影響を和らげるなどの効果がある。健康効果としては、T細胞数の増加〔T細胞は免疫反応を調整するはたらきをもつ〕、肝機能の向上、抗体反応の促進などが挙げられる。たった数分間のジャーナリングを数回行うだけでも効果がある。「一生書き続ける必要はありませんよ」とペネベーカーは教えてくれた。「必要と感じたときに始め、やめればいいのです」。

またネガティブな感情には「ラベル」をつける（ラベリングをする）と、対処しやすくなる。[*20] ラベルは具体的であればあるほどいい。「最悪な気分だ」のような曖昧なラベルより、「ひとりぼっちでさびしい」のほうが、感情を処理しやすい。感情を言葉に置き換えることで、その感情を「自分がコントロールしている」という感覚が得られるのだ。ある研究で、クモ恐怖症の人たちを3つのグループに分けて、クモに近づいてもらう実験を行った。その前に、1つめのグループには「クモなんか怖くない」と考えてもらい、2つめのグループにはクモとは関係のないことをして気を紛らわせてもらい、3つめのグループにはクモに対する自分の気持ちにラベルをつけてもらった。いざクモに近づいたとき、ラベリングをしたグループは、生理的な興奮の度合いが有意に低く、クモにより接近できるようになっていたという。[*21]

ただしいくつか注意点がある。悲劇や危機の直後は、感情が生々しすぎて処理できず、ジャーナリングが逆効果をもたらすことがある。[*22] 喪失の直後は、書くことで孤独を紛らわし、気分を高めることはできても、悲嘆やうつの症状を軽減する効果はあまり望めない。[*23] それでも、自分の体験をストーリーとしてとらえることで、新しい視点が開けることは多い。書くのが苦手な人は、ボイスレコーダーに向かって話しても同じ効果が得られる。[*24]だが言語を介さない芸術や音楽、踊りなどでトラウマを表現することには、あまり効果はないようだ（ただし抽象画なら、どんなに怒りをぶつけても、それを見ただれかを傷つける心配はないというメリットはあるけれど）。

キャサリンはジャーナリングを通して、自分を押しとどめている考えを突き止めることができた。たとえば、「与えるものがなければだれも私のことなんか愛してくれない」や「人に頼るのは弱々しくてさもしい」といったもので、心理学者が「自己制限的な思い込み」と呼ぶ考えである。そして代わりに「自己解放的な考え」を書き出した。「私の価値は、過去の行いによって決まるわけではない」「思い切って人に頼ろう――そして自分にやさしくしよう」。

セラピーを受けて1年もすると、「逆境を吹き飛ばし、過去を乗り越えようとする人たちを支援したい」という決意が新たにみなぎるのを感じた。キャサリンはニューヨークで心機一転再スタートを切り、現役・元受刑者の起業を支援する指導養成プログラム、「ディファイ・ベンチャーズ」を設立した。彼女が始めた講座のひとつでは、自己制限的な思い込みを明らかにし、自己解放的な考えに書き換える方法を教えている。今年に入って、私はキャサリンと一緒に刑務所を訪問する機会を得た。彼女は受刑者を「研修中の起業家」と呼び、あなたたちは過去のトラウマやあやまちに縛られた存在ではない、将来の目標に向かって努力することで自分自身を変えていこう、と呼びかけていた。ディファイ・ベンチャーズは設立から6年間で1700人超の卒業生を世に送り出し、160社を超えるスタートアップを育成、支援しているとキャサリンは教えてくれた。卒業生の就業率は95%を誇り、再犯率はわずか3%だという。

キャサリンは仕事に加え、プライベートでも自信をとり戻し、2013年に再婚した。お相手のチャールズ・ホークはディファイの使命に深く傾倒し、結婚式の1年後に金融関係の仕事を辞めて彼女を手伝いはじめた。「私は妻としてやり直すチャンスをつかみました。人生をやり直すチャンスもです」とキャサリンは笑う。「人々にやり直すチャンスを与える夢を、やり直すチャンスです」。

幸福と成功をつかむには、自信が欠かせない。[*25] 自信がないと、自分の欠点をくよくよ思い悩む。新しいことに挑戦したり、新しいスキルを学んだりする意欲をもてない。大きなチャンスにつながる可能性があっても、リスクが怖くて行動できない。新しい職務に挑戦しようとせず、昇進を逃したその時点でキャリアが頭打ちになる。デートに誘う勇気をもてず、運命の人を逃してしまう。

私も多くの人と同じで、人生を通じて自信喪失に悩まされてきた。大学では試験を受けるたび、落第したのではないかと不安になった。恥ずかしくない成績やよい成績をとったときでさえ、自分を評価してくれた教授たちをだましているような気がしてうしろめたかった。あとで知ったのだが、この現象には「詐欺師症候群」という名前がついていた。[*26] 男女ともに見られるが、一般に女性のほうが重症になりやすいという。それから約20年間、働く女性の多くが自信喪失から1歩踏み出せずにいる現状を見てきた私は、TEDで「男性と同じテーブルにつきましょう」と女性たちに呼びかけた。[*27] このときの講演が土台となって生まれたのが私の前著、『LEAN IN』である。リサーチを行い、また私自身、不安に苦しんできた経験について率直に話すうちに、自信を身につける方法がわかってきた。自分を信じましょう、怖がらなければ何ができるかを考え、それを実行に移しましょうと女性たちを励ますうちに、その教訓を思い知るようになった。

そんなころ、デーブを失った。最愛の人を亡くせば、さびしさややるせなさを感じることは予想できる。怒りを感じることも予想できる。でも、予想外なのは――少なくとも私にとって予想外だったのは――トラウマのせいで人生の何もかもに自信がもてなくなることだ。[*28] このような自信喪失は、3つのPのひとつ、普遍化の兆候のひとつである。ある分野で苦境に陥ると、ほかの分野の能力にも急に自信がもてなくなる。もとの喪失が、二次的な喪失を引き起こすのだ。私の場合、自信はたちどころに崩れ去った。長年かけて建てられた近所の邸宅が、ものの数分でとり壊されるのを見ていたときのことを思い出した。ガラガラ、ドッシャーン。

デーブが亡くなってからフェイスブックに復帰した初日に、広告チームの会議にマーク・

ザッカーバーグと参加したときのことだ。私は何かを説明しようとして、製品・エンジニアリング責任者のボズにこう話しかけた。「ほら、私たちがグーグルにいたときのこと、覚えているでしょう」。なんということもない発言だ——ボズが私とグーグルで働いてはいなかったことを抜きにすれば。彼が最初に勤務していたのはグーグルの当時のライバル、マイクロソフトだった。

次の会議では何か、なんでもいいからいいところを見せて挽回《ばんかい》したかった。だれかが質問を受けたとき、私はすかさず割り込んで代わりに答え……そしてあろうことか、そのまま延々と話し続けたのだ。しばらくして、自分がとりとめもなくしゃべっていることに気づいたが、どうしても止められずにそのまま話し続けた。その日の夕方マークに電話をかけて、とんだ失敗で大恥かいちゃった、といった。2度もよ。それだけは覚えていた。「気にすんなって」とマークはいってくれた。「ボズがグーグルにいたと思い込むなんて、ふだんの君がいかにもやりそうなまちがいじゃないか」。なぐさめられる……。

いや、実際になぐさめられた。でも、たとえふだんの私がこの手のまちがいをしがちだったとしても、いまの自分にはそれしか考えられないのだ。するとマークは、私の発言に的を射たものがいくつかあったと指摘してくれた——が、私はどれも覚えていなかった。そしてこういった。君がどんなときも冷静沈着でいるべきだなんて、僕も、ほかのだれも思っていないよ、と。この一言のおかげで、自分の身の丈に合った期待をもち、自分に厳しくしすぎないようになった。マークの思いやりをきっかけに、自分にも少しずつ思いやりを向けるようになったのである。理解のある上司で本当にありがたかった。でもそんな上司に恵まれている人ばかりではない。悲しみに向き合う時間や、家族をケアする時間さえ十分にとれない仕事も多い。職場での思いやりは、限られた人だけが得られる贅沢であってはならない。上司の厚意をあてにせずにすむように、どんな人にも必要な休暇と支援が与えられるような方針を定めることが大切である。

マークの言葉と、その夜の父の励ましに勇気づけられて、次の日もめげずに出勤した。その次の日も、それからもずっと。でもせっかく出勤しても、悲しみのせいではっきりものを考えられない日が多かった。会議の最中に、デーブがジムの床に倒れている姿が目の前にいきなり浮かびあがる。まるで拡張現実のようだ——自分がフェイスブックの会議室にいることはわかっているのに、彼の体もそこにあるように感じられる。彼の姿が見えなければ見えないで、しょっちゅう泣いていた。**「リーン・イン」、ですって？　立ちあがることさえままならないのに。**

ジャーナリングは、私が立ち直るための大切な手段になった。始めたのはデーブのお葬式の朝、彼が亡くなって4日後のことだ。「今日これから夫を埋葬する」が、最初の1文になった。「思いもよらないとは、まさにこのことだ。なぜここに一部始終を書こうとしているのか、自分でもわからない——どんな小さなことだって忘れられるはずがないのに」。

子どものころからいつも日記をつけよう、つけようと思い続けてきた。数年にいっぺん、新しい日記帳を買って書きはじめるのだが、いつも三日坊主で終わっていた。でもデーブのお葬式からの5カ月間で、10万6338語が私からほとばしり出た。何もかもすっかり書いてしまうまでは、息もできないような気がした。朝のこまごましたことから、答えの出ない、存在に関わる問題まで、思いつくままなんでも書きつけた。書かない日がほんの数日でも続くと、自分のなかで感情がどんどんふくれあがり、決壊寸前のダムにでもなったような気がした。無機的なパソコンに向かって書くことがなぜそんなに大切なのか、あのころはわかっていなかった。答えを返してくれる家族や友人に話したほうがいいんじゃない？　ひとりになれる貴重な時間を、記憶をほじくり返すことに費やすより、怒りや悲嘆から離れる時間をつくったほうがよくないかしら？

いまではははっきりわかる。書きたいという衝動が、私を正しい方向に導いてくれたのだと。ジャーナリングのおかげで、やり場のない感情や、次から次へと浮かんでくる後悔を処理することができたのである。デーブとの時間が11年しかないことがわかっていたら自分はどうしただろうと、絶えず考えていた。もっと2人の時間を大切にすればよかった。夫婦仲がぎくしゃくした時期も、あんなにけんかせず、もっとお互いを理解し合えばよかった。最後の結婚記念日になってしまった日も、バル・ミツワー〔ユダヤ教の13歳男子の成人式〕に出るために子どもたちと旅行なんて行かずに、家にいればよかった。そしてあのメキシコでの最後の朝に行ったハイキングで、デーブがフィルと、私がマーニーと歩く代わりに、2人で手をつないで一緒に歩けばよかった――。こうした思いを綴るうちに、いつしか憤《いきどお》りや後悔は薄れていった。

哲学者のセーレン・キルケゴールはいみじくも、「人生は後ろ向きにしか理解できないが、前向きにしか生きられない」といっている[*29]。ジャーナリングは、自分の過去に意味をもたせ、現在と未来を生きていくための自信をとり戻すのに役立った。するとアダムは、今度は「今日うまくできたこと」を3つ書いてごらん、という。最初は正直気が進まなかった。毎日生きているだけでやっとなのに、会心の瞬間なんてあるかしら? **今日は着替えができた。すごい、すごい！** しかし、うまくできたことを数えあげることで、心理学者のいう「小さな成功体験」に集中できるようになり、その結果回復が促されると実証されている[*30]。ある実験で、参加者にその日うまくいったこと3つとその理由を、1週間連続で毎日書き出してもらった。すると、幼いころの思い出を書き出した対照群にくらべて、その後6カ月間幸福感が高かった[*31]。最近の研究では、「本当にうまくいったこと」とその理由を毎日5分から10分間かけて書き出した人は、3週間以内にストレスレベルが低下し、心身の不調も改善した[*32]。

それから6カ月のあいだ、ベッドに入る前にほぼ毎晩リストをつくった。最低限のことをするのでさえ精一杯だったから、まずはこんなリストから始めた。**お茶を入れた。メー**

ルにぜんぶ目を通した。出社してひとつの会議のあいだほぼ集中していられた。どれも華々しい偉業とはいいがたいけれど、枕元のあの小さなノートは大事な役目を果たしてくれた。生まれてこの方、その日にしたまずいことや、しでかした大失敗、うまくできなかったことを考えながら眠りについていたことに気づかせてくれたのだ。なんであれ、うまくいったことを思い返すのは、喜ばしい変化だった。

それまで書いていた感謝のリストも助けになったが、今回のリストにはまた別の意義があった。アダムと同僚のジェーン・ダットンが行った研究によると、感謝できることを数えても自信ややる気は高まらないが、「役に立てたこと」を数えることにはその効果がある。[*33] なぜなら、感謝は受け身だからだそうだ。自分がしてもらったことに対して感じるのが、感謝である。これに対して、人の役に立つのは自発的な行動だ。だから自分がだれかの力になれたことを思い返すと、自信が高まる。いまでは友人や同僚にも、うまくできたことを書くよう勧めている。やってみた人は口をそろえていう。もっと早く始めればよかった、と。

こうして私は仕事での自信を少しずつとり戻しはじめた。それまで自信喪失に陥った人たちにしてきたアドバイスを、自分にもいい聞かせた。完璧を目指さなくていい。いつもいつも自分を信じなくていい。いまは少し、次はもう少し貢献できると信じればそれでいいのだと。この「1歩ずつの前進」の効果を思い知ったのは、生まれてはじめてスキーに行った、16歳のときのことだ。なにを隠そう、私は「運動オンチ」どころの騒ぎではない。ところがスキーを始めて4日めに、母と私は道をまちがえて上級者コースに迷い込んでしまった。山を見下ろしてパニックになった私は、生きて山を降りられるはずがないと、ゲレンデにへなへなと座り込んだ。母はいちばん下を見てはだめ、10回だけターンしなさい、という。なんとか私を説得して立ちあがらせ、大声で数えながら一緒にターンしてくれた。10回終わったら、もう10回。そしてもう10回。それをくり返すうちに、とうとう下までたどり着いたのである。それ以来、手に負えなさそうなことにぶつかるたび、この教訓を思い出している。怖がらなければ何ができる? 私なら1回ターンをする。そしてもう1回。

　私が仕事で四苦八苦しているのを見かねて、プレッシャーを減らして気を楽にしてくれようとした人もいた。私が何かをしくじったり、何も貢献できなかったりしたときは、気にするなと手をふって、「そんなに大変な目に遭っているのに、ふつうでいられるほうがどうかしてるよ」となぐさめてくれた。以前は私も苦しんでいる同僚を見れば、同じような言葉をかけていたのだが、いざいわれる立場になってみると、思いやりの言葉はかえって自信を失わせることがわかった。いちばん心強かったのは、「そうかい? あの会議で君はなかなかいいことをいったじゃない。おかげでいい決定を下せたよ」といった声かけである。まあ、ありがとう。思いやりはうれしいけれど、励ましはなおうれしい。

　自信喪失になりそうだとあらかじめわかっているときでも、なってみるとやはり動揺するものだ。アダムの友人で同僚の心理学者ジェネッサ・シャピロは、30代で転移性乳がんと診断された。彼女がもっとも恐れていたのは死ぬことだったが、次に恐れていたのは仕事を失うことだったという。論文の執筆が思うように進まなくなると、「化学療法とがんのせいで思考力が損なわれているのかしら？」と気に病んだ。仕事がはかどらないと、終身在職権を得られずそのうち失業するのではと、気が気でなかった。人の目も気になった。スティグマ〔他人や社会集団によって不当に押しつけられた負のレッテル〕の専門家であるジェネッサは、がんのせいで自分の能力を疑問視されるようになるのではないかと考えた。同僚らとこの仮説を検証したところ、果たしてがん患者は、仕事の面接に呼ばれる確率が低かった。[*34] 彼女自身、プレゼンテーションに招かれないと不安になった。「病気と知って気遣ってくれたのかしら、それとも私には荷が重すぎると思ったのかしら？」。

　ジェネッサが自分の置かれた状況を、自己への思いやりをもってとらえられるようになったのは、ご主人の一言が大きい。「君はがんじゃないときも、論文を1日では書けなかったよね」。同僚も支えになってくれた。「全体としてみれば、私はまだ有能と見られている。がんではあるけれど、貴重な貢献ができる存在だと。もちろん、前と同じだけのことを期待されると厳しいわ。だからまわりのみんなにとっては、ちょうどよい落としどころを探り当てるまで、さじ加減が難しいと思う」と彼女は話してくれた。ジェネッサの話を聞いてから、また私自身の経験も踏まえて、私生活で大変な思いをしている同僚への接し方を変えた。もちろんいまも、まず休みをとるよう促すことは変わらない。でもチームの正規メンバーとして扱い、仕事ぶりを評価することも大切なのだと、いまはわかる。

ジェネッサは幸い終身在職権を得ることができた。だが失業に対する恐怖は広がっている。2015年に解雇またはレイオフ（一時解雇）されたアメリカ人は、およそ2100万人。大不況のさなかの2009年は2700万人近かった。2017年時点で、日本の完全失業者は約200万人である。[*35] 経験者ならだれでも知っているように、失業やリストラ、解雇は深刻なダメージをもたらすことがある。収入が失われ経済的に追い詰められるだけでなく、うつや不安、健康上の問題による二次的喪失が生じることもある。[*36] 仕事を失えば自尊心が傷つき、自己価値が脅かされる。同僚との関係が破綻し、自分を見失うこともある。収入を奪われた人はコントロール感を奪われ、身体的な苦痛に弱くなる。[*37] ストレスは人間関係にまでおよび、家庭内に不和や緊張が生じることさえある。[*38]

失業後のうつに悩む人たちを支援するために、ミシガン大学の心理学者が教会や学校、図書館、市庁舎で、1週間のワークショップを開催した。[*39] 数百人の失業者が毎朝4時間、職探しでの自信を養うためのプログラムを受講した。労働市場でどんなスキルに需要があるかを学び、求人情報の探し方を教わり、模擬面接を受けた。どんな挫折が予想されるかを知り、モチベーションを保つための方法を考えた。そうして小さな成功体験を積み重ねていった。プログラムの受講者は、2カ月後の就職率が20％高かった。またその後2年間にわたって自信の度合いが高く、就労を継続する可能性も高かったという。誤解のないようにいっておくと、自信さえもてば失業問題が解決するというわけではもちろんない。万人が仕事に就けるように教育や支援を提供し、仕事に就けない人のためには社会保障を拡充しなくてはならない。それでも、このようなプログラムはよりよい変化を起こすことができるのだ。[*40]

仕事での自信は重視され、議論にのぼることが多いが、それに劣らず大切な家庭での自信は見過ごされがちである。私にとってひとり親になることは、まったく未知の領域だった。それまで、子どもに関することはどんなに小さなことでも、デーブと一緒に決めていた。デーブが亡くなったあの日も、息子が穴をあけたスニーカーのことでさえ、ひとりでは決めたくなかったことをよく思い出す。私たちの10年にわたる子育ての話し合いは、唐突に終わりを迎えたのである。

『LEAN IN』を書いたとき、パートナーのいない女性が直面する困難について、十分に書いていない、とのお叱りを受けた。そのとおりである。私にはわかっていなかった。家庭のことでいっぱいいっぱいになっているときに、仕事で成功するのがどんなに大変なことなのか、わかっていなかった。あの本の「パートナーをほんとうのパートナーに」という章で、カップルが育児と家事を5対5で対等に分担することの大切さについて書いた。でも、すべてを10対0で背負い込まざるを得ない多くのシングルマザーにとって、これがどんなに無神経で思いやりのないことだったか、いまはわかる。ようやく私も家族のあり方について、より現実に近い理解と期待をもつようになった。アメリカではシングルマザーの数は、1970年代初頭からほぼ倍増している。[*41] 世界全体では子どもの15％がひとり親家庭に暮らし、そうした家庭の85％が母子家庭である。日本の母子家庭は約124万世帯、父子家庭は約22万3000世帯だ。[*42]

多くのシングルマザーが抱える困難を、私が実際に経験したり、完全に理解したりすることはないかもしれない。でもこれだけ不利な立場に置かれながら、子どもを立派に育てようと心を砕く姿には、いつも胸を打たれている。生活のために複数の仕事を──母親業に加えて──かけもちしている人も大勢いる。そのうえ、質の高い保育は法外に費用がかかる場合が多い。4歳児と乳児の2人分の保育費は、全米のすべての州で平均家賃を上回っている。[*43]

これだけ働いているというのに、シングルマザーの貧困率は日本とアメリカをはじめほとんどの国で、シングルファーザーの貧困率よりも高い。アメリカでは母子家庭の約3分の1が、安全で栄養価の高い食料を十分手に入れることができていない。[*44] アフリカ系とラテン系の母子家庭になると事情はさらに深刻で、貧困率は40％近くにのぼる。こうした家族を支援するための政策変更を提唱しつつも、いますぐ支援を提供するために、私たちは全力を尽くさなくてはならない。サンフランシスコ・ベイエリアの家庭の3分の1が食料援助を必要としているという、衝撃的な事実がある。私は地元のフードバンク「セカンド・ハーベスト」で数年前にボランティアを始めた。また、その後立ち上げを手伝った非営利の慈善団体「スタンド・アップ・フォー・キッズ」は、いまでは毎月約9万人の子どもたちに食事を提供している。[*45] この団体が地元のチャータースクール〔特別認可を得て運営される公立学校〕で食事を配りはじめてから、生徒の問題行動が減少した。「うちの生徒はワルだと思われていました」と校長はいう。「でもじつはただ空腹だっただけなのです」。別の学校ではプログラムのおかげで不登校や体調不良が減り、学業成績が向上したという。

仕事をもつ母親、とくにシングルマザーは、そもそもスタート時点から不利である。アメリカは先進国で唯一、有給の産休制度のない国なのだ（ちなみに日本では、女性は14週間の出産休暇が認められている）[*46]。それに加えて、困難な時期を乗り越えるために必要な病気休暇や忌引休暇を、男女ともにとれないことが多い。そのため、家庭の苦境が仕事の苦境を招きがちである。これがいかに考えの浅い方針であるかを、アダムの研究は示している。困難な時期に支援を受けることができれば、より意欲的に仕事に取り組めるようになるのだ。[*47] 自分と家族をケアする時間を、男女問わずだれもが十分とれるよう、政府や企業の方針を見直す必要がある。

そして、「子どもは婚姻関係にある2人の異性の両親のもとで暮らしている」という時代遅れの前提を、もはや捨て去らなければならない。デーブが亡くなって以来、何をするにつけても、私たち家族が失ったものを思い知らされている。父と娘のダンスパーティーから学校の保護者会まで、父子のイベントだらけである。弟のデービッドも、子どもの通うヒューストンの公立学校で父親の参加する催しがいかに多いか、父親のいない子どもにとってそれがどんなにつらいことか、はじめて気づいたという。

ひとりで下さなくてはならない決定が次々と押し寄せ、ますます無力感が募っていった。デーブならどうしただろう？　その答えを知ることができたら、いっそデーブがここにいて直接答えてくれたら、どんなにいいだろうと願わない日はなかった。でも仕事と同じで、小さな1歩に集中すると楽になった。子どもたちがこの先遭遇するすべての状況で手を貸す方法を、私があらかじめ知っている必要はない。2人が泣くたび、一生分の悲しみを乗り越えられるよう手助けする必要もない。2人がその時々に抱えている問題に対処できるよう、手を貸すだけでいいのだ。10回ターンする必要さえない。子どもたちが1回ずつターンするのを手伝えば、それで十分だ。

手始めに、いくつか決定を下してみた……が、本当にこれでいいのだろうかと、たちまち迷いが生じた。どんなささいなことでも、デーブの意に反するようなことが起こるとうろたえた。デーブは「子どもには睡眠がなにより大切」という持論のもち主で、外泊には断固反対だった。でも彼が亡くなってから、お泊まり会が子どもたちのなぐさめと気晴らしになることがわかった。これはなんということもない変化かもしれないが、それでもデーブのいない生活を送りながら、彼の望みを尊重することの難しさを象徴しているように思えた。そんなとき、義妹のエイミーが指摘した。デーブがこんなに衝撃的な喪失を経験していたら、考え方がどう変わっていたかはわからない、と。すると、デーブがこういっている姿がパッと頭に浮かんだのだ。「もちろんだよ、子どもたちが楽しい気分になれるんなら、お泊まり会に行かせようじゃないか」。また、思春期前の子どもに「プリティ・リトル・ライアーズ」のようなどぎついドラマを見せていいものか、ポケモンGOをやらせていいのか、といったこまごまとしたことをデーブがどう思うかはけっしてわからないけれど、彼がただ夜ぐっすり眠る以上のことを子どもたちに望んでいたことはわかる。誠実さ。好奇心。思いやり。愛情。

デーブという舵を失ってから、おのずと友人や家族の意見にとても頼るようになった。職場の同僚がポジティブなことを指摘してくれたように、私生活でも何かをうまくやれたときにほめてもらえると、自信が高まった。こうすればもっとうまくいくという、率直なアドバイスにも助けられた。たとえば、以前のルールにとらわれすぎてはいけないよ、子どもたちと自分にもっと寛容になりなさい、など。

トラウマから遠ざかり、デーブのいない生活の違和感が薄れるうちに、日記に向かうことも減っていった。この捌《は》け口がなければ決壊してしまうという切迫感は、いつしか消えていた。デーブが生きていれば48回めの誕生日だったはずの日の翌日、喪の段階を1歩進めようと決心し、机の前に座ってこう書いた。

２０１５年10月3日

これが日記への最後の書き込みになる。人生でいちばん長い22週間半、１５６日間が過ぎた。もっと前へ、上へ進もうと、自分を駆り立てている――そしてそのしるしとして、ジャーナリングをやめる。もう大丈夫だと思う。

昨日という日が来るのが、デーブが亡くなったときからずっと怖かった。昨日がひとつの節目になるとわかっていた――来なかった彼の誕生日だ。もうすぐデーブの誕生日だね、とだれかにいわれるたび、頭のなかで、ときには声に出して訂正した。「ううん、彼の誕生日じゃない、誕生日を迎えられるのは生きている人だけよ」。２０１５年10月2日は、彼が生きていれば48歳になったはずの日だった。48歳。半生だ。

ポーラとロブ、私の母と父、デービッド、ミッシェルとお墓参りした。お葬式の日からずっと、記憶のなかにぼんやりと浮かんでいたイメージより、ずっとずっと小さく見えた。

帰り際、お墓の前にひとりで座って、声に出してデーブに語りかけた。愛してる、毎日ずっと恋しくてたまらない。あなたのいない世界はなんてわびしいの。そういってただ泣いた。デーブには私の声がもう聞こえないことが、痛いほどよくわかったから。

デービッドとミッシェルは、私をしばらくひとりにしてくれた。それから戻ってきて私の両脇に座った。なんだかとてもなぐさめられた――弟と妹は、デーブよりずっと前から私の人生にいた。もし幸運にも3人とも長生きしたら、みんなで両親をここに埋葬しようねと話し合った。そんなわけで、2人と一緒の人生は続いていく。デーブはいないけれど、2人と一緒だ。これまでどおり、デービッドとミッシェルと一緒に歳をとっていくのだ。

デーブのお墓を見て、もうやるべきことも、いうべきことも、何も残っていないのだと悟った。もう二度と彼に愛していると伝えることはない。二度と抱きしめることも、キスすることもない。子どもたちがずっと父親を覚えていられるように、いつも彼の話をするよう心がけているけれど、彼とはもう二度と子どもたちの話をすることはない。いまでも毎日朝から晩まで泣いていられるけれど、そんなことをしても、何をしても、デーブをとり戻すことはできない。

私たちはみんな、デーブのいる場所に向かっている。それはたしかだ。無数に並ぶ墓石を見て、だれもが土に還るのを思い知った。だからこそ、一日いちにちを大切に生きなくてはいけない。自分にあと何日残されているかはわからないけれど、また新しい人生を生きはじめたい。

まだ晴れやかな気持ちにはなれない。でもこの5カ月間、どれだけ精一杯やってきたかは、自分だけが知っている。これからも生きていけることを知り、子どもを育てていけることを知った。たくさんの助けが必要なことを知り、助けを求めることを覚えた。そして私の大切な人たちがこれからもずっとそばにいて支えてくれるという確信が、日に日に強くなる。まだ不安でたまらないけれど、前ほどではない。みんながいつもいってくれるように、私はひとりではない。人はだれしもひとりでは生きていけない――そして私も、前にもましてみんなを必要としている。でも結局のところ、私の人生を先へ進め、私をしあわせにして、子どもたちのために新しい生活を築いてやれる人は、この私しかいない。

156日が過ぎた。これからも一日いちにちを重ねていきたい。だから今日でこの日記はおしまいにする。それから、残りの人生の再スタートを切るのだ。……

5 逆境をバネに成長する――未来の自分が私をつかんでくれる

冬のさなかにようやく気がついた。
私のなかにゆるぎない夏があるのだと。
――アルベール・カミュ[*1]

ジョー・キャスパーは、命を脅かす病気に悩む患者の治療に半生を捧げてきた。しかし息子のライアンが10代にして、症例数のきわめて少ない致命的なてんかんだと診断されると、すっかり途方に暮れた。「息子がどのような運命をたどるのかを、また自分にはどうすることもできないことを、ほんの一瞬のうちに悟った。治療の見込みはなかった」とジョーは書いている。「まるで息子が線路に縛られ、そこへ列車がカーブを曲がって近づいてくるのを、なす術《すべ》もなく絶望的な思いで見守っているようだった[*2]」。

トラウマ体験とは、「この世の中は公正だ」という私たちの世界観を根底から揺るがし、「人生はコントロール可能であり、予測可能であり、意味がある」という信念を真っ向から否定するような、衝撃的な体験をいう。しかしジョーは、虚空に引き込まれてなるものかと、固く心に誓った。精神科医でホロコーストの生存者であるヴィクトール・フランクルはこう書いている。「もはや自分の力で状況を変えることができないとき、私たちは自分自身が変わることを求められるのだ[*3]」。

息子が診断を受けてから、ジョーはトラウマからの回復についてできるかぎり学ぼうとし、いろいろと調べるうちに、ノースカロライナ大学シャーロット校のリチャード・テデスキとローレンス・カルフーン両教授の研究に行き着いた。子どもを亡くした親をケアしていた2人の心理学者は、絶望感やトラウマ後のストレスといった予期される症状のほかに、思いがけない兆候が見られることに気がついた。親たちのだれもが心を痛め、子どもをとり戻すためならどんなことでもしただろう。それでも多くの人が、喪失を経験したことによって、なんらかのポジティブな変化があったと答えたのだ。信じがたいことだが、一部の親たちは、やがてトラウマ後のストレスならぬ、「トラウマ後の成長」を経験したのである[*4]。

それ以来、さまざまなトラウマを耐え忍んだ、数百人もの人たちを対象とした研究が行われてきた[*5]。性的暴行・虐待の被害者[*6]、難民や戦争捕虜[*7]、事故や自然災害を生き延びた人たち[*8]、重傷・重病の経験者[*9]など。彼らの多くは長期にわたって不安やうつの症状に悩まされた。しかし、そうしたネガティブな感情と並行して、なんらかのポジティブな変化が見られたのである。それまで心理学者はトラウマ後の変化として、主に2つのタイプに焦点を当てていた。一方には、苦しむ人たちがいた。PTSD（心的外傷後ストレス障害）を発症し、心身を衰弱させるようなうつや不安に悩まされ、機能障害を生じることもあった。その一方で、レジリエントな（回復力のある）人たちもいた。彼らはトラウマ前の状態をとり戻していった。そしていまや3つめの可能性が考えられた。苦しみをバネに成長する人たちがいたのである。

トラウマ後の成長というものがあるとアダムが教えてくれたのは、デーブの死から4カ月ほど経ったころのことだ。なんだかうそくさいし、言葉倒れみたいで、とても本当だと思えなかった。悲劇を経て成長する人もいないことはないだろうから、夫を亡くしたばかりの人に希望をもてというのはわかる。でも、自分とは無縁の話だと思った。

私が懐疑的なのは理解できる、とアダムはいう。最初の数カ月はとり合ってもらえそうにないと思ったから胸にしまい込んでいたそうだ。でもこの日、私が受け入れられる状態になったと判断したという。トラウマ体験者の半数以上が、なんらかのポジティブな変化がひとつ以上あったと答え[*10]、PTSDを発症する人は15%に満たない[*11]。そういってから、アダムは本当にしゃくに障ることをした。「君はいつもいってるよね、自分に見えていないものにはなれない、って」と指摘したのだ。「コンピュータサイエンスを学ぶ女子学生が少ないのは、その分野で活躍する女性を見ないからだ、女性がリーダーシップの役割を目指さないのは、女性のリーダーが少ないからだって。これも同じことだよ。成長できると思わなければ、成長できるはずがない」。そんなわけで、アダムの手中にまんまとはまった私は、成長できると「思う」ように努力するわ、と約束したのだった。それに正直なところ、「トラウマ後の成長」は、「悲しみと怒りに満ちた人生」よりずっと好ましい響きがした。

私がジョーのことを知ったのは、このときである。痛ましいことに、息子のライアンは診断から3年後に亡くなり、ジョーは「息子の死が引き起こした感情の津波」に投げ込まれたと書いている。「人生にあれよりも苦痛に満ちたできごとがあるなら、けっして遭遇したくない」。しかしジョーは、津波に引きずり込まれてなるものかと誓った。そしてアダムが教授をしているペンシルベニア大学で、ポジティブ心理学を研究することを決心した。トラウマ後の成長は、5つの形態をとり得ることをジョーは学んだ。「人間としての強さを自覚する」「感謝を深める」「他者との関係を深める」「人生により多くの意味を見出す」「新たな可能性を見出す」である。でも彼は、テデスキとカルフーンの研究成果を学ぶだけでは飽き足りなかった。みずからそれを経験したかったのだ。

ニーチェは、「自分を殺し損なったものが、自分を強くしてくれる」という名言を残した。[*12]

テデスキとカルフーンは、同じことをやや穏やかに（ニーチェ色のやや薄い方法で）表現する。「私は自分で思っていたより傷つきやすいが、想像をはるかに超えるほど強い」。[*13] 人生が投げつける石や矢にさらされれば、私たちは傷つき、傷跡は残る。しかし強い心をもって、苦境を抜け出すことはできるのだ。

「私には想像もできない」。ことあるごとにそういわれ続け、私もそうねと答えていた。あまりにも苦痛がひどいときは、その場を乗り切るのが精一杯だった。鋭い悲嘆のどん底にいたときは、これをバネに強くなれるだなんて、とても考えられなかった。でも耐えがたいほどつらい日々が、数週間、数カ月と続くにつれ、「想像できる」と思った。だって、私はそうした苦しみを身をもって経験していたのだから。そしてただ生き延びるだけのうちにも、力を蓄えていた。古いことわざのいうとおりである。「落ちなければならないのなら、落としてくれ。未来の自分が私をつかんでくれる」。

　ゆっくりと、本当にゆっくりとだが、日々の生活を新しい視点からとらえられるようになった。以前は子どもたちが壁にぶつかるたびにおろおろし、デーブに心配ないよと安心させてもらった。でもいまは、平静を保つのは私の役目である。以前は娘が自分だけサッカーチームに選ばれなかったと憤慨して帰ってきたら、練習を続ければうまくなるわと励ましながらも、傷ついているのではないだろうかと内心ではおろおろした。でもいまはこう思える。「よかったわ、ふつうの子どもらしい問題じゃないの！　ふつうの問題ゾーンに戻れて本当によかった」と（自分メモ――そう思っても、声には出さないこと）。

子どものころからの友人ブルック・パロットは、養子縁組の長く厳しい道のりのあいだに、何度となく手ひどい失望を味わった。でもそんな気持ちも、とうとう赤ちゃんをその腕に抱いたときに、すっかり吹き飛んでしまった。このしあわせな時期に、ブルックは別の新米ママ、メレディスと出会った。メレディスも苦労の末に念願の赤ちゃんを授かっていたから、2人は「ミラクルベビー」を通じて絆を深めた。子どもたちも気が合い、ブルックいわく「仲よし赤ちゃん」になった。ある日メレディスは脇の下に小さなしこりを発見した。まだ34歳で健康には自信があったが、念のため調べてもらった。PET（陽電子放射断層撮影法）検査の結果は、ステージ4の乳がんだった。ブルックはメレディスを精一杯支えながら、自分もマンモグラフィ検査を受けなければと思った。婦人科医院に予約を入れようとすると、40歳になるまであと半年待てば、保険で検査が受けられますよといわれた。でも、どうしてもといって検査を受けたところ、メレディスと同じステージ4の乳がんと判明したのである。

2人は一緒に化学療法を受けた。ブルックは治療に反応したが、メレディスのがんはすでに肝臓に転移していた。彼女は3年後に亡くなった。「いつもメレディスのご両親とご主人、お嬢さんに、彼女は私の守護天使だったと話しているの」とブルックはしみじみ語る。「重要な臓器に転移する前にがんを発見し、治療できたからこそ、私は救われた。それはすべてメレディスのおかげよ」。ブルックは寛解期に入ってからもう7年になる。そのあいだ、体力がついただけでなく、メンタルも強くなった。「私は化学療法に耐え、年下の友人を埋葬した。そんな経験をすれば、いやでも視野が広がるわ。ささいなことで悩まなくなった。前よりずっと強く、冷静になり、話がわかるようになった。前ならとり乱していたようなことでも、自分が死んでいたかもしれないと考えれば、こう受け止められる。『そんなことなんでもないわ。こうして生きていられるんだから』って」。

これが、テデスキとカルフーンが明らかにした、トラウマ後の成長の2つめの形態、「感謝を深める」である。デーブが亡くなってひと月経ったころ、ケビン・クリムから思いやりあふれる電話をもらった。ケビンとは顔見知り程度だったが、彼の想像を絶する悲劇のことは、共通の友人から聞いていた。2012年にケビンの奥さんのマリーナが、3歳のお嬢さんのネシーの水泳レッスンを終えてニューヨークのアパートメントに戻ると、6歳のルルと2歳のレオが、ベビーシッターにナイフで刺され、殺害されていたのである。

その数カ月後にケビンに会ったとき、あまりの痛ましさにかける言葉が見つからず、ほとんど何もいえなかった。今度はケビンが私をなぐさめるために電話をかけてくれたのだ。いったいどうやってあの悲しみを乗り越えたの、と聞いてみた。彼はお葬式の挨拶で、こう語ったという。「どこにも逃げ場のない暗闇のなかにいると、私たちはこの世から身を引きたくなってしまうかもしれません。でも……こんな言葉を知ったんです。とても大事なことだと思うので、いってみます。『生きる理由のある人は、ほとんどどんな方法ででも、生き抜くことができる』。マリーナ、ネシー、君たちが僕の生きる理由だ」。お嬢さんのネシーが無事だったこと、また彼とマリーナが強い絆で結ばれていることに、深く感謝していると彼は話してくれた。彼とマリーナはもう何人か子どもをもとうと決め、そうできることをしあわせに思ったという。そしてお絵描きが大好きだったルルとレオを偲《しの》んで、恵まれない子どもたちにアートを教えるNPO「チューズ・クリエイティビティ」を設立した。ケビンとマリーナは世界に愛と美を注ぐことを通して、トラウマ後の成長を遂げようとしている。そのこと自体もまた、愛と美に満ちた行為なのである。

悲劇を経験したことで感謝の念を強くするとは、なんという皮肉だろう。私もデーブを失って以来、涸《か》れることのない悲しみの泉がいつもすぐそばにあり、日常生活の一部になってしまっている。でもその悲しみと並行して、これまであたりまえと思っていたもののごとに対して、前よりずっと深い感謝を覚えるようになった——家族や友人に対して、そしてただ生きていられることに対しても。母がわかりやすい例を挙げてくれた。母は生まれてから66年間、歩くのがつらいと思ったことは一度もなかった。でも歳をとって腰が弱ってくると、1歩歩くたびに痛みを感じるようになった。4年前に人工股関節の手術を受けてからは、痛みを感じずに歩ける1歩1歩に、深い感謝を覚えるのだという。母が体で感じていることを、私は心で感じている。穏やかな気分でいられる日には、苦痛を感じずにいられることが、いまではありがたく思えるのだ。

このような感謝を感じたことは、前にもあった。大学卒業後、勤務していた世界銀行からインドに派遣され、現地の健康調査チームとともにハンセン病の撲滅に取り組んだ。インド全土の治療センターや病院を訪れ、大勢の患者に会った。彼らの多くは町や村を追放され、赤貧と孤独のなかで生きていた。最初の派遣期間は1カ月だった。プロフェッショナルに徹しようと決めて、なんとか1日を乗り切り、毎晩泣きながら眠った。これまでなんてちっぽけな問題に悩んでいたのだろう、自分の人生に二度と不平をいうまい、と誓ったのを覚えている。医療体制の整った豊かな社会に生まれた幸運に、心から感謝した。でも時が経つうちにそんな気持ちも薄れ、元の生活に戻ってしまった。

今度こそ、この感謝の念をけっして忘れずにいたい。ブルックにその方法を聞いてみると、「失っていたかもしれないこと」を折あるごとに思い出すようにしているという。「メレディスのお嬢さんの成長を見守り、彼女の人生にできるかぎり立ち会うようにしているわ。そして自分の娘を見るたび、メレディスが自分のお嬢さんを育てられなかったことを思い、自分の幸運を感謝せずにはいられない」。またブルックは、いろいろな節目を祝うようにしているという。「毎年、娘と1年を無事に過ごせたことを祝っているの」と彼女は話してくれた。「7年前は、2歳のお誕生日を一緒に迎えられるとは思わなかった」。

大切な人との死別後は、誕生日や記念日、休暇の虚しさがとくに胸にこたえる。[*14] そうした節目を「慈しむべき瞬間」と考えるといいわよ、とブルックは教えてくれた。以前の私は0と5のつく年だけが特別だからと、5年に1度しか自分の誕生日を祝わなかった。いまでは毎年祝っている。だって、次の誕生日が来るのをあたりまえだと思わないから。「歳をとるもんじゃないわね」と、おどけていうのは(それに、「15歳も年下のボスの下で働くもんじゃないわね」というさんざん叩いた軽口も)やめにした。親友のケイティ・ミティックは、デーブが亡くなったのをきっかけに、友人の誕生日には必ず手紙を書き、相手が自分にとってどんなに大切な存在かを伝えている。何人かの友人が彼女をお手本にしはじめたのは、まさに「トラウマ前の成長」である。私が死に直面してようやく学ぶことができた教訓を、彼女たちはもう学んでいるのだ。

去年の秋、マララ・ユスフザイとお父さんのジアウディンをわが家に招待して、すべての女子に教育を求めるという彼女の活動について話をうかがった。お2人にはその後、私の子どもたちとケイティとスコットの夫妻との夕食にもおつきあいいただいた。夕食のテーブルではいつものように、その日のベストとワーストのできごと、感謝できることを順番に発表し合った。スコットはその週、自分の子どもたちが新しい学校になじんでいるだろうかとずっと心配していたが、マララの話を聞いて、通う学校があることがどんなにありがたいかを身に沁みて感じたという。マララも感謝の物語を披露してくれた。マララがタリバンに銃撃されて以来、お母さんは彼女がケガから回復した日を誕生日として、毎年お誕生日カードをくれるようになったという。19歳のときにもらったカードには、「4歳のお誕生日おめでとう」と書かれていたそうだ。お母さんは無事生きていられる幸運を、娘に、また自分にも思い出させているのだ。

感謝の気持ちをもち、それを表すことは、なにも特別な機会を待たなくてもできる。私のお気に入りの研究のひとつを紹介しよう。ある実験で参加者に、とても親切にしてくれた人へのお礼の手紙を書いて相手に届けてもらった。受けとった相手はもちろん喜んだが、手紙を書いた人も落ち込みの程度が有意に低下した――しかもその効果はひと月ものあいだ持続したという。[*15] アダムにこの研究を教わったとき、なるほどと思った。私も友人や家族に感謝の念を表しているあいだは、悲しみが陰に押しやられるのだ。

友人のスティーブン・レビットは１９９９年に、当時1歳だった息子のアンドリューを髄膜炎で亡くした。あれから16年が経ち、彼はこう語ってくれた。「1年経つごとに、失われてしまったものを嘆き悲しむ気持ちが少しずつ薄れ、かつてあったものに感謝する気持ちへと、バランスが徐々に変わってきたんだ」。私自身、デーブと過ごした時間と、いま自分に与えられている時間への感謝の気持ちが、日に日に大きくなっている。

デーブの命日の11日前、友人の前で泣き崩れてしまった。私たちはそのときなぜか――こともあろうに――トイレの床に座り込んでいた。「11日よ。1年前の今日、デーブにはあと11日しか残されていなかったのに、彼はそんなことも知らずにいたのね」。2人で泣きながら見つめ合い、もし彼があと11日しかないと知っていたら、どんなふうに過ごしたかしら、私たちは一日いちにちの大切さをかみしめながら生きていきましょう、と語り合った。

悲劇に見舞われた人が、まわりの人に感謝を感じるとは限らない。トラウマのせいで人間不信に陥り、その後の長きにわたって人間関係がうまく築けなくなることもある。性的虐待や性的暴行を受けた人の多くが、人の本性は善だという信念が崩れ、信頼関係を結ぶのが難しくなったと答えている。[*16] 子どもを亡くした親は、親戚や隣人とのつきあいを苦にすることが多い。配偶者を亡くした人が、友人と口論して侮辱されたと感じるのも、よくあることだ。[*17]

その一方で、悲劇をきっかけにして、新しい関係を結んだり、前からの関係を深めることもある。これがトラウマ後の成長の3つめ、「他者との関係を深める」である。戦場で多くの死を見てきた兵士は、軍隊時代の友人と40年後も関係が続いていることが多かった。[*18] 激しい戦闘を経験して命の大切さを実感したからこそ、同じ気持ちを分かち合える仲間と一緒に過ごしたくなるのである。乳がん経験者の多くが、家族や友人とより親密になったと答えている。[*19]

悲劇をともに耐え抜いた人たちや、同じ悲劇を耐え忍んだ人たちは、固い絆で結ばれることがある。お互いを信頼し、弱さをさらけ出し、頼り合うようになる。古いことわざのいうとおりである。「順風満帆のとき、自分の真の姿がさらけ出される。逆境のとき、友の真の姿がさらけ出される」。

逆境が絆を強くすることをあざやかに示す例に、スティーブン・トンプソンの物語がある。彼と4人の弟妹は幼いころ住む場所に困り、シェルター〔緊急一時宿泊施設〕や車にしょっちゅう寝泊まりしていた。お母さんはアルコールと薬物の重度の依存症に苦しんでいたため、彼らは空腹のあまり、近所の店から食料を盗むこともあった。スティーブンは弟妹の世話で忙しくてろくに学校へも行けず、勉強についていけなくなった。教師に学習障害と見なされ、特殊学級に入れられた。おばあさんと暮らしていたとき、特別機動隊がお母さんを探して乗り込んできたことがあった。お母さんはドアのうしろに隠れて難を逃れた。あとで警官に聞いたところ、お母さんは政治デモ活動中に男友だちと一緒に橋を爆破したという。

スティーブンが9歳のとき、彼と弟妹はお母さんにホテルの部屋に置き去りにされ、3日後にようやく児童保護サービスによって発見された。これがスティーブンにとっての「水底」になり、彼はそこを蹴って水面に浮上しはじめた。「僕らの生活は耐えがたいほどのストレスに満ちていた」と彼は回想する。「ホテルに置き去りにされたのは、まるで天からの恵みだった――あれが僕らにとって新しい始まりになったんだから」。

スティーブンは、幼くしてこの極度のトラウマを「新しい人間関係を築くチャンス」ととらえたことが、自分のレジリエンスの原点にあると考えている。数カ月間弟妹たちと里親家庭で過ごしたのち、彼だけ州の養護施設で暮らすことになった。それからは学校に欠かさず通い、友人と安定した関係を結べるようになった。感謝祭やクリスマスには友人の家に招かれ、彼らの家族と祝日を祝った。そして、親友のお母さんの一言が彼の人生を永遠に変えた。私たちとずっと一緒に暮らしてはどうかしら、といってくれたのである。「あれは僕が学んだ人生最強の教訓のひとつだ。あのとき、人の思いやりというものを骨身に沁みて知った」とスティーブンは話してくれた。「友人が家族になれることを知った」。この先どんなことがあっても、自分は友人たちの味方でいようと、心に誓った。「友人が苦しんでいれば会いに行こう。人と気持ちを通じ合わせ、わかり合えるよう本気で努力しよう、とね」。スティーブンとは、グーグルで一緒に働いていたときに知り合った。彼は人と通じ合うというすばらしい強みを生かして、エグゼクティブ・リクルーターとして活躍していたのだ。

トラウマ後の成長の4つめの形態は、「人生により大きな意味を見出す」である。自分の存在には意味があるという信念に根ざした、強い目的意識をもつようになるのだ。ヴィクトール・フランクルも、「苦しみのなかに意味を見出した瞬間、それは苦しみでなくなる」といっている。[*20]

宗教への帰依《きえ》や精神性《スピリチュアリティ》の追求を通して、意味を見出す人も多い。トラウマ体験をきっかけに、信仰が深まることがある。宗教的信仰やスピリチュアルな信念の強い人は、レジリエンスが高く、トラウマ後の成長も大きい。[*21] 私とデーブの結婚式を執り行ってくれたラビのジェイ・モーゼスは、こう話してくれた。「神や崇高な力の存在を知ると、宇宙が自分を中心にまわっているわけではないことを思い知らされます。世界や人間存在について私たちの知らないことはまだまだたくさんあり、そこにはなんらかの秩序と意味があるのです。自分の苦しみは偶然によるものではなく、何か意味があるはずだと思えるのですよ」。

しかし、苦しみのなかで神の慈悲への信仰が試されることもある。ニュージャージー州モントクレアの教会で助祭を務めるラバーン・ウィリアムズは、自身がうつに苦しんでいたときに妹ががんと診断され、神に問いかけたという。「神に怒りを感じ、『なぜ私をこんな目に遭わせるのですか』と尋ねたときもありました」。でもそのうちに思いあたった。「神に祈るのは、すべてを解決してもらうためではない。神は都合のいい願いごとをかなえてくれる、ランプの精のような存在ではないのです」。彼女は信仰のおかげで、3つのPのうちの永続性を吹っ切ることができた。「絶望のどん底にいても、希望をもち続けることはできる。それこそが信仰です。……苦しみがいつか過ぎ去ることを知っていれば、気持ちが楽になります」。

去年の春、元NFLのアメフト選手バーノン・ターナーが子どものころの自分に宛てて書いた手紙を読んだ。[*22] そこには彼がどのようにしてこの世に生を受けたかが、まざまざと描かれていた。トラック競技の花形選手だった彼のお母さんは、18歳のとき路上で襲われ、ヘロインを打たれて集団レイプされたのだ。バーノンは11歳のとき、お母さんが浴室でヘロインを打っているのを見てしまった。お母さんは彼を追い払う代わりにこういった。「あたしがこうするのをしっかりその目で見ていなさいよ、お前には絶対やってほしくないから。……こんなことをしていると死ぬのよ」。4年後、この言葉は痛ましくも現実のものになった。お母さんはバーノンと4人の弟妹を残して他界した。しばらくのあいだは継父が彼らの面倒を見てくれたが、バーノンが大学1年生のときに継父も亡くなった。まだ20歳にもならないうちに、バーノンの肩には家族を養う責任がのしかかったのである。

手紙に心を揺さぶられた私は、彼に連絡をとった。あのときが人生のどん底だったと彼は話してくれた。「自分は罰せられていると思いました。神は最初に母を召され、続いて父も召された。いまや残りの家族まで失いかけていたのです。思わずひざまずいて祈りました、家族を救う方法をお教えくださいと」。家族を養えるだけの収入を得るには、NFLでプレーするしかないとバーノンは考えた。当時彼はカレッジフットボールのディビジョン2で活躍するスター選手だったが、プロに転向するには身長が足りない、力が足りない、才能が足りないといわれ続けていた。「プロになるしか道はなかった。ならなければ、弟妹たちは養護施設に入れられる。DNAに運命を牛耳られてたまるかと思った。自分をつくるのは、自分の行動なのだ」と彼は書いている。

バーノンを突き動かしていたのは、明確な目的意識だった。目覚まし時計を午前2時にセットして早朝からワークアウトを始め、体力づくりのためにタイヤをロープで腰にくくりつけて坂をのぼった。「心身を極限まで追い込んだ。NFLに備えて地獄の特訓をした。フィールドで死ねるなら本望だった」。そしてとうとうリターン〔キックオフされたボールをとって走ること〕のスペシャリストとして、NFL入りを果たしたのである。彼は語ってくれた。「レジリエンスをもてたのは、神に与えられた力と、母の最期の言葉のおかげです。母は『何が起ころうと、お前が家族をひとつに束ねるのよ』といい残して亡くなりました。家族を救うために私はフットボールに頼りました。彼らは体格を計測しましたが、僕のハートの強さを見落としていたんです」。

家族や宗教に意味を求める人は多いが[*23]、仕事に目的を見出す人もいる。そのような仕事には、人を支えるものが多い[*24]。聖職者、看護師、消防士、依存症のカウンセラー、保育士などは、ストレスが多く往々にして薄給だが、人々の健康や安全、成長に欠かせない重要な仕事である。自分の仕事がだれかの役に立っていることを実感できれば感情の消耗が和らぐ、という趣旨の論文を、アダムは5本も発表している[*25]。企業でも、非営利団体や官公庁、軍隊でも、自分の仕事がだれかを助けているという意識が強い人ほど、仕事で感情の消耗を感じることが少なく、日常生活での落ち込みも少ないという。また職場のだれかに有意義な影響を与えたと思える日には、家庭でも元気がみなぎり、困難な状況に立ち向かえる。*26

デーブが亡くなってから、前にもまして仕事に意義を感じるようになった。「情報を共有する力をすべての人に与える」というフェイスブックの使命に、いままでにないかたちで共感を覚えている。2009年のこと、友人のキム・ジャバルのお兄さんが40歳の誕生日に自殺した。家族はショックのあまり、追悼ミサを行えなかったという。でも「思い出を分かち合い、私たちを支え、お互いに支え合いたいと考える人たちがいた」とキムは教えてくれた。「フェイスブックでそれをやったのよ。思いやりや励ましのメッセージが山のように届いた。毎日たくさんの物語を読み、写真を眺めて、兄を理解し、愛していた人たちのことを知ったわ」。

同じことが私にも起こった。喪失に苦しむ人たちにとって、フェイスブックがこれほど支えになるとは、自分で実際に経験するまでわかっていなかった。デーブのお葬式の弔辞《ちょうじ》で、友人のザンダー・ルーリが、デーブの寛大さについて語っていたかと思うと、ふいに口をつぐみ、お葬式で見たこともないことをした。「デーブ・ゴールドバーグのおかげで人生がよいほうに変わったという人、手を挙げてください。貴重な意見や重要な人脈、落ち込んでいるときの励ましを得たなど、なんでもいい」と呼びかけたのだ。ハッとうしろを振り返ると、何百本もの手が勢いよく挙がるのが見えた。あの日1日で全員の物語を聞くことはとうていできなかったし、たとえできたとしても、あのときの精神状態ではとても覚えていられなかっただろう。でもいま多くの物語が、デーブのフェイスブックの追悼プロフィールにしまわれている。デーブが就職や起業、活動を支援してくれたといった物語を、私が名前を聞いたこともなかった人を含め、たくさんの人たちが投稿してくれたのだ。友人のスティーブ・フィーラーは、デーブが野球場で応援している動画を投稿して、こう書いた。「応援すること、応援されることがこんなに気分がいいってことを、デーブは思い出させてくれた。いまこの瞬間を楽しむことを教えてくれた。『いま』よりも『次』に注目が向けられがちなシリコンバレーで、デーブほど温かく、いまを大切に生きることは本当に難しい」。

意味のある仕事に励むことは（そのような機会に恵まれた人にとっては）、トラウマからの回復を促す効果がある。友人のジェフ・ヒューバーが奥さんを結腸がんで亡くしたとき、私は人の受け売りでこんなアドバイスをした。鋭い悲嘆が始まったばかりの段階では、大きな決定は下さないほうがいいわよ、と。ありがたいことに、ジェフは私の忠告なんか気にせずさっさと仕事を辞めて、がんの早期検出を目指す新会社「グレイル」のCEOに就任したのである。「門をくぐってしまったような感じだよ」とジェフは語ってくれた。「もう後戻りはできない、自分は変わるしかない。唯一考えなくてはならないのは、『どうやって』変わるかだ」。息子さんのライアンを救えなかったジョー・キャスパーと同様、ジェフも自分が最愛の人を救えないことを知っていた。しかし、もっと早い段階でがんを検出できるようになれば、今後10年間で数百万人の命を救えるはずだと、彼は考えている。いまでは毎朝、これまでにないほど早く、エネルギーに満ちあふれた状態でベッドから飛び出しているそうだ。

ジェフはトラウマ後の成長の5つめの形態、「新たな可能性を見出す」ことを通じて意味を見つけた。テデスキとカルフーンは、トラウマ体験後に、それまで考えもしなかった方向に進む人たちがいることに目をとめた。9・11同時多発テロ事件後に劇的なキャリアチェンジを果たしたアメリカ人は多い。消防隊の一員になった人、軍に入隊した人、医療の世界に入った人。教育NPO「ティーチ・フォー・アメリカ」では、事件後プログラムへの応募者が3倍に増え、きっかけは9・11テロ事件だったと、教師志望者の多くが答えている。[*27] 変化を求めた人たちは、自分という枠を超えた、もっと大きなものに貢献することに貴重な時間を捧げたいと考えた。事件前は、やらされ仕事をしていたかもしれない人たちが、いまでは天職を追求している。[*28] また竜巻や銃乱射事件、飛行機墜落事故などの生存者で、死を覚悟した人ほど、事件後に人生の意味を見出したと答えることが多かった。[*29] 死すべき運命を自覚した人は人生の優先順位を見直し、それが成長につながることがある。[*30] 死との遭遇が、新しい人生を導くのである。

方向転換は容易ではない。トラウマのせいで、新たな可能性を追求する余裕がなくなることも多いのだ。家族の看病のために仕事を制限したり、辞めざるを得ないこともある。[*31]アメリカには成人のがん患者を介護する人が300万人近くいて、介護にかける時間は平均週33時間である。[*32]収入減と高額な医療費が家計を直撃する。病気だけでも大変なところへ、泣きっ面に蜂とばかりに経済的な問題がのしかかる。アメリカでは自己破産した人の40%が病気を破産原因に挙げていて、[*33]がん患者が破産申請する確率は、そうでない人の2・5倍である。[*34]突発的な出費は、少額であっても家計に大打撃を与えることがある。アメリカ人の46%が、400ドルの突然の出費に対応できないという。[*35]ギリギリの生活を送る人にとっては、有給の家族休暇や質の高い医療、精神疾患をカバーする保険を利用できるかどうかが、転落するか、踏みとどまるかの明暗を分けることがある。

悲劇は現在を奪い去るだけではない。未来への希望さえ奪うことがある。[*36]事故のせいで家族を養うという夢が打ち砕かれる。重病を患えば仕事も恋人も見つけにくくなる。離婚すれば将来の記念日が消える（別離を毎年お祝いしている友人もいるけれど）。こうした自己認識の転換も二次的喪失のひとつであり、またうつを引き起こす危険因子でもある。私たちの「可能自己」[*37]――こうなりたいという自己イメージ――が巻き添え被害に遭うのだ。

しかし、なかなか理解しがたいことだが、ひとつの可能自己が消滅すれば、新しい可能自己を自由に思い描けるようになる。悲劇のあと、以前の生活を焦がれることに感情のエネルギーのありったけを費やしていると、そうした新しい機会を逃しかねない。ヘレン・

ケラーもいっている。「しあわせのとびらがひとつ閉まると、別のとびらが開く。でも、閉じたとびらをいつまでも未練がましく見ていると、自分に開かれた別のとびらに気がつかないことも多いのだ」と。[*38]

ジョー・キャスパーは、自分の行動を通じて息子がこの世に生きた証《あかし》を残すことができる、と悟った瞬間、目から鱗《うろこ》が落ちたという。修士課程で学んでいたとき、ジョーは「共同運命」と呼ばれる治療プロセスを考案した。子どもと死別した親たちに、子どもの人生を死によって終わらせないよう、より大きな枠組みでとらえることを促すのである。親がわが子の死という悲劇に目的意識と意味を見出し、善い行いを積んでいけば、わが子が世界に与える影響を広げることができる。ジョーはこんなふうに説明する。「息子が誇りに思ってくれる人生を歩むことが、自分の道だと気づいたんです。息子の名のもとに善い行いをすれば、息子の人生がより善いものになる。いまに至るまで、この気づきに私は駆り立てられています」。

トラウマから回復した多くの人たちが、自分と同じ逆境を乗り越えようとする人たちに手を差し伸べているのもうなずける。[*39]「あの絶望の泥沼を逃れる手伝いができれば、こんなにうれしいことはありませんよ」とジョーは語る。「この情熱も、トラウマに関わる人間的成長のひとつなんです。トラウマ後の成長を手助けすれば、息子の生きた意味を確認することになりますから」。苦難を味わった人は、同じような経験をしている人の役に立つ知識をもっている。この知識は、またとない意味の源泉である。人生に目的を与えるだけでなく、苦しみにも意味を与えてくれるのだから。自分が傷ついたことが無駄にならないよう、同じ苦しみを味わっている人を助けるのだ。

悲嘆の渦中にいるときは、苦痛の向こう側にある新しい可能性や意味には目が向きにくい。最初のひと月が過ぎたころ、それまでずっとわが家に滞在してくれていた母が帰ることになり、私は不安に包まれていた。母はそれじゃ行くわねといって私をハグしながら、家族の友人スコット・ピアソンと交わした会話について話してくれた。「デーブが亡くなった週に」と、ハグを続けながら母はいった。「これでひとつの章が終わり、新しい章が始まるんだな、ってスコットはいったのよ。どうせまだ真に受けないだろうと思って、あなたには黙っていたけれど、私はずっとそう信じている。あなたもそう信じなくては」。ひと月前に聞いていたら、素直に受け止められたかどうかわからない。でもあの日の私は、この言葉に希望をもらった。古代ローマの哲学者セネカ（とセミソニックのヒット曲『クロージング・タイム』）によれば、「新しい始まりは、すべてほかの始まりの終わりから生まれる」[*40]のである。

何年か前、デーブと私は子どもたちをミュージカルの『ウィキッド』に連れて行った。ショーが終わって外に出るとき、ひとりが興奮して叫んだ。「このミュージカル、すごくいいな！」。幼い娘だと思うかもしれないが、そうではない。デーブである。彼のお気に入りの劇中歌は『フォー・グッド（永遠に）』。2人の主人公がさよならを告げ、もう二度と会えないかもしれないといって、一緒に歌う。

私は信じてる　自分がよいほうに変わったと
あなたと出会えたから
私は変われた
永遠に[*41]

この歌にあるように、デーブはこれからもずっと「私の心に押された手形」である。彼の存在は、私を根底から変えた。そして彼の不在が、私を根底から変えたのだ。
デーブの死という恐ろしいできごとが、何かよいことをもたらすのを心の底から願っている。私が語ったことによってなぐさめられた、励まされたといってもらえると、デーブの生きた人生が称えられたような気がする。デーブは人を助けるためならなんでもした。この本が読者の心に届き、デーブが生きた証のひとつになればと願っている。それが、私たち夫婦の共同運命なのかもしれない。

6 喜びをとり戻す

中学にあがって最初の週に、いちばんの親友だった子に告げられた。あなたってダサいからもう仲間に入れてあげない。この心痛む別れは、じつはもっけの幸いだった。絶交をいい渡されてすぐ、3人の女子が私を仲間に迎えてくれたのである。高校でもう3人が加わり、私たち7人は生涯の友になった。ミンディ、イブ、ジャミ、エリーズ、パム、ベスに私の7人組、自称〝ザ・ガールズ〟である。〝ザ・ガールズ〟は、プロムに着ていくドレスから、赤ちゃんが真夜中に……そして午前3時にまた目を覚ましてしまったときの対処法まで、なんでも相談にのってくれる、私の知恵袋である。

2015年の秋、ベスの娘のバト・ミツワー〔ユダヤ教の12歳女子の成人式〕に招待された。内心、行きたくない気持ちもあった。デーブの亡くなるほんの数日前に、私たちの息子の成人式バル・ミツワーの日取りを決めていた。デーブが自分の息子の成人式に出られないことを思うと、とても晴れやかな気分になれそうにない。でも私が失意のどん底にあった夏のあいだ、〝ザ・

6
喜びをとり戻す

ガールズ〃は毎日のように連絡をくれ、代わる代わるカリフォルニアまで飛んできてくれた。みんなが何度も何度も顔を見せてくれたからこそ、自分はひとりじゃないとわかった。私が悲しいときにそばにいてくれたように、私もみんなのうれしい瞬間に立ち会いたかった。

バト・ミツワーの儀式のあいだ、〃ザ・ガールズ〃とその家族に囲まれて座っていると、心の底からなぐさめられた。まるでティーンエイジャーのころに、そう、ヘアカットの失敗がこの世の終わりに思えた、あの無邪気な年頃に戻ったような気がした。ベスの娘が律法書トーラーの朗読をヘブライ語で見事にやってのけると、みんなして誇らしさに涙した。儀式の終わりにユダヤ教の弔《とむら》いの祈りカディシュをみんなで唱えると、すぐさままわりから6本の手が伸びてきて、私をしっかり抱きしめてくれた。みんなが約束してくれたとおり、私たちは一緒に乗り越えたのである。

その夜のパーティーでは、子どもたちが大はしゃぎでそこら中をかけまわっていた。自分の息子と娘が「ほぼいとこ」たちと楽しそうに話しているのを見ながら、親子で仲よしでいられる喜びには名前をつけるべきね、と思った。〃ザ・ガールズ〃のほかにも、マイアミの高校時代の仲間が呼ばれていた。学園一のイケメン、ブルック・ローズもそのひとり。名前からしてもう神々しい。当時、彼とつきあえるかもなんて、私たちのだれひとり思いもしなかった。そして大学卒業後、彼はゲイだとカミングアウトして、私たちの夢をすっかり打ち砕いたのである。

DJがアース・ウィンド・アンド・ファイアー（EW&F）の往年の名曲『セプテンバー』をかけると、ブルックがあのゴージャスな笑顔で私を悩殺しながら、「おいで」と手をとってダンスフロアに誘ってくれた。ふたりで高校時代そのままに、思いっきり歌い踊った。と次の瞬間、私はわっと泣き出してしまった。

ブルックはすぐに私を中庭に連れ出して、どうしたのと尋ねてくれた。デーブのいないさびしさのせいだろうか。でも痛いほど知っているその気持ちとは、どこかちがっていた。そして、はたと思い至った。ノリのいい懐メロに合わせて踊るうちに、さびしさや恋しさと無縁の世界に連れて行かれたのだと。踊っている私は、ただ元気なだけではなかった。しあわせだった。そしてしあわせな気分を追いかけるようにして、罪悪感が押し寄せてきた。デーブがもういないのに、どうしてしあわせな気持ちになれるの？

その翌日、子どもたちとフィラデルフィアに行き、アダム一家を訪ねた。ダンスフロアで泣き崩れてしまった話をすると、アダムはさもありなんとばかりにうなずいて、「だって、君はそのときはじめてしあわせな気分になったんだろう」といった。「喜びを味わえるようなことは、最近何ひとつしてこなかったんだから」。

アダムのいうとおりだ。あれから4カ月以上、子どもたちのことと仕事のこと、その日その日を乗り切ることしか考えていなかった。デーブと一緒にしていた楽しみ、たとえば映画や友人たちとの食事、テレビドラマの『ゲーム・オブ・スローンズ』、ゲームの「カタンの開拓者たち」や字並べゲームの「スクラブル」などはすっかりやめていた。とくにふたりで過ごした最後の時間にプレーしていた「カタン」は、見るのもつらかった。

引きこもりたい理由は山ほどあった。子どもたちが眠りについても、夜中に目を覚ましたらと考えると、ベビーシッターに任せる気になれなかった。思い切って出かけても、みんなの前で泣いてしまったら自分がいやになるし、みんなの楽しい時間も台無しだ。その年の秋口に、社交的になろうとしたことが一度だけある。友人を何人か家に呼んで映画を見ることにした。まずはキッチンでフローズンヨーグルトをふるまいながら、「大丈夫、何もかもふだんどおり、みたいな顔をしていればいいのよ」と自分にいい聞かせた。だれかに楽しくて気軽に見られると勧めてもらった映画をみんなで見はじめた。ところが始まって数分もしないうちに、主人公の奥さんがお亡くなりに……。ヨーグルトが逆流するかと思った。ぜんぜんふだんどおりではなかった。

デーブを亡くしてから30日めに投稿したフェイスブックの記事に、もう二度と純粋な喜びを感じることはないだろうと書いた。パートナーを亡くした友人たちが、そんなことはない、そのうちまたしあわせな気持ちになれるよといってくれても、そうは思えなかった。そんな折、EW&Fが私の誤りを証明したのだ。でもダンスフロアでの幸福感は儚《はかな》く、頭をもたげようとしたその瞬間、罪悪感にねじ伏せられてしまった。

生き残ったことへの罪悪感（サバイバーズ・ギルト）は、喜び泥棒であり、死という喪失から生まれるもうひとつの喪失である。大切な人を亡くすと、悲嘆だけでなく悔恨の念にも押しつぶされる。[*1] これも自責化の罠のひとつだ。「なぜ自分が生き残ってしまったのか？」。鋭い悲嘆がおさまったあとも、罪悪感は居座り続ける。「もっと一緒に過ごせばよかった」。罪悪感を引き起こす喪失は、死だけではない。同僚が解雇された人たちも、会社に残ったことに対して罪悪感を覚えがちだ。この思考プロセスは、「自分が解雇されるべきだった」という思いから始まる。続いて「自分じゃなくてよかった」という安堵がやってくるが、すぐに「友人が仕事を失ったのに喜んでいる自分は悪い人間だ」という恥の意識にのみ込まれる。[*2]

目的意識もなく、喜びだけを追い求める人生は空しい。[*3] かといって、どんなに有意義な人生も、喜びがなければやりきれない。ダンスフロアでのあの瞬間まで、自分がしあわせから身を遠ざけていることに気づいていなかった。そしてあの儚い一瞬でさえ、罪悪感で台無しになった。二度と純粋な喜びを感じることはないという私の予言は、結局は正しかったのかもしれない。そんな思いでいたある日、デーブの弟のロブが、電話ですばらしい贈り物をくれたのだ。「君に会ったその日から、デーブは君をしあわせにすることだけを考えていた」と、彼は声を詰まらせていった。「いまだって、君がしあわせになることを願っているはずだ。その夢を奪わないでやってくれ」。義妹のエイミーも、私の気分が子どもたちに大きく影響していると指摘した。子どもたちはエイミーに、「ママがあまり泣かなくなった」から元気になった、と打ち明けていたのだ。

　だれかのためを思うと、自分だけのためにはもてないほどのやる気が湧いてくるものだ。[*4]２０１５年にアメリカ陸軍少佐リサ・ジャスターは、陸軍のエリート養成プログラム、レンジャー・スクールを卒業しようと決意した。アフガニスタンとイラクで従軍していた彼女は、超過酷なプログラムとはいえ、９週間もあれば修了できるだろうと考えていた。ところが、ランド・ナビゲーションや水中サバイバル、仮想敵のアジト制圧、奇襲、山岳地帯での訓練、障害物コースなどのメニューをこなすのに、26週間もかかった。最後の試練は、15キログラム以上のバックパックを背負ったうえに、約9リットルの水とライフルをもち、20キロメートル近い道のりを行軍するというものである。16キロ地点を過ぎたところで吐き気がして足がパンパンにふくれあがり、ゴールにたどり着けるはずがないと思った。でもそのとき、子どもたちと写したお気に入りのスナップ写真が、頭のなかに浮かびあがったという。息子はバットマン、娘はワンダーウーマンのTシャツを着ていて、リサの手書きで「2人のスーパーヒーローになりたい」と入れたものだ。彼女は最後の数キロメートルを走り切り、目標時間より1分半も早くゴールした。その後リサは、史上はじめて陸軍レンジャー部隊に配属された女性3人のうちのひとりになったのである。私はリサに会ったとき、あなたはお子さんたちのスーパーヒーローというだけじゃない、と伝えた。夕食のテーブルであなたの話が出て以来、あなたは私の子どもたちのヒーローでもあるのよ、と。

ロブとエイミーの言葉がまだ耳に残っているうちに、子どもたちのために、また自分も一緒に楽しいことをしようと決めた。カタンは先を読む力がつき、プレーヤーの行動を予測する訓練になるといって、デーブは子どもたちとプレーするのが大好きだった。ある日の午後、棚に置きっぱなしになっていたカタンを下ろして、子どもたちにさりげなく「遊びたい?」と聞いてみた。2人は目を輝かせてうなずいた。それまで私はオレンジの駒、娘は青、息子は赤、デーブはグレーと決まっていた。3人で遊ぶことに決め、娘がグレーの駒をとり出すと、息子はすかさず「それパパの色じゃないか、グレーはだめだよ!」といってとりあげようとした。私は息子の手を握っていった。「グレーでいいのよ。私たち、やり直しましょう」。

それからは「やり直そう」が、わが家の合い言葉になった。デーブを思い出させるものごとをやめてしまう代わりに、積極的に受け入れ、生活の一部として続けることにしたのだ。デーブごひいきのチーム、ミネソタ・バイキングスとゴールデンステート・ウォリアーズの応援をやり直した。デーブが幼いころから2人に仕込んだポーカーをやり直した。ある日仕事から帰宅したデーブが、5歳と7歳のわが子がポーカーをしているのを見て、あまりの誇らしさに感極まった、という話に2人は大笑いした。私たちの友人で、デーブとしょっちゅう、嬉々としてポーカーをプレーしていたチャマス・パリハピティヤが、テキサス・ホールデム〔ポーカーの遊び方のひとつ〕の指南役を買って出てくれた。私が教えてみてもよかったのだが、デーブはきっと「ぽんこつプレーヤー」からは習わせたくないと思ったことだろう。私をそう呼びはじめたのはデーブだったけれど、チャマスはデーブの尻馬に乗って、私をしょっちゅう、嬉々としてぽんこつ呼ばわりしてくれたものである。

私はといえば、ＴＶドラマの『ゲーム・オブ・スローンズ』をやり直した。デーブと一緒に見ていたときほどは楽しめなかった。だってデーブは原作のシリーズ本を読み込んでいて、だれがだれに陰謀を企んでいるかを教えてくれたのだから。でもがんばって放送に追いつき、シーズンが終わるころにはカリーシとドラゴンたちにハマっていた。デーブと一緒に見ていても、きっとそうなっていただろう。また友人たちを家に誘い、夫や妻が死んだりしない映画を注意深く選んで一緒に鑑賞した。そして私にとっていちばんうれしいやり直しは、オンライン版スクラブルの格好の対戦相手を見つけたことだ。それまでデーブと私が対戦し、デーブとロブが対戦していた。いまはロブ対私でプレーしている。兄弟は互角の腕前だったから、正直私ではデーブの代わりにならない。これまでの１００回近い対戦で、私がロブに勝ったのは……たったの1回。でも1日にほんの数分電話で話すだけで、私はロブと、そしてデーブともつながっていられるのだ。

私たちは人のしあわせを願う。そして自分のしあわせを願うことは——罪悪感を押しのけて喜びを求めてもいいのだと心得ることは——永続化を克服することにほかならない。楽しむことは、自己への思いやりになる。あやまちを犯したときに自分にやさしくする必要があるように、楽しめるうちに楽しんで、自分にやさしくすることも必要だ。悲劇はドアを蹴破りなだれ込んできて、私たちをとらわれの身にする。相当な労力とエネルギーがなければ、逃れることはできない。逆境を経験した人が喜びを求めるのは、奪われたものをとり戻そうとする行為である。U2のリードボーカル、ボノのいうとおり、「喜ぶことは、現状に対する究極の抵抗である[*5]」。

30日めに投稿した記事に寄せられたコメントのひとつに、私はとても大きな影響を受けた。バージニア・シンプ・ネイシーという女性からのものだ。バージニアはしあわせな結婚生活を送っていたが、ご主人が53歳の若さで、就寝中に亡くなった。それから6年半経ってお嬢さんの結婚式前夜に、今度は息子さんがヘロインの過剰摂取で命を落とした。それでも彼女は結婚式を予定どおり決行し、お葬式はその翌日に行うことにしたそうだ。ほどなくしてバージニアは地元の学区の協力を得て麻薬防止プログラムを運営し、子どもを亡くした親やカウンセラーとともに遺族のための自助グループを立ち上げ、薬物依存症の撲滅を目指す法改正を訴えはじめた。悲しみを和らげる方法もいろいろ考えた。懐かしの『キャロル・バーネット・ショー』を鑑賞し、娘夫婦に会いに愛犬のチョコレート色のラブラドールを連れて車で大陸を横断した。「2人の死は、私の人生という織物に織り込まれてはいるけれど、それは私を私たらしめているものではありません」と彼女は書いている。「喜びはとても大切よ。でも娘やだれかに頼っていては、喜びは得られません。自分のなかから生まれるものでなくてはね。いまこそオプションCを使い倒そうではありませんか」。

喜びを見つけようとするとき、私たちはとかく卒業や出産、就職、親戚の集まりなど、大きなできごとに目を向けがちだ。でもしあわせにおいては、大きさよりも頻度のほうが大切なのである。[*6] 配偶者を亡くした人を12年間追跡したオーストラリアの研究で、死別前と同じ頻度で喜びを味わうことができた人は、全体の26％だった。彼らには、ほかの人にない特徴があった。日常の活動やつきあいに、再び積極的に携わるようになったのである。[*7]

著作家のアニー・ディラードは、「日々の活動の積み重ねが人生をつくる」と書いている。[*8] ちょっとしたことを楽しめるまで元気になるのをただ待つ代わりに、元気になれるちょっとしたことを、どんどんやってみよう。友人は気の滅入るような離婚のあとで、「好きなことリスト」をつくったそうだ。ミュージカルを聴く、姪っ子と甥っ子に会う、画集を眺める、プリンを食べる、などなど。そして毎日仕事が終わったら、どれかひとつをやろうと決めた。ブロガーのティム・アーバンがいうように、「しあわせとはなんでもないただの水曜日に感じる喜び」[*9] なのだ。

私の2016年の新年の誓いは、この考えにヒントを得たものだ。そのころはまだ毎晩「うまくできたこと」を3つ書いていたが、自信をとり戻すうちにあまり必要を感じなくなった。すると、アダムが新しい提案をしてくれた。毎日「喜びの瞬間」を3つ書いてごらんよ、と。これまでいろいろ新年の誓いを立ててきたけれど、こんなに長く続いたものははじめてだ。いまでは眠る前にほぼ毎日、その日のハッピーだった瞬間を3つノートに書き出している。こうすることでちょっとした喜びに気づき、感謝の念をもちやすくなるのだ。何かよいことがあると、「これ、ノートに書けるわ」と思う。1日の全体を明るく照らしてくれる習慣である。

ずいぶん昔のことだが、私がメンターと仰ぐラリー・ブリリアントに、幸福には手入れが必要だと教わった。ラリーとは、グーグルの慈善活動プログラムの立ち上げを通して親しくなり、息子さんのジョンが24歳の若さで肺がんと診断されたときには、とても心が痛んだ。ジョンはスタンフォード大学の病院で治療を受けていたから、病院にほど近いわが家にしょっちゅう泊まってくれた。子どものころから大切にしているレゴセットを持参して、いつも子どもたちと遊んでくれた。いまも子どもたちがレゴ遊びをするたび、ジョンのことを思い出す。

しばらくのあいだ、ジョンは奇跡の回復を遂げたかに思われていたため、彼が1年半後に亡くなると、家族は失意のどん底に突き落とされた。このときラリーの深い精神性が、レジリエンスを培《つちか》うのに役立った。彼は数十年前奥さんのギリジャとインドに10年間暮らし、ヒンドゥー教の導師《グル》のもとで学び、仏教の瞑想を実践していた。ジョンの死後は、彼を亡くした苦しみを、彼が元気だった日々への感謝に変えるという、スピリチュアルな取り組みに力を入れたという。デーブのお葬式に来てくれたラリーは、愛する人をまた亡くす日がこんなに早く来るなんて、といって一緒に泣いてくれた。そして私を支えるかのように肩に手を置いて、君が悲しみにおぼれることのないようにいつでも駆けつけるよと励まし、こう諭してくれた。「喜びに満ちた1日は15分のように感じられ、苦痛に満ちた1日は15年のように感じられる。簡単なことではないが、喜びの15分を15年に変え、苦しみの15年を15分に変えることを、生涯の務めにしなくてはならないよ」と。

　喜びの瞬間に目を向けるには、意識的な努力が必要である。人はポジティブなことより、ネガティブなことに注意を払うようにできているからだ。[*10] よいできごとよりも悪いできごとのほうに、私たちは大きな影響を受けがちである。この傾向は、太古の昔には意味があった。家族が毒の実を食べたときの記憶が頭から離れないからこそ、同じ実を食べずにいられた。でも現代の私たちは、ちょっとした挫折や日常のいらだちにも、同じだけの注意を向けている。[*11] 車のワイパーが壊れたり、服にコーヒーのシミがついたりするだけで落ち込んでしまう。生活を脅かすおそれのあるものごとに集中するあまり、ほほえむチャンスを逃しているのだ。

　ネガティブな感情にラベルをつけると処理しやすいように、ポジティブな感情にラベルをつけることにもよい効果がある。[*12] たった3日間、楽しかった経験について書くだけで、その後の3カ月にわたって精神状態が改善し、医療機関にかかる回数が減ったという。[*13] 毎日のほんのちょっとしたことにも、喜びを感じることはできる。[*14] 暖かいそよ風のここちよさや、フライドポテトのおいしさ（とくにだれかのをつまみ食いするとき）。私は母ほど楽観的な人を見たことがないが、その母は毎晩寝る前に、頭を横たえる枕のここちよさにしばし感謝を捧げている。

人は歳をとるにつれて、どれほどわくわくできるかではなく、どれほど安らかな気持ちになれるかという観点から、しあわせをとらえるようになる。[*15] ベロニカ・ゴーインズ牧師は、これを一言で表現する。「平穏は静止した喜びであり、喜びは立ちあがった平穏である」。[*16] ポジティブなできごとをだれかに話すと、その後の数日間は、快い感情をより強く感じることができる。[*17] 一方、人権擁護派の弁護士として日常的に残虐行為を見聞きしているシャノン・セジウィック・デイビスは、「喜びとは規律である」といっている。[*18]

ある友人は70歳の誕生日の直後に、48年間連れ添った奥さんを亡くし、絶望を乗り越えるために日課を一新したという。奥さんと一緒にやっていたことをそのままやり続けるのでは、昔の生活が恋しくなってしまうから、奮起して新しい活動を始めることにしたのだ。私にも同じことをするよう、勧めてくれた。そこで私は「やり直し」のほかに、前に進む方法はないものかと考えはじめた。まずは小さなことからと、昔祖父に教わった（かつポーカーより得意な）カードゲーム、「ハーツ」を子どもたちとやりはじめた。週末には、背中を痛めたデーブには無理だったサイクリングを3人でするようになった。私は30年ぶりにピアノを再開した。才能はないわ、練習はしないわで、お粗末なものである。でもポロンポロンと曲を弾いていると気分がよくなる。いつも調子っぱずれに弾き語っているビリー・ジョエルの『ピアノマン』の歌詞をもじっていうと、「ほほえむことができるんだ……しばし人生を忘れるために」。

楽器をがんばって弾くような、能力の限界を試されるような活動を、心理学者は「ギリギリこなせるタスク」[*19]と呼ぶ。このレベルのタスクをやり遂げるには、全神経を集中させなくてはいけないから、ほかのことをしたり考えたりしている余裕はない。何かに完全に没頭する、いわゆる「フロー」[*20]の状態にいたときに、とてもしあわせな気分だったという人は多い。友人と話し込んでいて、いつの間にか2時間も経っていたとき。ドライブをしていて、高速道路の破線がリズムになったとき。『ハリー・ポッター』を読んでいて、ホグワーツが実在しないことを忘れたとき（なんたるマグル的不覚！）。でも、ひとつ難点がある。フロー研究の先駆者ミハイ・チクセントミハイによると、人はフロー体験をしている最中にしあわせだと感じるわけではない。そのときは最高に集中しているからそんな余裕はなく、あとになってからそれを「楽しかった」と表現するのだ。フロー状態にいる人は聞き取り調査をされただけで、一気に現実に引き戻されてしまったという（なんてことするの、心理学者諸君)。

フロー体験を得るために、運動する人も多い。コメディアンのパットン・オズワルトは、奥さんを亡くしてから、あることに気がついた。『バットマン』などのコミックでは、悲しみに暮れる人が、ふつうではあり得ない行動に出るというのだ。「もし現実世界でブルース・ウェイン〔バットマンの正体〕が、9歳のとき目の前で両親を殺されたら、あんなにたくましいヒーローにはならなかった」と彼はいう。「ふつうなら怒りと混乱でやけ食いして、ブクブクに太るってもんだろう? でも彼はちがう。いきなりジムに駆け込んで、肉体を鍛えはじめるんだからな」[*21]。もっとも、ジムで体を鍛えることには——ただ早足で歩くだけでも——いろいろなメリットがある。運動が、身体の健康の維持向上に役立つことはよく知られている。たとえば心疾患や高血圧、脳卒中、糖尿病、関節炎のリスクを下げるなど[*22]。だが多くの医師やセラピストが、運動は心の健康を増進する最善の手段だとも指摘しているのだ[*23]。50歳以上のうつ病患者は、ワークアウトによって抗うつ薬と同じくらい症状改善が期待できるという[*24]。

フロー体験なんていうと、特別なことのように聞こえるかもしれないが、悲劇に見舞われた人にとって欠かせないものになることがある。4年前シリアで、ワファー〔家族の安全を守るために苗字は伏せる〕は絶望に打ちのめされていた。ご主人が突然逮捕されて消息を絶ち、その数カ月前には、アパートの外でサッカーをしていた16歳の息子さんが、榴散《りゅうさん》弾《だん》を受けて亡くなっていた。ワファーは悲痛のあまりみずから命を絶とうとしたが、お腹にいる6番めのお子さんのために思いとどまった。そして上の3人のお子さんをシリアに残し、下の2人を連れて、お兄さんとイスタンブールに逃れた。しばらくして、上のお嬢さんから電話があった。彼女の息子さんが、2歳の誕生日を迎える1週間前に狙撃兵に殺されたという。想像を絶する、はかり知れない悲劇である。

恐ろしいことに、ワファーのような経験は珍しいものではない。現在、世界の難民の数は第2次世界大戦後を上回り、過去最多となっている。[*25] 故郷を追われ、家族を引き裂かれた人が、6500万人以上いるのだ。私にとってのオプションBが、配偶者の喪失に向き合うことだとすれば、難民の人たちにとってのオプションBは、喪失に次ぐ喪失に次ぐ喪失に向き合うことである。愛する人、家庭、祖国、そして身近なすべてのものごとの喪失だ。ワファーの物語を読み、彼女の途方もないレジリエンスに心を打たれた私は、もっと話を聞きたくなって連絡をとった。彼女は苦しみを率直に打ち明けてくれた。「息子が殺されたときは、死んでしまおうと思ったわ」と、通訳を介して彼女は語った。「でも、母であるおかげで救われた。残った子どもたちのために、笑顔でいなくてはね」。

トルコに到着してからは、お兄さんが仕事を探すあいだ、ほとんど毎日だれとも会わずにお子さん2人と過ごしていたそうだ。言葉が話せず、知り合いもほとんどできず、孤独に押しつぶされそうだった。そんなとき、シリア人のためのコミュニティセンターを見つけ、同じ苦しみに耐える女性たちと知り合った。そうして少しずつ喜びの瞬間を見つけていったという。「祈りを捧げると、しあわせになれるの」と彼女はほほえんだ。「神との絆が強まったわ。神への理解を深め、神がこれからも私に力を与え続けてくれることを知った」。

ワファーは祈ることのほか、家族や友人のための食事づくりからも、安らぎとフロー体験を得ている。「ときどき時間の歩みが遅くなり、考えすぎてしまう日があるの。料理をすると、できあがりを楽しみに待つことができる。シリアでは、料理は息をするのと同じ。酸素を体にとり込むような感じね。絵は苦手だけど、クリエイティブなことが好き。料理の香り……肉の触感。どこにいても、家庭を立て直すことはできる。料理はなぐさめになるし、集中できるのがいいわね。ときどき料理に没頭してしまうことがある。時間があっという間に経ち、心が穏やかになるわ」。イスタンブールで近所の人が病気になったときは、1週間毎日食事をつくってあげたそうだ。「料理で――しかもシリアの料理で！――人助けができると思うと、とてもうれしかった。料理を通して私なりにこう伝えていたの。『何もありませんが、よかったら故郷のものをどうぞ』って」。自分の子どもたちやほかの人たちの面倒を見ることも、ワファーにとっては喜びである。「子どもたちの笑顔を見るとしあわせになるの。自分がここにいることに理由があるように思えて。2人を癒やしながら、自分も癒やされています」。

6
喜びをとり戻す

喜びのとらえ方は人それぞれである。規律、現状に対する抵抗、特別なこと、必要不可欠なもの。それでも、喜びを感じる権利はだれにでもある。喜びがあるからこそ、私たちは生きていき、だれかを愛し、寄り添うことができるのだ。

どんな苦しみのさなかにあっても、自分の手でつかみとる瞬間、自分で生み出す瞬間のなかに、喜びを見つけることはできる。料理。ダンス。ハイキング。祈り。ドライブ。ビリー・ジョエルの歌の調子っぱずれな弾き語り。こうした瞬間には痛みを忘れていられる。そして喜びの瞬間を重ねるうちに、ただしあわせになるだけではないとわかる。私たちは喜びを通して、力も手に入れるのである。

7

〝レジリエント〟な子どもを育てる

サウスカロライナの2人の子どもたちを描いた、このすばらしく細密な絵画は、多くの受賞歴に輝く画家、ティモシー・チェンバーズ[*1]の作品である。ティムは30年以上にわたってプロの芸術家として、油彩、木炭、パステルで肖像や風景をあざやかに描き出している。彼は聴力を70%失っている。そして視覚障害でもある。

ティムが肖像画を描くとき、モデルの目を見ているあいだは、口は見えていない。全体像を把握する代わりに、モデルをほんの一部分ずつつぶさに観察して、できるだけ多くのディティールを頭に入れ、目に見えない部分は記憶で補いながら描いている。「よい絵画はたくさんのよい決断でできている」と彼は語る。

ティムはアッシャー症候群という遺伝性疾患をもって生まれ、幼いころから症状があった。5歳になるころには補聴器をつねに装着していた。高校時代は、夜に外を歩いていて木の枝にぶつかりそうになるたび、「頭を引っ込めろ」と友人に注意してもらった。とうとう30歳のとき、眼科医に紹介された専門医に正式に診断を受け、治療法はないと宣告された。そしてバッサリいわれたのである。「ほかの仕事を探されたほうがいいでしょう」。

この忠告に気落ちしたティムは、ときに身がすくむような恐怖に苛まれ、悪夢にうなされるようになった。あるとき、木炭画の仕上げに2時間ほど奮闘していると、息子が部屋に入ってきて尋ねたという。「どうして紫色なの?」。もう紫色と灰色を見分けられなくなっていたのだ。ティムは自分の知識をほかのかたちで活かそうと考え、美術のオンライン講座を始めた。彼の教え方は評判を呼び、地球の裏側の生徒たちが午前2時に起きて習おうとしたほどである。ティムと奥さんのキムは講座を拡充して、オンラインスクールを開講した。そんなある日、アダムのレジリエンスに関する講演[*2]を視聴していたキムは、これはまさに夫のことだと思い、さっそくアダムにメールを送った。「私は夫のティム以上に忍耐強い人に会ったことがありません」。

　それほどのレジリエンスを、ティムはいったいどこで身につけたのだろうと、アダムは関心をもった。ティムによると、そもそもの始まりはご両親だったという。ティムのお父さんは、つらいできごとを別の視点からとらえ直す、「リフレーミング」の名人だった。ある日、ティムが学校からしょんぼり帰ってきた。みんなに補聴器をじろじろ見られ、耳に何が入っているのとしつこく聞かれてめげていた。お父さんはこういって聞かせた。次にそんなことがあったら補聴器を耳に押し当て、こぶしを突きあげて叫べばいい。「やった！　シカゴ・カブスが9回2対1で勝ってるぞ！」、って。さっそくやってみると、つまらない授業中に試合中継を聞けるなんていいなあと、うらやましがられたそうだ。高校のとき、デートの別れ際にキスしようと身を乗り出したとたん、補聴器がピーピー鳴り出して閉口した。お父さんは気にするなと励ました。「彼女、いまごろママに話しているだろうよ。『これまでのキスで火花が散ったことはあるけど、サイレンを聞いたのは今夜がはじめてよ』ってな」。

そうしたアドバイスに従ううちに、ティムはバツの悪さをユーモアで切り抜ける方法を学んだ。そして、自分が自分の障害にどう反応するかで、人の反応が変わることを知った。つまり、自分が周囲からどのように思われるかは、自分自身でコントロールできるのである。またバツの悪い瞬間のリフレーミングを、まるで息をするように自然とできるようになった。「こっぱずかしくていたたまれないときも、『壁や行き止まりのように見えるものごとを乗り越える方法を探すうちに、ますます強くなるんだよ』と励ましてくれる父がいて、じつにしあわせだった」。

デーブが亡くなって私がいちばん心配したのは、子どもたちのしあわせが壊れてしまうことだった。子どものころからの友人ミンディ・レビーは、13歳のときお母さんを自殺で亡くした。その夜、私はミンディの部屋に泊まり、泣きじゃくる彼女をただ抱きしめた。それから30年以上経ったあの日、私がメキシコの病院から真っ先に電話したのは、ミンディだった。とり乱していた私は、電話に向かって泣き叫んだ。「子どもたちは大丈夫だといって。お願い、大丈夫だといって！」。ミンディは最初、何が起こったか理解できなかった。でも事情がわかると、本心から信じていることをいってくれた。あなたの子どもたちは大丈夫よ、と。あのときは何を聞いても心は鎮まらなかったが、それでもミンディが逆境を乗り越え、愛情豊かでしあわせな大人になったことを、私は知っていた。彼女が立ち直るのをそばで見ていたからこそ、息子と娘も大丈夫だと信じることができた。

帰りの飛行機——機内でどうしていたのかはほとんど思い出せない——を降りると、涙で顔をぬらした母と妹が空港で待っていて、私を抱きかかえるようにして車に連れて行ってくれた。最悪の事態をあれこれ想像したことはあったが、これからしなければならない会話はまったくの想定外だった。7歳児と10歳児に、もう二度と父親に会えないだなんて、いったいどう伝えたらよいのだろう？

メキシコからの機上で、マーニーは私たちの親しい友人、キャロル・ガイトナーに連絡をとるよう勧めてくれた。ソーシャル・ワーカーのキャロルは、親を失った子どもたちのカウンセリングをしている。自宅に向かうあの重苦しい車中から、彼女に電話をかけた。キャロルはてきぱきとアドバイスしてくれた。まず子どもたちに、とても悲しい知らせがあると告げてから、何が起こったかを簡潔かつ端的に説明すること。そして、あなたたちの生活の大部分はこれまでとまったく変わらない、残りの家族は元気だし、これからもお友だちと一緒に学校に行けるのだといって、安心させることがとても大切だとキャロルはいった。次に、子どもたちの質問に、聞かれるまま答えること。このとき、「ママも死ぬの」といわれるかもしれないという。心構えができて本当によかった。それは娘が真っ先に聞いてきたことのひとつだったのだ。キャロルによると、ママはいつまでも生きるだなんてごまかさずに、人がこんなに若くして死ぬのはめったにないことだと説明するといいという。そしていちばん大事なことは、あなたたちを愛している、一緒に乗り越えましょうと、何度も何度もくり返すことよ、とキャロルは教えてくれた。

家に入ると、娘が何事もなかったように走り寄ってきた。「ママお帰り」といって、そのまま自分の部屋に上がっていった。私はその場に凍りついた。息子はすぐにただならぬ雰囲気を察し、「どうしてもう帰ってきたの?」と詰め寄った。「それに、パパは?」。私たち3人、それに私の両親と妹とで、ソファに座った。心臓がバクバクして、自分の声も聞こえないほどだった。父がいつものように、私を守るようにして、頼もしい腕を肩にまわしてくれていたおかげで、勇気をふり絞って話すことができた。「悲しいお知らせがあります。とても悲しいお知らせが。パパが死んでしまったの」。

このとき聞いた悲鳴と泣き声は、いまに至るまで耳に焼きついている。私の心の叫びとも共鳴した、原初の叫びだった。この瞬間の痛みに匹敵するものを、私はいまだに知らない。いまでさえ、あのときのことを思い出すと、体が震え喉が締めつけられる。それでも、本当に恐ろしい瞬間ではあったが、私たちは乗り越え、新しい視点を手に入れた。こんな視点が身につくような経験はだれにもしてほしくない。そうはいっても、貴重な視点であることはまちがいない。

とり返しのつかない喪失を被ったとはいえ、私の子どもたちは恵まれている。何をもってしても父親をとり戻すことはできないが、恵まれた状況のおかげで痛手が和らげられているのはたしかだ。心痛む苦境に置かれた多くの子どもたちは、そうではない。日本の子どもの6人に1人が貧困状態にある。[*3] アメリカでは、アフリカ系の子どもの3分の1、ラテン系の子どもの3分の1弱が貧困状態に置かれ、母子家庭の子どもの43%が貧困である。[*4] またアメリカで親が服役中の子どもは250万人を超える。[*5] 重病や育児放棄、虐待、ホームレスに苦しむ子どもも多くいる。こうした極度の痛手や窮乏は、子どもたちの知的、社会的、情緒的、学業的発達を阻害しかねない。[*6]

私たちはすべての子ども、とくにもっとも悲惨な状況に置かれた子どもに、安全と支援、機会を与え、進むべき道を探す手助けをする責任がある。早い段階からの包括的な介入がきわめて重要である。イースト・パロアルト小学校などの「トラウマに配慮した学校」では、職員が毒性ストレス〔脳に不可逆的なダメージを与えるとされる、過剰で恒常的なストレス〕にさらされている子どもたちを見分ける訓練を受けている。子どもが問題行動を起こしたとき、責めたり恥をかかせたり厳罰を与えたりする代わりに、安心感を与えて、失敗から学べるようにしている。こうした学校は、子どもの心のケアや危機時の支援の体制をととのえているほか、親のコーチングも行っている。

質の高い就学前教育は、子どもの認知発達を促すことが知られており、またさらに早期の支援にも大きな効果がある。[*7] 一例として、看護師・家庭パートナーシップ・プログラム[*8]は、全米各地での徹底した実験を通して、子どもへの投資が大きな価値を生むことを実証している。恵まれない家庭に、母親の妊娠時から子どもが2歳に達するまでのあいだ、看護師の家庭訪問とカウンセリングを無償で提供すると、その後の25年間で児童虐待と育児放棄の件数は同様の家庭の平均より79%少なく、15歳になった子どもの逮捕率は同年代の子どもの半分で、母親が生活保護を受ける期間は平均で30カ月短かった。[*9] こうしたプログラムは、家庭のレジリエンスを育む一助になる。このような投資は道義的に正しい選択というだけではなく、経済的にも意味がある。訪問への投資1ドルあたり、約5ドル70セントに相当する効果を生んでいるのだ。[*10]

子どもたちはいつか必ず逆境に直面する。だから大小さまざまな障害を乗り越える力をもった、レジリエントな子どもを育てたい。レジリエンスの高い人は、より幸福で、仕事でより大きな成功をおさめ、健康状態もよい。[*11] 私がアダムから教わったように、またティムのお父さんが直感的に理解していたように、レジリエンスは生まれつき備わった固定的な性格特性ではない。レジリエンスを身につけることは、生涯にわたるプロジェクトなのだ。[*12]

子どもは自分に与えられた機会や、親、保護者、教師、友人たちと築く関係を通じて、レジリエンスを育んでいく。まずは子どもが次の4つの核となる信念をもてるよう、手助けすることが出発点となる。①自分の人生は自分である程度コントロールできる、②失敗から学ぶことができる、③自分はひとりの人間として大切な存在である、④自分のために役立て、他人と分かち合うことのできる強みが自分にはある。

この4つの信念は子どもに絶大な影響をおよぼす。ある研究で、数百人の「リスク児童」

を30年にわたって追跡した。彼らは極度の貧困やアルコール乱用、精神疾患を抱える家庭で育った子どもたちで、青年期・成人期には3人に2人が深刻な問題を抱えていた。しかし、これほどの困難な状況にあっても、3人に1人が犯罪歴や精神衛生上の問題とは無縁の、「有能で自信と思いやりに満ちた若年成人」に成長していたのだ。[*13] レジリエントな子どもには、共通点があった。自分の人生をコントロールしているという強い感覚をもっていたのである。自分の運命を支配するのは自分だと信じ、ネガティブなできごとを脅威ではなく、挑戦や好機ととらえていた。リスクにさらされていない子どもについても、同じことがいえる。[*14] レジリエンスがもっとも高いのは、人生を変える力が自分にあることに気づいている子どもだ。また保護者は、子どもに対して明確で首尾一貫した期待をもつことにより、一定の枠組みと予測可能性を与えている。そのことが、子どものコントロール感を高めるのである。

私にコントロールの力を思い知らせてくれたのは、キャシー・アンダーセンだ。キャシーは性目的の人身売買や性的搾取の被害に遭ったマイアミのティーンエイジャーを救う活動に果敢に取り組んでおり、それを通して知り合った。彼女は「チェンジ・ユア・シューズ」[*15]というプログラムを立ち上げ、若い女性被害者に、自分の将来は過去のトラウマによって縛られないことを理解してもらおうとしている。「自分には限られた選択肢しかないと、みんな思い込んでいます」とキャシーは話してくれた。「私と同じで、ほとんどの人が虐待を経験していて、そのせいで自分の人生は自分ではどうすることもできないと思わされているんです。私が目指しているのは、自分の置かれた環境、すなわち自分の『靴』から抜け出す力はだれにでもある、自分を押しとどめているすべてから抜け出そうと、彼女たちに伝えること。毎日小さな1歩を積み重ねれば、人生をよくしていける。自分が履きたい靴を履こうと思ってほしい、自分にはまだ選択肢があるとわかってほしいんです」。

キャシーが集会所の一室で開いていたミーティングに、私も同席させてもらった。このとき、生まれたばかりの赤ちゃんをひざに乗せた15歳の少女、ジョハナチェッカ（ジェイ）・フランソワに出会った。ジェイは家庭で虐待を受けて家出し、性的人身売買の被害に遭った恐ろしい体験について語った。それを受けて、今度はキャシーが自分の物語を話した。彼女は養父に虐待を受け、家出して自殺未遂を起こした。しかし、どん底を脱するには教育を受けるしかないと気づいたとき、人生が大きく開けたのだという。

キャシーは少女たち一人ひとりに夢を話してもらった。ある子はアーティストになりたいといった。別の子は、自分のような少女を助けるために弁護士になりたいと語った。困っている少女をかくまうNPOを運営したい、という子もいた。ジェイは、立派なお母さんになるのが夢だといった。次にキャシーは、その夢を実現できるようになるには、どんな目標を達成する必要があるか書いてください、といった。全員が同じ答えを書いた――「学校を卒業する」。するとキャシーは問いかけた。その目標を達成するために、今日、明日、そのまた明日にしなくてはならないことはなんですか、と。「成績を上げる」とだれかが答えた。「通える高校を探して入学する」と別の声があがった。「勉強をがんばる」とジェイはいった。彼女はその後高校を卒業し、大学に進学して、逆境をはねのけつつあるのだ。「自分の未来は自分の手のなかにあるって、いまはそう思えます」と彼女はいう。「いいお母さんになって、娘によい未来を与えるのがなによりの願いです」。

子どものレジリエンスを形成する2つめの信念は、「失敗から学ぶことができる」。心理学者のキャロル・ドゥエックは、「成長のマインドセット（思考態度）」をもつ子どもは、「固定的なマインドセット」をもつ子どもにくらべて、逆境に立ち向かう力が高いことを明らかにした。[*16]「固定的なマインドセット」とは、能力は生まれつき備わっているか、備わっていないかのどちらかだという考え方である。「自分は数学は天才的だが、演劇の才能はゼロだ」など。これに対して「成長のマインドセット」をもつ子どもは、能力とは学習し、開発できるスキルだと考える。そして能力を伸ばすために努力することができる。「自分は生まれながらの役者じゃないけれど、稽古を積めば舞台で輝ける」というように。

子どもがどちらのマインドセットをもつようになるかは、親や教師のほめ方によっても左右される。[*17]ドゥエックらは生徒をランダムに2つのグループに分け、テスト問題を解かせたあとで、それぞれのグループにちがうほめ言葉をかけた。「頭がいいね」とほめられた子どもは、次の難しいテストでは成績が下がった。頭がよいことを、固定的で変えられない特性だと考えたために、難しい問題にぶつかると自分には能力がないと判断し、途中で解くのをやめてしまった。でも「がんばったね」とほめられた子どもは、難しいテストになるとさらにがんばり、最後まで解き切ろうと努力したのだ。

成長のマインドセットは、それほど時間をかけずに教えることができ、しかもめざましい効果を伴うことが、ドゥエックらの研究によって示されている。高校を中退するリスクの高い生徒に、「能力は開発できる」と強調するようなオンライン演習をさせたところ、学業成績がアップした。[*18] 大学のオリエンテーション期間中の新入生に同じ演習をさせると、アフリカ系とラテン系の学生、第1世代の学生〔近親者のなかではじめて大学に入学した学生〕の中退率が46%低下した。[*19] 彼らは学業面での苦労を自責化、永続化することが少なく、また大学に通い続ける確率はその他の学生と変わらなかった。このようなプログラムは、質の高い教育と長期的な支援とあわせて提供されれば、後々まで影響をおよぼすことができる。

最近では、子どもに成長のマインドセットをもたせることの大切さが広く認識されるようになったが、まだ十分に実践されているとはいえない。[*20] いわゆる「知識と行動のギャップ」が存在し、親も教師も頭ではわかっているが、なかなか実行できないのである。私も気をつけているつもりだが、ときどきやらかしてしまう。娘がテストでよい点数をとって帰ってくると、「よくがんばったわね」とほめる代わりに、「すごいわね!」とついついいってしまうことがまだある。スタンフォード大学で学部長を務めたジュリー・リスコット=

へイムスは、著書『How to Raise an Adult（大人の育て方）』のなかで、困難こそが成長のチャンスだと子どもに教えましょうと、親たちに呼びかけている。彼女はこれを「葛藤をノーマライズする（あたりまえのこととして受け入れる）」と呼んでいる。[*21] 親が失敗を「避けるべき不面目」ととらえずに、「学ぶ機会」として歓迎すれば、子どもは積極的にものごとに挑戦するようになる。子どもが算数でつまずいたら、「算数は得意じゃないのね」という代わりに、「算数を難しいと感じるのは、脳みそが成長している証拠よ」といってみましょうと、ドゥエックは勧めている。[*22]

子どものレジリエンスを形成する3つめの信念は、自己価値の認識である。[*23] 自分のことを気にかけ、大切に思い、信頼してくれる人がいると理解することだ。多くの親は、これをあたりまえのように子どもに伝えている。子どもの話に注意深く耳を傾け、子どもの考えを尊重していることを示し、強く安定した愛情関係を結べるよう手を貸している。過酷な逆境を経験した11歳から18歳までの2000人超の若者を対象とした研究で、自己価値を認識している人は、自尊心の低下やうつ、自殺願望に悩まされることが少なかった。[*24]

スティグマを負う集団に属する子どもは、自分が大切な存在だという認識をもちにくい。LGBTQの若者は、いじめやいやがらせの対象になりやすく、家庭や学校で大人の支援を得られない場合も多い。レズビアン、ゲイ、バイセクシャルの若者は、そうでない若者にくらべて自殺する確率が4倍高く、トランスジェンダーの若者の4人に1人が、自殺を試みたことがあるという。[*25] 最近ではボランティア組織「トレバー・プロジェクト」のおかげで、LGBTQの若者はチャットや電話での無料相談を24時間年中無休で受けることができる。トレバー・ホットラインで研修を受け、ボランティアとして活動していたマット・ハーマンによると、たとえ見知らぬ人であっても、自分のことを気にかけてくれるだれかがいるという気づきが、生命線になるのだという。「14歳の、おびえていて、電話の向こうにだれかがいて自分がひとりじゃないことを知りたい一心の子どもが電話をかけてくる」と彼は説明する。「陳腐に聞こえるかもしれないが、実際にそうなんだ」。マットが温かい「ハロー」で電話に答え続けた4年間には、相手が一言も話さないまま電話をプツッと切ってしまうことも多かったという。若者が電話をかけてすぐ切ってしまうのは、ボタンを押せば騒音を止められることを参加者が知っていたあの実験で、「ボタン」が使えるかどうかを確かめるのと同じである。やがてマットの温かい声に反応して、勇気を出して話しはじめる若者がひとり、またひとりと増えていった。「リピーターがとても多かった——友だちみたいになったよ」とマットは教えてくれた。

子どもが自分は重要な存在だという認識をもつには、大人の介在が必要な場合が多い。友人の息子さんは、幼いころから不安とうつに苦しんできた。あるとき参加したキャンプでロボットをつくったが、翌朝起きるといじめっ子たちにめちゃめちゃに壊されていた。ある子が心ない言葉を浴びせた。「この用なしめ」——お前の作品になんか何の価値もない、お前も同じだ、というメッセージである。彼はばかにされているような気がするといって、学校でほかの生徒と野球をしたり遊んだりするのをいやがった。「フードをひっかぶっていちばんうしろの列に座り、自分の世界に閉じこもっていたわ」と友人はいう。

転機が訪れたのは、以前の担任が毎週時間をとって彼と過ごしてくれるようになってからだ。自分からはたらきかけて友だちをつくりなさいと励まされるうちに、少しずつ前進が見られた。教師はいろいろな助言を与えた。昼休みにゲームをしているグループに混ぜてもらうといいわよ、家で一緒に映画を見ようとメールで誘ったらどうかしら、など。そしてなにかと気を配り、小さな1歩を踏み出すたびに励ましてくれた。彼に決定権を委ねつつも、いつも見守っていますよというメッセージをはっきり伝えた。あなたのことを気にかけていますよ、あなたは大切な存在なのですよ、と。学校に転校生が入ってくると、教師は2人に仲よくするよう声をかけた。2人はカードゲームを通して意気投合し、友情を育んだ。

「まるで家に太陽が昇ってきたようだった」と友人は話してくれた。「簡単な解決策なんてない。いろいろやったことがうまくかみ合った結果ね。薬物療法もそのひとつよ。でも、先生が関心をもってくれたことと、気の合う友だちができたことが本当に大きかった」。自己価値の認識は、外でのいじめと内なる不安への対抗手段になったのである。

デンマークでは、自己価値の認識が学校のカリキュラムに組み込まれている。クラッセン・タイムと呼ばれる週1時間のホームルームで、生徒はクラスの問題を話し合い、助け合う。デンマークの子どもたちは、6歳から高校卒業まで、毎週これを行っているのだ。[*26]お楽しみ要素として、生徒は毎週交代でお菓子を持ち寄るという。問題を相談した生徒たちは話をじっくり聞いてもらったと安心し、相談された生徒たちは力になれたと自信をもつ。ほかの生徒の意見を聞き、自分の行動がまわりにどんな影響を与えるかを考えることを通して、共感力を身につけていく。[*27]「みんなはどう感じているだろう？　自分の行動は相手をどんな気持ちにさせるだろう？」と考えるようになるのだ。

レジリエントな子どもがもつ4つめの信念は、「自分のために役立て、他人と分かち合うことのできる強みが自分にはある」という考えである。インドの最貧困地域のいくつかでは「ガールズ・ファースト」[*28]という、レジリエンスを高めるプログラムを通して、思春期女子の心身の健康増進をはかる試みが行われている。ガールズ・ファーストは、２００９年にインド・ビハール州での試験的プロジェクトから始まった。ビハール州では修学年数が12年に満たない（高卒未満の）女性が95％を占め、また女性のほぼ70％が18歳になるまでに妊娠する。プログラムでは、勇気から創造性まで、正義感から思いやりまで、謙虚さから感謝できる心まで、さまざまな性格の強みを自覚し、伸ばす方法を少女たちに教えている。参加者は週1時間のセッションを6カ月間受けただけで、感情のレジリエンスが高まった。リツという名の8年生（中学2年生）の少女は、自分の強みのひとつが「勇気」

だと知った。それからほどなくして、友人たちをいじめる男子を止めに入り、9年生の姉を結婚させようとした父親に声をあげ、待ってあげてと説得した。[*29]

ガールズ・ファーストを運営するスティーブ・レーベンソールは、第1子がまもなく生まれるというときに自動車の大事故に遭い、奇跡的に無傷で生還した。「本でよく読むような、1歩まちがえば死んでいたかもしれない体験をしたんです」と彼は話してくれた。「ひょっとすると、娘の顔も見られなかったかもしれない。そう気づいてから僕は変わりました」。娘が生まれると、スティーブは深い感謝の気持ちから、ほかの子どもたちを救いたいと考えた。経営難のNPO「コー・ストーン」を引き継ぎ、ガールズ・ファーストのようなプログラムの立ち上げに注力した。初年度の目標は、インドの100人の少女にプログラムを提供することだった。6年後、プログラムの修了者は5万人にのぼった。「僕らの仕事は、一人ひとりのなかに灯りをともすことです」とスティーブはいう。「少女たちはよくいうんです。自分に強みがあるなんて、だれもいってくれなかった、と」。

子どもに自分の強みを気づかせることが、トラウマ後の立ち直りのカギを握ることがある。ウォートンでアダムが教えていた学生のひとり、ケイボン・アセマニは、9歳のときお母さんがお父さんに暴行され、脳死状態になった。ケイボンは、耐え忍んだ。「母を失ったけれど、母からの信頼はけっして失いませんでした」。自分が価値のある大切な存在であることを、お母さんに教え込まれていたのである。この信念を裏づけるかのように、友人のお父さんが応援してくれた。彼は自身の人生を変えた学校を、ケイボンが受験できるよう、とりはからってくれたのだ。ミルトン・ハーシー・スクールは、どんな経済的状況にある生徒にも最高の教育を与えることを使命とする学校である。ケイボンはこの学校ですぐれた教師たちに学び、大学に進学する機会を手にした。希望する大学の学費のうち、学資援助でカバーできない分を、学校が全額負担してくれるのである。

教師たちはケイボンが自分の強みを発見し、伸ばしていけるよう、手助けしてくれた。トロンボーンを習うよう勧めてくれたのも、教師のひとりだ。音楽は救いになり、お母さんに誇りに思ってもらえるような人生を送れるという希望が湧いてきた。中学時代、地区の最優秀トロンボーン奏者のひとりに選ばれた。だが高校にあがるといじめを受けるようになった。学年一背が低いせいで、標的になりやすかった。上級生に殴られ、廊下ではやし立てられ、悪い噂を流された。スポーツ大会の応援合戦でラップを歌ったときもブーイングを浴びせられ、ステージから引きずり降ろされた。

翌年新入生が入ってくると、ケイボンは勇気を奮い起こして、自分と仲間たちのために立ちあがった。新入生を温かく迎え、いじめられている生徒には手を差し伸べ、自作のラップを歌ってなぐさめた。高校3年生になるころ、彼のラップは学校中に知られていた。ケイボンは生徒会長に選ばれ、学年の総代で高校を卒業したのである。「音楽は、逆境から立ち直る方法を何にもまして僕に教えてくれました」とケイボンは語る。「家族を引き裂いた悲劇や、いじめ、また高校時代の失恋のようなたわいのないできごとに悩むときも、ポジティブなことにエネルギーを向けられたんです。音楽には闇を光に変える力がありま す」。

成長のマインドセットをもつことは、生徒だけでなく、教師にもメリットがある。1960年代以降のさまざまな研究で、教師はスティグマを負う集団に属する生徒が今後才能が開花する可能性があると告げられると、その生徒に対する扱い方が変わった。「この生徒は伸びる」と信じると、失敗から学べるよう手助けし、高い期待をかけ、特別な注意を払い、強みを伸ばそうと積極的にはたらきかけるようになる。すると生徒は自分を信じて、一層努力するようになり、結果的に成績が向上するのである。[*30]

適切な支援があれば、信念は行動を駆り立て、やがて現実化する。失敗は学習のチャンスだと信じていれば、守りの姿勢を緩め、よりオープンになれる。[*31] 自分は価値のある大切な存在だと信じていれば、人助けにもっと時間をかけるようになり、自分の価値をさらに高められる。[*32] 自分に強みがあると信じていれば、それを活用できる機会が与えられる。自分が魔法使いになったと信じていれば、時空を飛び越えられる……なんてさすがに無理かしら。

トラウマを経験した子どもにとって、レジリエンスを育む信念はより一層重要である。アメリカでは親を亡くした子どもは180万人を超え、[*33] ある全米世論調査ではその約4

人に3人が、親が生きていれば生活は「ずっとよかった」だろうと答えた。また、亡くなった母や父とあと1日一緒に過ごせるなら寿命が1年縮んでもかまわないか、という問いに、半数以上が「はい」と答えている。[*34]

私たち家族もその気持ちはとてもよくわかる。子どもたちは心を痛めていた。私も心を痛めていた。そして私は、子どもたちが心を痛めていることに心を痛めていた。でも、人生が永遠に変わってしまったことを子どもたちがはじめて知った、あの深い深い闇のなかにあっても、光が垣間見えた。息子はしばしば泣くのをやめて、ぼくに直接知らせるために帰ってきてくれてありがとうと、私に感謝し、一緒にいてくれてありがとうと、私の妹と両親に感謝した。大したものだわ。その夜遅くベッドに入るとき、娘はこういった。「ママ、さびしいのは私たちだけじゃないのね。ポーラおばあちゃんとロブおじさんも、パパがいなくなってかわいそう」。大したものだわ。お母さんを亡くした夜、ミンディは私に泊まりに来てと頼みながら、ほかのみんながのけ者にされたと思わないかしら、と気遣った。ミンディのように、私の子どもたちには人生最悪のときでさえ、人に思いやりを示す度量があった。そのことが私に希望をくれたのである。

それから数日経って、私は大きな紙を1枚とカラーペンを何本か用意して、子どもたちとテーブルに座った。ここ数年は、通学カバンを置く棚の上に、標語や時間割を貼っていた。キャロルによると、子どもたちの世界がひっくり返ってしまったとき、なにより大事なのは、安定感を与えることだという。そこで「わが家のルール」をつくって、壁に貼っておいたらどうかと考えたのだ。この先困ったことが起きたとき、これを見ればいつでも対処法を思い出せる。私たちが一緒に書いたルールが次のページのものである。

自分の気持ちを大切にするよう、感情を抑えつけないよう、2人に教えたかった。だから一緒にこう書いた。悲しんでもかまわないし、何をしているときでも泣き休憩をとってかまわない。パパのいる友だちやいとこに腹が立ったり、うらやましいと思ってもかまわない。だれに対しても、いまはそのことについて話したくないといってもかまわない。こんな目に遭うのは自分たちのせいじゃないと理解する。子どもたちが悲しみを忘れていられる貴重な瞬間を罪悪感で曇らせたくなかったから、楽しんだり笑ったりしてもいいのよと念を押した。

子どもは驚くほどのレジリエンスを見せることがよくある。これには神経学的な根拠がある。子どもは大人より神経系の可塑《かそ》性が高く、脳がストレスに適応しやすいのだ。[*35] キャロルに教わったのだが、子どもが一度に処理できる強烈な感情の量には、限りがあるそうだ。だから子どもは「感情の持続時間」が大人より短く、悲しみの感情も長時間持続するよりは、突発的に噴出することが多い。[*36] 子どもは悲嘆を言葉で表す代わりに、行動や遊び方の変化というかたちで表すこともある。キャロルが前もって教えてくれたとおり、息子と娘は悲嘆のサイクルに出たり入ったりをすばやくくり返し、ある瞬間に泣いていたかと

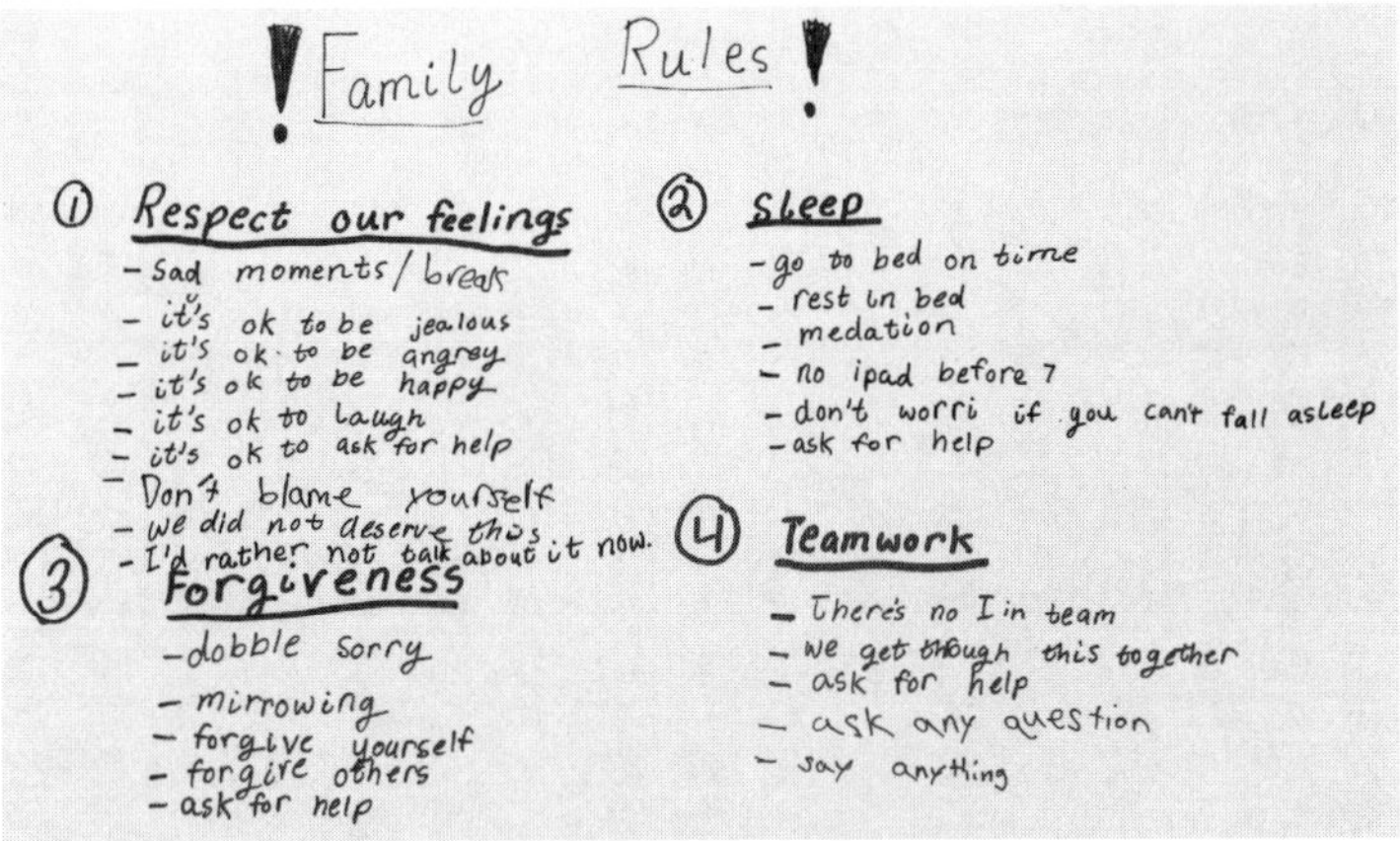

!Family Rules!
① Respect our feelings
- Sad moments / break
- it's ok to be jealous
- it's ok to be angrey
- it's ok to be happy
- it's ok to laugh
- it's ok to ask for help
- Don't blame yourself
- we did not deserve this
- I'd rather not talk about it now.
② Sleep
- go to bed on time
- rest in bed
- medation
- no ipad before 7
- don't worri if you can't fall asleep
- ask for help
③ Forgiveness
- dobble sorry
- mirrowing
- forgive yourself
- forgive others
- ask for help
④ Teamwork
- There's no I in team
- we get through this together
- ask for help
- ask any question
- say anything

！ わが家のルール ！

① 自分の気持ちを大切にしよう

— 悲しいとき／きゅうけいをとる
— うらやましがってもいい
— おこってもいい
— 楽しくしてもいい
— 笑ってもいい
— 助けをもとめてもいい
— 自分をせめない
— こんな目にあうのは自分のせいじゃない
— いまは話したくない

② ねむる

— 決まった時間にねる
— ベッドで休む
— めいそうする
— 朝7時まではiPadきんし
— ねむれなくてもあせらない
— 助けをもとめる

③ ゆるす

— せーのでゴメン
— まねっこ
— 自分をゆるす
— 人をゆるす
— 助けをもとめる

④ チームワーク

— チームに「ぼくだけ」「わたしだけ」はない
— 一緒にのりこえよう
— 助けをもとめる
— なにを聞いてもいい
— なにをいってもいい

思うと、次の瞬間にはけろっとして駆け出していった。

また、このつらい時期を乗り越えるうえで、睡眠が大切になるだろうと考えた。子どものころは、両親が眠りの大切さを説くたび、なんてつまらないのと思ったものだ。でも自分自身が親になってみると、そのとおりだということがわかった。人は疲れると心身ともに弱り、怒りっぽくなり、喜びを感じるためのエネルギーがなくなってしまう。[*37] 逆境にあるときは力をふり絞らなくてはならないから、睡眠はより一層重要になる。だから、できるだけ就寝時間を守らせた。なかなか寝つけないときは、母直伝《じきでん》の6つ数えながら息を吸い込んで吐き出す方法を教えた。

私たちの感情はあまりにも生々しかったから、きっといろいろな失敗やトラブルが起こるだろうと思った。だから、許しも重要なテーマになった。娘と私はその前の年に参加した「女子のためのリーダーシップ」[*38] 講習で、「せーのでゴメン」を学んだ。だれかと傷つけ合ってしまったら、すぐにごめんなさいをいい合って、相手と自分を許すという方法である。深い悲嘆や怒りを感じているときは、ふだんよりカッとしやすいから、この秘策にしょっちゅう頼った。感情を抑えられず爆発させてしまったら、すぐにごめんなさいといいう。次にお互いを「まねっこ」する。ひとりが何に傷ついたのかを説明し、もうひとりがそれを復唱して謝るのだ。こうすることで、相手の気持ちが自分にとっても大切だということを示すのである。娘が「ママもお兄ちゃんも、パパと過ごした時間が長くてずるい」

と泣けば、息子と私は「パパと過ごした時間がいちばん短くてかわいそう」と認める、という具合である。

子どもたちには、自分にやさしくしてほしかった。2人で腹を立て合ったり、父親のいるほかの子たちや、父がまだ健在である私のことをうらやましく思ったりしても、自分を責めないでほしかった。自己への思いやりをもつよう教えることは、成長のマインドセットを育むことにもつながるのだとわかった。昨日の悲嘆にこだわることをやめれば、今日を新しい1日として過ごすことができる。ほかのどんなこともそうだが、これもチームとして力を合わせてやろうねと、3人で誓い合った。

いつも計画どおりというわけにはいかなかった。デーブが亡くなるずっと前に、育児ほど人を謙虚な気持ちにさせる仕事はないと思い知った。そしていまやその大変な仕事をひとりきりでする方法を、一から学び直さなくてはならないのだ。子どもたちが自分の感情に苦しめられ、また私自身も苦しんでいたせいで、なんでもない決定を下すのにさえ苦労した。たとえば、デーブと私は就寝時間にはうるさかった——でも亡くなった父親を求めて憔悴《しょうすい》するほど泣いている子どもを、時間だからとベッドに追い立ててよいものだろうか？　ささいなことで子どもと大げんかになったとき、以前と同じ基準で叱るべきなのか、それとも自分も同じ怒りを感じているからと、かんしゃくを大目に見るべきなのか？　甘やかしているうちに、こちらの事情を理解して許してくれるほど分別のついていない友だちに、同じように感情をぶつけてしまったらどうする？　私は迷いに迷い、多くの、山ほどのまちがいをした。

このときも、友人や家族にとても助けられた。母と母の親友のマールには子育ての相談にのってもらい、2人の助言にできるだけ忠実に従った。くどくど叱らない。落ち着いて。でも、「こんなときはこうしよう」と周到に計画したのに、思いどおりにいかないこともあった。ある日娘が、マーニーとフィル、マークとプリシラの両夫妻とのハイキングに、絶対行かないと駄々をこねた。みんなに外で待ってもらっているあいだ、楽しいわよと説得にかかったが、娘は文字どおりテコでも動こうとしない。床にうずくまり、どうしても立たせることができなかったのだ。私は、そう、たしか医学用語でいうところの「超ムカついた」状態になり、フィルが様子を見に来たときには、親子で床に座り込んで泣きじゃくっていた。彼はユーモアたっぷりに娘をなだめて立ちあがらせ、みんなのところに連れて行ってくれた。プリシラもやってきて、私をなだめて同じことをしてくれた。しばらくして、何度かの「せーのでゴメン」のあと、娘はうれしそうに山道を駆けあがっていった。

わが家のルールは、それ以来ずっと子どもたちの棚の上に貼ってある。でも、「助けを求める」ことが4つの項目すべてに含まれているのに私が気づいたのは、つい最近のことだ。なぜこれがレジリエンスを育むカギとなるのか、いまならわかる。安心して助けを求めることができるとき、子どもたちは自分が大切な存在だと実感する。だれかが自分を気にかけ、そばにいたいと思ってくれていることを知る。助けを求めることによって、自分はひとりではないと感じ、多少なりともコントロール感が得られる。そして苦しみがこの先永遠に続くわけではなく、いまより状況がよくなることを思い知るのである。キャロルによれば、たとえ私が子どもたちの悲しみを癒やすことも和らげることもできず、無力感に打ちひしがれていても、2人とともに歩み、耳を傾ける――「寄り添う」と彼女は呼ぶ――だけで、2人の力になっているのだという。

私自身、自分の感情と格闘しながら、こんなに嘆き悲しむ姿を子どもたちに見せてよいものだろうかと悩んだ。最初の数カ月は、3人でしょっちゅう泣いていた。でもある日息子に、ママが泣くと悲しくなるといわれてからは、なるべくがまんし、涙がこみあげてくると2階に駆けあがって寝室にこもるようになった。最初はそれでうまくいっているように思えた。でも数日すると、息子は今度は怒りはじめた。「もうパパが恋しくないの?」。涙を見せないようにするあまり、息子のお手本になるような行動をとっていなかったのだ。気持ちを隠していてごめんねと謝り、それからはまた露わにするようになった。

デーブが亡くなった日からいまに至るまで、努めて彼のことを話題にするよう心がけている。私自身、そうするのをつらく感じることもあるし、大人たちが、デーブのことを思い出させられるのは自分たちにとっても苦痛だといったふうに、ぎょっとする様子も見ている。それでも、デーブの記憶をなんとかしてとどめておきたいというのが、私の切なる願いだ。デーブのことを話していれば、彼は存在し続けることができる。子どもたちはまだとても若いから——これを考えるだけで胸がつぶれそうになるのだが——父親の思い出は薄れる一方だ。2人に父親のことをきちんと教えるのは、私の務めである。

6歳のときにお父さんを亡くした友人は、大人になってからこの方、わずかな手がかりをつなぎ合わせて父親の人となりを知ろうと四苦八苦してきたという。私はそれを聞いて、デーブととくに親しかった家族や友人、同僚たち数十人に頼んで、彼の思い出をビデオで語ってもらった。娘と息子はもう二度と父親と会話をすることはないけれど、いつかその気になれば、彼のことを愛していた人たちから、ビデオを通して父親の人となりを教えてもらえる。それと、子どもたち自身がパパの思い出について語る様子もビデオに撮った。これを見れば、大きくなってからも、思い出のうちどれが直接経験したものなのかがわかる。去年の感謝祭の日に、娘が荒れていた。よくよく聞いてみると、「ずっとパパに会っていないから、パパのことを忘れそうなの」と泣いている。そこで娘がパパについて話しているビデオを見せると、落ち着きをとり戻した。

家族の歴史、たとえば祖父母がどんな場所で育ち、両親がどんな子ども時代を過ごしたかといったことをしっかり理解しながら育つ子どもは、対処能力が高く、強い帰属意識をもっている。[*39] よい思い出について、またつらい思い出についても、包み隠さず話すことは、レジリエンスを養うのに役立つのである。家族がよい時代や悪い時代を通じてどのように団結してきたのかを話し合うことには、とくに大きな効果がある。自分という枠を超えた、もっと大きなものとつながっている、という感覚が得られるからだ。大人にとってジャーナリングが逆境を処理する助けになるように、子どもにとってこのような話し合いは、自分の過去に意味を与え、不測の事態に立ち向かうのに役立つのである。家族の一人ひとり、とくに女子に、自分の物語を語る機会を与えることは、自尊心を高める助けになるし、また多様な視点をつなぎ合わせてひとつの筋の通った物語にすることは、とくに男子がコントロール感を養う助けになる。*40

若くしてお母さんを失った友人は、時が経つにつれ母親が実在の人物に思えなくなったという。まわりの人は彼女にお母さんのことを話したがらないか、美化して語るかのどちらかだったそうだ。私はデーブのありのままの姿を忘れないよう努めている。愛情深く、寛大で、才気煥発《かんぱつ》で、陽気で、そしてとてもぶきっちょな人。いつも何かをこぼしてはしょげていた。いまでは、息子が感情の渦にのみ込まれずに冷静を保っていると、「パパそっくりね」と声をかける。娘がいじめられている同級生をかばうと、「パパそっくりね」という。そしてどちらかがコップを倒しても、やはりそういう。

そんな会話は子どもを悲しませるのでは、と心配する親もいるが、ノスタルジア（郷愁）に関する研究によると、実際はその逆である。「ノスタルジア」は、ギリシャ語の「ノストス」（帰郷）と「アルゴス」（苦痛）を組み合わせた言葉だ。つまりノスタルジアとは文字どおりの意味でいうと、あのころに戻りたいと渇望するときに感じる痛みのことだが、心理学者によれば、それはおおむね快い状態なのだという。昔のできごとを回想すると、幸福感が高まり、人とのつながりを実感できる。人生をより意義深いものに感じ、よりよい未来をつくろうという気持ちをかき立てられる。[*41] わが家では、つらい過去の記念日をやり過ごす代わりに、いまこのときに刻みつけようとしている。若くしてお父さんを亡くした友人のデボン・スパージョンは、デーブの48回めの誕生日になるはずだった日を祝う、素敵なアイデアを教えてくれた。子どもたちと私でデーブにそれぞれ手紙を書き、風船にくくりつけて大空に飛ばしたのだ。

だれかがデーブの話を聞かせてくれると、息子と娘の心が安らぐことに気がついた。義弟のマルクは、デーブが「しあわせのエネルギー」をもっていて、人に惜しみなく分け与えていたと教えてくれた。「君たちのパパが喜びを大勢と分かち合わずに、内輪だけで楽しんでいる姿は想像できないよ」。フィルは、デーブがけっして何かを鼻にかけたり大げさにいったりせず、思慮深く、思いやりをもって話していたと、子どもたちにいつもいってくれる。しあわせで謙虚になる方法を、デーブが直接行動で2人に示してくれたならどんなによかっただろうと思わずにはいられない。でも私たちはその代わりに、オプションBを精一杯活かそうとしているのだ。

アリゾナ州立大学による、親を亡くした子どもの回復を助けるプログラム[*42]のことを、アダムが教えてくれた。このプログラムでは、残された家族が「完結したユニット」だと子どもたちが思えるように、家族としての新たな一体感をつくりあげることを、重要なステップのひとつとしている。あの最初の数週間、数カ月間に3人で写した写真を見ていると、あんなときにもしあわせな瞬間があったのだと驚かされる。たとえば、息子と娘が友だちと楽しそうに鬼ごっこをしていたときなど。写真がよいのは、しあわせを体験しっぱなしにせず、思い返すことができるからだ。[*43] またデーブを失ってから、ビデオの大切さを痛感した。彼の写真を見ると、動いている姿を見て、しゃべっている声を聞きたくてたまらなくなる。だからいまは努めてビデオを撮るようにしている。[*44] 子どもたちは最初ビデオカメラを向けられると逃げていたが、パパを思い出すためにビデオを見るようになってからは、カメラに向かって笑顔で話してくれるようになった。

アリゾナ州立大学のプログラムはそのほか、新しい家族ユニットで時間をとって、楽しいことをするよう勧めている。そうすれば子どもたちはしばらくのあいだ悲嘆から離れ、再び完全な家族になったと感じることができる。ただし、テレビを見るなどの受け身の活動ではなく、ボードゲームで遊ぶ、一緒に料理をするといった、能動的な活動がよいそうだ。わが家ではそんな機会を、「家族のお楽しみ会」と名づけた。息子が最初の活動を娘に選ばせてあげ、それ以来週末の恒例行事として1年以上続けている。家族のかけ声もつくった。3人でスクラムを組んで「ウィー・アー・ストロング！（ぼくらは強い！）」と叫ぶのだ。

私たち3人は、まだ3人だけの生活に慣れようとしているところである。これからも「せーのでゴメン」を山ほどくり返しながら、現実と向き合い、学習し、まちがいを犯し、成長していくのだろう。一人ひとりは、時に弱気になったりもする。でも家族としての私たちは、一緒だから強くなれるのだ。

デーブが亡くなってまもなく1年という日の午後、息子の学校の音楽会に行った。うらやましがるのはやめようと、どんなに自分にいい聞かせても、わが子を見つめる父親たちのまなざしに、私たち家族が失ったもの、そしてデーブが失ったものを、まざまざと思い知らされた。帰宅するとすぐ、泣きながら2階に駆けあがった。あいにくこの日はまだ仕事が終わっていなかった。世界中からフェイスブックの大手クライアントを招いて行う、年に一度の夕食会を主催する大仕事が残っていたのだ。ゲストが続々と到着しはじめているというのに、まだ気持ちを立て直せなかった。そばにいた息子に、泣くのをやめてもう行かなくちゃね、といった。すると息子は私の手を握っていってくれたのである。「そのまま行けばいいよ。泣いてたっていいじゃない。ぼくらに何が起こったのか、みんな知ってるんだから」。そしてこうつけ加えた。「ママ、みんなにもたぶん泣きたいことがあるはずだよ。だからそのままでいいんだよ」。

私が息子に教えようとしていたことを、息子は私に教えてくれたのである。

8　一緒に強くなる

私たちは互いにつながり合う網の目にからめとられ、
運命という1枚の衣に織り込まれている。
何かがひとりに直接影響を与えれば、
間接的にほかの全員にも影響がおよぶのである。

——マーティン・ルーサー・キング・ジュニア[*1]

1972年、ウルグアイからチリに向けて飛び立った1機の飛行機が、アンデス山脈に激突した。機体は真っ二つに割れ、険しい雪山を滑り落ちた。33人の生存者たちにとって、これは途方もない試練のほんの始まりだった。その後の72日間、彼らはショックと凍傷、雪崩《なだれ》、飢餓と闘った。そのうち脱出できたのは、わずか16人。生還者たちである。[*2]

彼らが生き抜くために、どんな非常手段をとらざるを得なかったかは、ベストセラーとなった本やドキュメンタリー映画を通して広く知られている。だが研究者、登山家でアダムの同僚であるスペンサー・ハリソンの新たな分析により、男たちがどうやって生き延びたかだけでなく、なぜ生き延びられたかが明らかになった。スペンサーは生存者のうちの4人を追跡し、彼らの日記を丹念に調べあげ、そのうちのひとりと墜落現場を訪れさえした。どの生還者の物語にも共通するテーマがあった。彼らのレジリエンスのカギとなったもの、それは希望だった。

飛行機に乗っていた45人の大半が、公開試合に向かう10代後半から20代前半のラグビー選手だった。飛行機の無線機は破損していたが、まだ電波を受信することはできた。彼らが最初に立てた計画は、機体の残骸をシェルターにして救助を待つことだった。「生き残る可能性がもしあるとすれば、それは救助されることだとだれもが信じていた」と、生還者のひとりナンド・パラードは書いている。「そして私たち全員が、ほとんど宗教的ともいえる熱意をもって、その希望にしがみついた」。9日もすると食料が底をつき、一同はやむなく残る唯一の食料源に頼った。亡くなって凍った仲間の遺体の肉である。翌朝、捜索が打ち切られたというラジオ放送を数人が聞いた。「このことはみんなには黙っておこう」とチームのキャプテンはいった。「せめて希望をもたせ続けなくては」。別の乗客、グスターボ・ニコリッチの意見はちがった。「朗報じゃないか！」と彼は叫んだ。「自力でここを

8
一緒に強くなる

脱出しよう」。

ふつう希望といえば、一人ひとりの頭や心のなかにあるものと考えられている。でも希望は、人と一緒に築くこともできる。共通のアイデンティティを育むことで、個人は過去と輝かしい未来をもつ集団になれるのだ。

「『生きているかぎり、希望をもてる』というじゃないか」と生還者のロベルト・カネッサは語っている。「でもわれわれにとっては逆だった。『希望をもつかぎり、生きていられる』」。いつ終わるともしれぬ寒くひもじい日々のなかで、墜落の生存者はともに祈った。文明社会に戻ったら何をしようかと語り合った。ひとりはレストランを開きたいといい、もうひとりは農場をもつのが夢だと打ち明けた。別のふたりは毎晩月を眺めては、いまごろ親も同じ月を見ているだろうかと、思いを馳せた。苦しい日々を写真に記録した人もいた。多くの人が家族に手紙を書き、生きたいという決意を表明した。「信じる気持ちをもち続けるには、錬金術師になるしかなかった」と生還者のハビエル・メトルは語っている。「悲劇を奇跡に変え、失意を希望に変えるのだ」。

もちろん、希望だけあっても十分ではない。現に、希望をもっていた乗客の多くが命を落としている。それでも希望があれば、絶望に屈さずにいられる。研究によれば、希望が生まれ、持続するのは、「人々のコミュニティが新たな可能性を思い描くとき」である。[*3] 新たな可能性を信じれば、永続化を克服し、新たな選択肢を模索しやすくなる。[*4] 前進する意欲を奮い立たせ、その方法を見つけることができる。心理学者はこのような希望を、「根拠ある希望」と呼ぶ。[*5] すなわち、自分の行動によって事態を改善できるという認識に裏打ちされた希望である。「救助隊が来ますように、神のとりなしがありますように、といつも祈っていた」とパラードは回想する。「それでいて頭のなかの冷静な声は、泣くなと私を叱咤し、こうささやき続けた。『だれかが見つけてくれるはずがない。このままでは死んでしまう。計画を立てろ。命は自分で守れ』と」。

パラードとカネッサは別の生存者と一緒に、救助を求める遠征に出た。凍死寸前になりながら機体の尾部を発見し、その内部にあった絶縁材を使って、厳寒の夜を乗り切るための寝袋をつくった。この間に合わせの寝袋のおかげで、パラードとカネッサは、墜落のほぼ2カ月後に再び遠征に出ることができた。50キロメートル以上におよぶ足場の悪い地形を踏破し、4500メートルの山頂を越えた。そしてとうとう出発から10日後に、2人は馬に乗った男性を発見し、救助されたのである。残る14名の生存者は、その後ヘリコプターで無事救出された。

生還者たちのコミュニティは、あれから数十年経ったいまも親密なつきあいを続けている。救助された日を記念して、毎年ラグビーの試合を行っている。このときの体験を記録した本『La Sociedad de la Nieve（雪の社会）』の執筆にも協力した。そして鉱山作業員33人が地下の坑道に閉じ込められた、2010年のチリ落盤事故の際には、4人のアンデス生還者がウルグアイから現地に飛び、ビデオメッセージを通じて作業員を励ました。「信じる気持ちと希望を少しでももってほしいから、ここに来ました」と、グスターボ・セルビーノは当時インタビューに答えている。「われわれにできることがあれば、なんでもすると伝えたかった。なにより、外で待ちわびている家族のみなさんを励ましたかったのです」[*6]。事故発生から69日後、ひとりめの作業員が地下に下ろされたカプセルに乗り込み、数百人の歓声のなか、地上に引き上げられた。丸一日がかりで33人全員が救出され、家族と再会した。事故現場近くに設置されたキャンプ村は、「カンパメント・エスペランサ（希望のキャンプ）」と命名された。

レジリエンスは個人のなかで育まれるだけではない。個人のあいだで――地域で、学校で、町で、政府で――育むこともできるのだ。人々が一緒にレジリエンスを育めば、個人として強くなれるだけでなく、コミュニティとしてともに障害を乗り越え、逆境を未然に防ぐことができる。集団のレジリエンスを育むには、たんに希望を分かち合うだけでなく、経験、物語、そして力を分かち合うことがカギとなる。

子どもたちと私は、配偶者や親を亡くした人たちとの交流から、大いに必要としていたなぐさめを得ることができた。ほとんどの宗教や文化で、喪にまつわる儀式は共同体で行われる。みんなで集まって亡くなった人を埋葬し、弔う。デーブが亡くなってまだ間もないころは、友人や家族がわが家に集まり、私たちがいつでも頼れるように、ずっとそばにいてくれた。だが親しい人たちもやがてふだんの生活に戻っていき、私たちも「新しい」ふだんの生活を探し当てなくてはならなくなった——孤独が押し寄せてきたのは、このときである。

　デーブを亡くして2週めに、子どもたちを寝かしつけて、キッチンにひとり座っていたときのことだ。それまで想像したこともない未来のシーンが、突然目の前に浮かびあがった——ずっと歳をとった私が、いまと同じテーブルで、スクラブルのボードを前に座っている。でも向かいの席にデーブはいない。私はただ空っぽのイスをぼんやり見つめていた。その週、子どもたちを連れて、地元にある遺族のための支援センター「カーラ」に行った。同じ旅路のずっと先を歩んでいる人たちと知り合えたことは、この先ずっと鋭い悲嘆の虚空にとらわれるわけではないことを理解し、永続化を乗り越える助けになった。「なんであれ喪失や困難に苦しんでいるとき、人はだれかとつながりたいと切実に思うものです」と、カーラの事務局長で、自身もお子さんを亡くしているジム・サントゥッキが教えてくれた。「自助グループは、自分がいま経験しつつあることを、本当の意味でわかってくれる人たちと知り合える場です。人間同士の深いつながりです。ただの『まあお気の毒に』ではなく、『わかっていますよ』なのです」。

　息子と娘は「エクスペリエンス・キャンプ」[*7]にも参加した。親やきょうだい、保護者を亡くした子どもたちが無料で参加できる、1週間の体験キャンプである。このキャンプの

2つの大きな目的は、仲間をつくることと、希望を呼び覚ますことだ。あるエクササイズでは、悲嘆に伴うさまざまな感情のためのスペースが設けられ、子どもたちはそれぞれの場所に行って自分の感情と向き合った。たとえば「怒り」のスペースでは、めいめいが怒りを感じる言葉をチョークで道に書いた。「いじめ」と書いた子もいれば、「がん」や「ドラッグ」と書いた子もいた。それからいちにのさんで地面に水風船を投げつけ、言葉を洗い流して怒りを解き放った。次のスペースでは、ひとりの子が罪悪感を表すブロックを手に持った。重くて持っていられなくなると、別の子に一緒に持ってもらい、重荷を分かち合った。息子と娘はエクササイズの助けを借りて、自分がこんな気持ちになるのはごくあたりまえで、ほかの子どもたちも同じ気持ちをもっているのだと理解することができた。

悲劇を経験した人たちのコミュニティに加わるには、新しい――そして往々にしてうれしくない――アイデンティティを受け入れざるを得ないことが多い。著作家のアレン・ラッカーは体が麻痺状態になったときのことを、こんなふうに話してくれた。「はじめは車イスの人たちと一緒にいるのがいやだった。あの『クラブ』に入る気になれなかったんだ。自分が外れ者なのは自覚していたけど、外れ者仲間に加わるのはごめんだった」。彼は一夜にして考えを変えたわけではない。「4、5年かかった。脳細胞を1個ずつ移植していくように、この事態をそろそろと受け入れるようになった」。そうして適応するうちに、自分の状況をわかってくれる人たちと親しくなっていったのだ。思いがけないめっけものがあったそうだ。「とにかく愉快なやつらなんだ。あんなに毒のあるユーモア、聞いたことがないよ」。

アレンの話に、私は深く共感した。私も「未亡人」という言葉をいえるようになるまでかなり時間がかかったし、いまだって口に出すたび、顔をしかめずにはいられない。それでも自分が未亡人なのは疑いのない事実だし、このアイデンティティを受け入れたからこそ、新しい友情をいくつも結ぶことができた。ここ2年間にできた新しい友人は全員、悲劇を乗り越えてきた人たちである（最初、「ほとんどが悲劇を乗り越えてきた人たちだ」と書いたが、考えてみるとひとり残らずそうだった）。「だれも所属したがらないクラブ」は、信じがたいほど結束が固い。だれも参加したくなかったからこそ、お互いにすがり合うのかもしれない。

スティーブン・シフラはカリフォルニア大学バークレー校にやってきたとき、自分がよそ者のような気がした。38歳で、ふつうの新入生の倍ほど歳をとっていたせいだけではない。スティーブンは幼いころから身体的虐待を受け、10歳でクラック・コカインを吸いはじめた。強盗や自動車窃盗をくり返すうちに少年鑑別所に入れられ、その後州刑務所に送られた。ほかの受刑者とけんかをして看守に唾を吐きかけたかどで独房に移され、4年間も監禁された。独房は「拷問部屋」に等しいと、のちに彼はカリフォルニア州議会で証言している。[*8]

刑務所を出たあと、スティーブンは依存症の治療プログラムを完了し、一般教育修了検定（GED）に合格し、パートナーのシルビアと出会った。英文学に目覚め、コミュニティカレッジで数年学んでから、バークレーに合格した。入学を許可されたとはいえ、キャンパスでは違和感と疎外感に悩まされた。「英語学の授業には出たが、そこにいる学生たちにどうしてもなじめなかった」とスティーブンは語る。そんなある日、転入生センターのなかを歩いていると、だれかに呼び止められた。それはダニー・ムリーリョという30代の学生で、スティーブンの「身のこなし」を見てピンときたのだという。1分と経たずに、2人は同じペリカン・ベイ州刑務所の独房に収監されていたことを知った。「あの瞬間、自分も正当な名誉と権利をもつバークレーの学生だと思えるようになったんだ」とスティーブンは語る。

スティーブンとダニーは親しい友人になり、2人で力を合わせて独房監禁の残虐さを訴えはじめた。また服役を経験したバークレーの学生やその家族を支援する団体、「アンダーグラウンド・スカラーズ・イニシアティブ」[*9]の立ち上げを手伝った。孤独の深淵を経験した者同士のコミュニティとして、結束したかったのだ。「学生の集団として、ともに成功できるよう助け合いたい」とダニーは抱負を語ってくれた。「服役経験者はなかなか助けを求めようとしない。何かをするのに必要なスキルをもっていないと気づくこと、そして助けを求めることは、強さの証だとわかってほしい。自分を高めたいという思いが、弱さの証なはずがない」。

ポッセ財団[*10]も、似たような背景をもつ学生にグループを組ませて孤独感を解消する、という考えのもとに設立された組織である。ポッセという名前は、優秀だが孤独感を抱えていた元学生の、「仲間《ポッセ》がいれば中退せずにすんだのに」という一言に由来する。ポッセは、成績優秀でリーダーの資質をもつ貧困層の高校生を選抜し、10人ずつのグループにして奨学金を与えて同じ大学に送り込んでいる。1989年の設立以来、7000人近い学生を大学に進学させ、卒業率は90%を誇る。すべての人に「チャンスのはしご」を与えることに真剣に取り組むならば、ポッセのような長期の精力的な活動に、官民の手厚い支援を与えるべきだ。

希望と経験に加えて、ナラティブ〔語り：本人が語る本人の物語〕を分かち合うことも、集団のレジリエンスを育む重要な手段である[*11]。語り、などというとなんだか「軽い」印象があるが——ただ語ることにどれほどの力があるというのだろう？——私たちはナラティブを通して自分の過去に意味を与え、未来に期待を抱くのである。子どもたちが家族の物語を知ることで帰属意識を高めるように、コミュニティは物語を分かち合うことでアイデンティティをもつようになる。また平等などの価値観を強調する物語は、正義を追求するうえできわめて大切だ。

共有される物語は多くの場合、古いナラティブを書き換え、偏ったステレオタイプを打ち消すことで生み出される。たとえば「女子は男子にくらべて数学が苦手」という先入観が、アメリカをはじめ世界中に蔓延している。ある研究で大学生に数学のテストを行ったところ、テスト用紙に性別を書く欄があるだけで、女子の成績が男子を43%も下回った。だがまったく同じテストを「数学テスト」ではなく、「問題解決テスト」という名称で行ったところ、成績に男女差は見られなくなったという。[*12] また別の研究で、「言語能力を測る」という名目でテストを行うと、アフリカ系学生の成績が白人を下回ったが、同じテストを能力診断ではなくふつうの課題として行った場合は、成績における人種差はなくなった。[*13]

心理学者はこの効果を「ステレオタイプ脅威[*14]」と呼んでいる。つまり、ネガティブなステレオタイプに同化してしまうのではないかという、心理的不安である。恐怖のせいで思考が混乱し、ステレオタイプどおりの行動をとってしまうと、不安は現実のものになる。この効果のせいで、多くの人種、宗教、性別、性的指向、バックグラウンドに属する人が不利な立場に置かれているのだ。そんなナラティブを書き換えようとしているのが、ポッセ財団である。ポッセの奨学生は集団で大学に送られることで、キャンパスで独特のイメージを生み出している。ポッセのある卒業生いわく、「学内では、ポッセのやつらはクールで優秀だという、もっぱらの評判なんだ[*15]」。彼らはネガティブなステレオタイプに脅かされるどころか、ポジティブなステレオタイプによって後押しされているのだ。

私がナラティブの書き換えを目指すコミュニティの大切さをあらためて実感したのは、『LEAN IN』を執筆していた数年前のことである。高い目標に向かって努力しましょう、と女性たちに呼びかけるうちに、こんな質問を受けることが多くなった。「1歩踏み出したい……でもどうやったらいいんですか？」。女性は、職場での成功を後押ししてくれるメンターやスポンサーを見つけにくい。でも、同じような立場にいる人たち同士のピアサポートも、大きな助けになるのである。[*16] そこで私はピアメンターに情熱を注ぐ3人の女性、レイチェル・トーマス、ジーナ・ビアンキーニ、デビ・ヘメーターと組んで、「リーン・イン・サークル」を立ち上げた。これは定期的に集まって励まし合う、少人数のピアグループで、現在150カ国で3万2000を超えるサークルが活動している。全参加者の半数以上が、困難な時期を乗り越えるのにサークルが役立ったと答え、3人に2人が、サークルに参加してから新しい課題にチャレンジすることが増えたと答えている。なぜサークルが女性の目標達成を後押しするのか、いまならわかる。サークルは集団のレジリエンスを育んでいるからなのだ。

イースト・パロアルトの「ミレニアル・ラティナス・サークル」〔ミレニアル世代のラテン系女性のコミュニティ〕は、若い女性（主に10代の母親）と年配の女性の橋渡しをして、若い女性の大学進学と卒業を支援することを目指している。創設者のグアダルーペ・バレンシアは、16歳で妊娠したとき、高校を強制的に転校させられた。サークルの年配女性の多くが、自身または家族が10代の母親だった。その影響を身をもって経験しているからこそ、次世代のために新しい物語を書こうと決意しているのだ。『大学』という言葉すら会話に出ない家庭で育つのがどういうものなのか、私たちはいやというほど知っています」とグアダルーペはいう。「でもミレニアル・ラティナスの立場ははっきりしています。大学はたんなるひとつの選択肢ではありません。大学は必須なのです」。グアダルーペは、メンバーのロールモデルである。フルタイムで働きながら大学へ戻って学位を取得した、有言実行の人なのだ。

不公平と闘う人たちの多くが、みずからも不公平に苦しめられている。彼らがよりよい明日を目指して活動するには、まずは今日の逆境を乗り越えるための希望と力を見出さなくてはならない。世界の偉業のなかには、アパルトヘイトの撤廃やワクチンの開発など、悲痛な個人的体験がきっかけになったものもある。集団のレジリエンスは、つらい状況に対処し、そうした状況の改善を目指す人々を支えることを通して、本物の社会変革を促すのである。[*17]

数世紀前から続く差別が生み出す苦難にあえぐ人たちもいる。不公正がじわじわと積み重なれば、どんなに強いレジリエンスをもった人も押しつぶされてしまう。そうかと思えば、不意に襲ってくる苦難もある。突然の暴力が降りかかると、人間性への信頼は根底から揺るがされる。そんなときに希望をもち続けるのは難しく、怒りや不満、恐れに駆られても無理はない。だからこそ、ジャーナリストのアントワーヌ・レリスがフェイスブックに投稿した手紙を読んだとき、私は感動のあまり言葉を失った。アントワーヌは2015年のパリ同時多発テロ事件で妻のエレーヌを亡くし、そのわずか2日後に、テロの実行犯に宛ててこう書いた。[*18]「金曜の夜、君たちはかけがえのない人の命を奪った。僕の最愛の人であり、僕の息子の母親である人の命を。それでも僕は、君たちを憎むことはしない。……君たちに僕の憎しみを与えて満足させるようなことはしない」。そして彼は、生後17カ月の息子にこれまでどおりの暮らしをさせることで、憎しみに打ち勝つと誓った。「これからも息子はいつものように僕と遊ぶ。幼い彼が一生しあわせで自由に生きていけば、君たちを打ち負かすことになる。君たちは彼の憎しみを得ることもできないのだから」。

アントワーヌの投稿を読みはじめたとき、はかり知れない悲しみを感じた。でも読み終えると胸がじんとして、熱いものがこみあげてきた。アダムによると、この感覚には名前がついている（心理学者はなんにでも名前をつけるのだ）。「道徳的高揚」、つまり非凡なまでに高潔な行為に触れたときに感じる高揚感である。[*19] この高揚感は、エイブラハム・リンカーンのいう、「私たちの本質にひそむ善いほうの天使[*20]」を引き出してくれる。残虐な行為を前にしても、道徳的高揚のおかげで、お互いの相違点ではなく共通点に目を向けることができる。[*21] 相手の善い本質を見抜き、生存と再生の希望をもつことができる。思いやりを示し、不公平に立ち向かうことができる。マーティン・ルーサー・キング・ジュニアのいうとおりである――「どんな人にも、その人を憎むほど自分を卑しめさせてはならない[*22]」。

デーブが亡くなって1カ月ほど経ったころ、サウスカロライナ州チャールストンのエマニュエル・アフリカン・メソジスト監督教会で、毎週水曜に行われていた聖書の勉強会中に白人至上主義者の男が銃を乱射し、牧師と8人の教区民を殺害するという事件が起こった。[*23] そのころ自分の喪失に打ちのめされていた私は、理不尽な暴力を目にしてますます深い絶望に沈んだ。

でもそのとき、信徒たちがどのように対応したかを知った。犠牲者の遺族はその週、保釈審問のために法廷に行き、最愛の家族を殺した犯人に語りかけた。彼らはひとり、またひとりと、憎しみを退けたのである。母を殺されたナディーン・コリアーはこう呼びかけた。「あなたは私からとても大切なものを奪いました。もう二度と母を抱きしめることはできません。でも、あなたを赦します。神があなたの魂に慈悲をお与えになりますように。……あなたは私を傷つけました。多くの人を傷つけました。でも神があなたをお赦しになるのなら、私はあなたを赦します」。教会の信徒たちは、憎しみに駆られずに、赦すことを選んだからこそ、人種差別と暴力に一丸となって立ち向かうことができたのである。銃撃の4日後に教会のとびらは開かれ、定例の日曜礼拝が行われた。その5日後、バラク・オバマ大統領が、犠牲者のひとりであるクレメンタ・C・ピンクニー牧師の告別式で弔辞を述べた。彼は賛美歌『アメイジング・グレイス（驚くべき主の恵み）』を歌い、[*24] 参列者は合唱に加わった。

「母なるエマニュエル」として知られるこの教会は、アメリカ南部最古のアフリカン・メソジスト監督教会である。これまで信徒たちは、黒人の礼拝を禁じる法律や、白人至上主義者による放火、そして地震と、度重なる災難に耐えてきた。悲劇が起こるたび、力を合わせて教会を建て直し、気持ちを立て直した。近隣の教区のジョセフ・ダービー教区長に話をうかがった。「恵みを差し伸べることは、正義がなされることに一縷《いちる》の望みをかけながらも、赦しを与えて前に進まざるを得なかった人たちから脈々と受け継がれてきた、昔ながらの対処行動なのです。赦すからこそ、生々しい復讐心をやりすごし、頭を冷やして正義を追求することができるのです」。

銃撃事件後はじめての日曜日の午前10時、町中の教会の鐘が9分間鳴らされた。犠牲者ひとりのために1分ずつである。「私たちを結びつけるものは、引き離すものよりも強いのです」と、地域の教会のジャーメイン・ワトキンス牧師は語りかけた。「憎しみに今日こそは断固、『ノー』といいましょう。人種差別に今日こそは断固、『ノー』といいましょう。分断に今日こそは断固、『ノー』といいましょう。和解に、『イエス』といいましょう。希望を失うことに今日こそは断固、『ノー』といいましょう。人種戦争に断固、『ノー』といいましょう。……チャールストンのみなさん、声を合わせて今日こそは断固、『ノー』といいましょう」[*25]。地域社会が日常を少しずつとり戻しはじめたころ、地域の教会は暴力防止のための会議を開いた。犯人が銃を購入できたのが、ＦＢＩの身元調査の不備のせいだったことが判明すると、銃による暴力の被害者家族は、教会、政界の指導者たちとともに、銃購入者に対する身元調査の強化を訴えた。

チャールストンで社会運動が起こったのは、このときがはじめてではない。銃撃事件の数年前、地元の宗教指導者が「チャールストン地区ジャスティス・ミニストリー（正義の聖職者）」[*26]を立ち上げた。教会、シナゴーグ、モスクなどの27の宗教組織がつくる、宗教の垣根を超えたネットワークである。「従来チャールストンには、宗教組織が協力する慣習はありませんでした」とダービー教区長は教えてくれた。「しかし天の啓示のようなものが降りたのです。いつもなら『うまくいくはずがない』といいそうな人たちが、こぞって話し合いのテーブルについたのですから」。それ以来毎年、ミニストリーは取り組むべき問題をひとつ選んで解決策を提示し、数千人の市民と政界、宗教界の指導者が顔を合わせる大集会で話し合いを行っている。ミニストリーの初期の成果のひとつが、教育委員会に就学前教育への支援拡大を訴え、数百名の定員拡充にこぎつけたことだ。少年受刑者と停学処分者を減らすためのロビー活動でも成果をあげている。ミニストリーは恵まれない地域社会への支援はすでに行っていたが、銃撃事件をきっかけに、人種プロファイリング（警察などが人種によって調査対象を絞り、捜査を行うこと）の反対に力を入れるようになった。「それまで人種問題は話題にのぼりませんでした」とダービー牧師は説明してくれた。「でもエマニュエルの惨事を受けて、はたと思い当たったのです。人種問題に正面から取り組まなくてはならないと。これは、私たちの社会が抱えるさまざまな問題の根幹にあるのですから」。

暴力や人種問題であれば、一致団結して防止に取り組むこともできるが、避けられない種類の逆境も多くある。喪失。不慮の事故。自然災害。世界全体では2010年だけで、約400件の自然災害によって30万人以上の命が奪われ、数百万人が被害を受けた[*27]。こうした災害に立ち向かった事例のなかには、希望や経験、ナラティブの分かち合いが、集団のレジリエンスに火をつけることを示すものもある。だが火をともし続けるには、力を、つまり自分たちの運命を切り拓くための財源や権限を、分かち合うことが欠かせない。

レジリエントな社会には、強固な社会的つながりがある[*28]。人と人との絆や、集団間の架け橋、地域の指導者との結びつきが強いのである。私自身、数十年前に世界銀行でハンセン病撲滅に取り組んでいたとき、地域との連携の大切さを思い知らされた。ハンセン病患者の多くは、長年のスティグマのせいで治療を受けようとせず、そのために病気が進行し、感染が広がるケースがあとを絶たない。医療従事者が村を訪問してハンセン病患者を特定しようとしたが、門前払いを受けた。村人たちは部外者を信頼していなかったし、とくに女性は見知らぬ人に皮膚の病変を見せたがらなかった。何か別の方法を考える必要があった。そこで村の指導者たちと相談して、ハンセン病の早期発見プログラムを自分たちの手で実施してもらうことにしたのだ。指導者は集会を開き、地元のNGOや住民による劇を通して、初期症状を申し出た人は村八分にされずに治療と介護を受けられることを、はっきり知らしめたのである。

このとき私は痛感した。個人のどんなにめざましいレジリエンスも、貧困や病気には太刀打ちできないのだ、と。村を追われたハンセン病患者は、個人としてどれほどのレジリエンスをもっていたとしても、救われることはない。患者が病気を克服し、生き延びるようになったのは、村が患者を追放するのをやめ、治療するようになってからである。

このような当事者主体の支援、すなわちコミュニティ・エンパワーメントは、集団のレジリエンスを育む。数十万人ともいわれる住民が殺害された、1994年のルワンダ大虐殺後、心理学者が隣国タンザニアの難民キャンプを訪れて、難民に心のケアを提供した。[*29]このとき、個別にケアを提供するよりも、傷ついた集団を支えるコミュニティの能力を強化するほうが効果的だとわかった。もっともレジリエンスの高いキャンプは、村のように組織されていた。[*30]議会をもち、ティーンエイジャーがたむろする集会所やサッカー場があり、娯楽場や祈りを捧げる空間まであった。そして部外者が権限のある地位に就くのではなく、ルワンダ人が文化的伝統にのっとって自主的に運営していた。当事者主体の組織運営が秩序を生み出し、分かち合う力を育んだのだ。

不当な文化的伝統に立ち向かうために、集団のレジリエンスが必要な場合もある。中国では、27歳までに結婚しない女性は「剰女《センニュィ》」（売れ残りの女[*31]）のスティグマを負わされる。「女性は結婚するまでは何者でもない[*32]」という偏見がはびこっているせいで、学業や仕事でどんなにすばらしい業績を残そうが、結婚しなさいという家族からの圧力に苦しめられる。ある36歳の経済学教授は、高学歴のせいで15人もの男性に結婚を断られた。そのため彼女の父親は、下の娘が大学院に進むのを許さなかったという。中国のリーン・イン・サークルには8万人を超える女性が参加し、分かち合う力を育むために手をとり合っている。[*33] あるサークルは、「売れ残りのモノローグ」という劇を創作した。15人の女性と3人の男性が「売れ残り」という言葉を撲滅し、同性愛嫌悪やデートレイプにも立ち向かう、という内容である。

デーブが亡くなってからまだ数カ月のころ、私は中国全土から集まった20人のサークルメンバーと会った。前々からの約束で、清華大学経済管理学院の卒業式でスピーチをするために、両親と子どもたちを連れて北京を訪れていたのだ。夫を亡くしてから人前でスピーチをするのはこのときがはじめてで、まだ頭にもやがかかったような状態だった。でもスピーチの直前に勇敢な女性たちと過ごしたおかげで、気持ちを奮い立たせることができた。彼女たちとは2年前にも会っていたから、あれからどんな進展があったのかを聞くのがとても楽しみだった。メンバーはお互いや自分への思いやりについて語った。転職をした人たちもいれば、自分の伴侶は自分でじっくり探すと親を説き伏せた人たちもいた。ひとりではけっしてとらなかった行動を、一緒に起こしている人たちもいた。このときも胸がじんとして、熱いものがこみあげてきた。コミュニティの一員になれば、自分ひとりではもてない力が得られるのだと、このときほど強く思い知らされたことはない。

私たちの人間らしさ――生きようとする意志や人を愛する能力――は、人とのつながりから生まれる。そして個人と同様、コミュニティもトラウマを経て成長し、力をつけていける。いつかはわからないが、その力が必要になるときが必ずやってくる。

飛行機がアンデス山脈に墜落したとき、ラグビーチームのメンバーは、すでに連帯感と信頼感を築いていた。最初はチームのキャプテンに指示を仰いでいたが、キャプテンが亡くなってからも、お互いを信頼し続けた。「どんな人の心にも、アンデス山脈がある」と、救出を導いたあの遠征に出発した日から何年も経って、ナンド・パラードは書いている。遠征をともにしたロベルト・カネッサも、こういい添えている。「山脈に墜落したとき、社会とのつながりは失われた。しかし、お互いとのつながりは日に日に深まっていった」。

9 仕事での失敗と学び

私にとって、絶望に覆われたこの1年間の数少ないハイライトといえば、何人もの大人の男性が、涙を流して泣くのを目撃したことである。女性が泣くのも見たけれど、それはあまり珍しいことではなかった。

2016年4月のこと、はじめて尽くしの1年のゴールに近づいていたが、気の滅入る節目がまだ3つも残っていた。父親なしではじめて迎える息子の誕生日。夫のいないはじめての結婚記念日。そして歓迎されざる新しい記念日として、デーブのはじめての命日である。

やりきれないはじめて続きだったから、たまには楽しい「はじめて」もいいだろうと、子どもたちをロサンゼルスにあるスペースXの本社に連れて行った。スペースXは4度の失敗を経て、今度こそロケットの洋上着陸を成功させようとしていた。私たちを招待してくれたのは、同社のCEOイーロン・マスクである。デーブが亡くなってからはじめてイーロンに会ったとき、彼はお気の毒にといってから、「どんなにつらいことなのか、僕にはわかるよ」となぐさめてくれた。2002年に、イーロンの最初のお子さんは、生後わずか2カ月半で突然亡くなったのだ。私たちは悲嘆という絆をかみしめながら、言葉少なにただ座っていた。

打ち上げ当日、子どもたちと私は大勢の社員に交じってスペースX本社のホールに立っていた。目の前の巨大スクリーンでカウントダウンが始まり、ロケットがフロリダ州の基地から定刻どおり打ち上げられると、全員が大歓声をあげた。ロケットの舵取りアームが予定どおり開くと、また歓声。何かの成功が目で確認できるたび、その部分を担当したチームが社員らとハイタッチをし、それから全員で喜び合った。

ロケットが洋上着陸を試みるために無人船に接近すると、いやがうえにも場内の緊張が高まった。歓声はやみ、シーンと静まりかえった。私も胸がドキドキし、娘と息子は心配そうに手を握ってきた。娘が「爆発しないといいね！」とささやいても、私はうなずくのがやっとだった。ロケットは降下しながら3本の着陸脚を展開したが、残りの1本が遅れたせいで、機体が傾いて的から外れてしまった。部屋中の全員が、傾きを補正しようとするかのように、逆側に身を傾けた。すると、ロケットは体勢を立て直し、無事着陸したのである。場内はロックコンサートのような熱狂に包まれた。サポートクルー、技術者、エンジニアが雄叫びをあげ、抱き合って号泣した。子どもたちと私も泣いた。あのときのことを思い出すといまも鳥肌が立つ。

数年前2人の経営学者が、ロケット打ち上げの成否を予測する因子を見つけようとした。[*1] 1957年の世界初の人工衛星スプートニク1号の打ち上げに始まり、その後の約50年間に世界の30の組織（主に政府機関だが民間企業も含む）によって行われたすべての打ち上げを追跡した。成功させる確率がもっとも高いのは、過去に打ち上げを成功させている組織だと思うかもしれない。でも過去の4000超の打ち上げから得られたデータは、正反対の結果を示していた。失敗した回数の多い政府や企業ほど、次の試行でロケットを軌道に乗せる確率が高かったのだ。また、ロケットの爆発を経験したあとのほうが、もっと小さな失敗のあとよりも成功確率が高かった。成功よりも失敗から学ぶことが多いだけでなく、大きな失敗ほどくわしく検証する分、学べることも多いのである。

あの洋上着陸の何年も前にスペースXが行ったはじめての打ち上げでは、点火の33秒後にエンジンが火を噴いて、ロケットは大破した。このときイーロンは、打ち上げの10大リスクを挙げさせ、対策を講じていたが、失敗を引き起こしたのは11番めのリスクだったそうだ（プロのアドバイス――11大リスクを検討せよ）。2度めの打ち上げは、比較的ささいな原因で失敗した。3度めの打ち上げは、ソフトウェアの小さなバグがなければ成功していたはずだった。「僕らの資金では3度までしかトライできないと思っていたよ」とイーロンは笑う。「だから3度めの失敗が起こったときは、心がズタズタになった」。子どもたちと私が目撃した着陸の成功は、多くの失望を経ただけに、より一層大きな意味があったのである。

どんな人にもレジリエンスが必要なように、どんな組織にもレジリエンスは必要だ。[*2] 9・11テロ事件で多くの従業員を失いながらも前進し続けた企業に、レジリエンスは見られる。[*3] 金融危機後によみがえった企業や、支援者を失い再結集したNPOにも、レジリエンスは見られる。CEOの死を嘆き悲しむ従業員が、ハッシュタグ「デーブの誇りになろう」(#makedaveproud)の下に結集したサーベイ・モンキーにも、私はレジリエンスを見た。失敗やあやまち、悲劇が起こったときに組織が下す決定は、回復の早さと力強さを左右し、その後の栄光と転落を分けることも多い。

失敗からしなやかに立ち直るためには、失敗から学ばなくてはならない。頭ではわかっていても、なかなかそうはできないのがつねである。自信がなくて自分の失敗を直視できないこともあるし、プライドが高すぎて失敗を認められないこともある。だから率直に話す代わりに、身構えて閉じこもってしまう。レジリエントな組織は、あやまちや後悔を認めやすい文化を育むことによって、このような感情を克服しやすくしている。

次のページに掲載した写真は、ニューヨークの町中に最近設置されていた黒板である。[*4] ぎっしり書き込まれた答えを見ると、多くに共通点があることがわかる。「失敗した行動」ではなく、「行動し損ねたこと」への後悔が大半を占めているのだ。心理学者によると、

人生でいちばん後悔していることを書いてください

スポーツをあまりしなかった／愛してるといわなかった／
ドラッグに手を出した／連絡をとり合わなかった／退路を断った／
よい友人でいられなかった／芸術への情熱に従わなかった／
心を打ち明けなかった／大学に行かなかった／演技を追求しなかった／
すべてに全力で取り組まなかった／MBAを取得しなかった／
もっとハグしなかった／やりたいことをやらなかった／
つねに自分らしくいられなかった／全財産を使ってしまった／
直感を信じなかった／父に孫の顔を見せてあげられなかった／
学校を中退した／親友と寝た／モンタナ州に行かなかった／……

人はつかんだチャンスより、つかまなかったチャンスを後悔することが多いという。[*5] 私も子どものころ、母によく諭された。「後悔は、やったことではなく、やらなかったことに対して感じるものよ」と。

リスクを果敢にとるよう社員を促すには、失敗を受け入れ学習する姿勢を組織として打ち出す必要があると、フェイスブックは認識している。私が入社したころはそこら中の壁に、「すばやく動いてぶっこわせ」というポスターが貼られていた。しかも本気である。2008年に夏のインターン生のベン・モーラーが、フェイスブックのサイトがダウンしないよう対策を講じていた。ところが不具合をデバッグするために意図的に障害を発生させようとして、誤ってフェイスブックを30分間もダウンさせてしまったのだ。シリコンバレーでは、サイトのダウンは企業に起こり得る最悪の事態だ。でもうちのリードエンジニアはベンを非難する代わりに、これからは――できればサイトが落ちないような方法で――もっと頻繁に障害を発生させよう、と宣言したのである。彼はこの慣行を「ベン・ティング」と名づけ、ベンは正社員として採用された。

フェイスブックは比較的若い会社ということで、毎年経営陣は持久力のある組織をひとつ選んで訪問している。これまで訪れたのはピクサー、サムスン、P&G、ウォルマート、そしてクワンティコ海兵隊基地。クワンティコでは基礎訓練をさせてもらった。少しでも訓練の厳しさを味わうために、夜間に装備を背負って教官にどなられながら走った。ベッドメイクや蛇口の開け閉めといった小さなタスクを軍隊式の正確さで行うあいだも、どなられ通しである。翌日は、4人1組で重い袋を地面につけずに塀の向こう側に運ぶ訓練を行った。これは荷物を担ぐ(load)よりデジタル文書を読み込む(load)ことに慣れている技術者タイプの社員には過酷なタスクで、完了した人はほとんどいなかった。私はといえば、体力勝負の課題ができなかったのは当然として、蛇口を閉めろといった命令さえまともに実行できなかったのは、まったくの予想外だった。

クワンティコを訪問するまで、私は仕事で何かが明らかにうまくいかなかったときに、くわしい報告会を行うことなどなかった。何か問題が発生したら、責任の所在を明らかにして、ミスを認めさせることが重要だと思っていた。でもそれさえすめば、まちがいが起こった原因や経緯を事細かに分析するのは、ただのアラ探しのように思えたし、そこまでの厳格さはリスクをとろうとする意欲に水を差すのではないかという懸念もあった。だから、海兵隊ではミッションをひとつ終えるたび、下手するとトレーニングのセッションを終えるたびに、正式な報告会をすると知ってとても驚いた。報告会で得られた教訓は、その後データベースに記録され、だれでも自由に参照することができる。

私が海兵隊で教えられたのは、失敗を「学習のチャンス」と見なす組織文化を育むことの大切さである。報告会は、うまくやらないと公開処刑のようになってしまうが、当然かつ必須のこととして認識されれば、個人攻撃のようには感じられない。判断が生死を分けることもある病院では、医療従事者が死亡症例検討会（M&M[*6]）を開いている。M&Mの目的は、重大な過失のあったケースを検討して、どうすれば同じような問題をくり返さずにすむかを考えることにある。検討される過失は手術の合併症から薬の過量投与、誤診までさまざまで、議論は非公開で行われる。このような話し合いが患者のケアの改善につながることは実証ずみである。

人は安心してまちがいについて語れる環境にあるとき、過失を報告しやすく、犯しにくくなる。[*7]でも一般的な仕事文化ではとかく成功が喧伝《けんでん》され、失敗はひた隠しにされる。履歴書がその最たる例だろう。「苦手なこと」が列挙された履歴書なんて、一度も見たことがない。研究者のメラニー・ステファンは、履歴書をもっと正直に書こうと研究者仲間に呼びかける記事を書いた。[*8]プリンストン大学のヨハネス・ハウスホーファー教授がこれに賛同し、自分の「失敗の履歴書」をネットで公開した。不合格になった大学院、不採用になったポジション、学術誌に却下された論文、得られなかったフェローシップや奨学金などがずらりと並ぶ、2ページのリストである。「このいまいましい失敗の履歴書は、私がこれまで発表した学術論文をぜんぶ合わせたよりずっと注目を集めたよ」と、教授は苦笑する。

失敗をもっとオープンにするよう人を説得するのは、並大抵のことではない。グーグル時代の同僚キム・マローン・スコットは、毎週のチーム会議に「ウップス（やっちまった）」

と名づけたサルのぬいぐるみをいつも持参していた。その週にやらかした失敗をみんなで発表し合い、最大のしくじりを投票で選ぶ。「優勝者」はウップスを授けられ、1週間みんなに見えるようにデスクに飾り、翌週の会議でその栄誉を得ただれかに引き継ぐ、というわけである。困難なことにトライし、失敗を率直に議論することの大切さを、このぬいぐるみほど思い出させてくれるものはない。チーム内でこのしきたりに不満をもっていたのは、たぶんウップスだけだろう。なにしろ不完全のシンボルとして、1週の休みもなく働かされっぱなしなのだ。

フェイスブックで中小の企業と連携するうちに、レジリエンスは規模にかかわらずどんな企業にも必要だと痛感するようになった。デーモン・レッドは、アウトドア衣料品の「カインド・デザイン」をコロラド州の自宅の地下室で立ち上げた。[*9] だがその後自宅が洪水に襲われ、1・5メートルの泥水に冠水して、デザイン画にパソコン、数千点の商品を失った。おまけに自宅は洪水危険地帯に指定されていなかったため、被害は保険で補償されなかった。彼は泥水浸しになった手袋をユニークな発想でよみがえらせた。水圧洗浄して乾燥させ、「洪水手袋」として売り出したのだ。また手袋のほか、帽子やシャツ、フードつきパーカなどの商品を、コロラド州民と彼のブランドのタフさの象徴だとして宣伝する記事をネットに投稿した。投稿は瞬く間に拡散され、全米50州から注文が殺到し、事業は救われた。

失敗からの学習を重視するチームは、そうでないチームにくらべて業績が高い。[*10] でも、自分の働く組織がそんな長期的視点をもっているとは限らない。その場合は、自分なりの学習方法を編み出してみよう。アダムは大学院時代、人前で話すのが恐怖だった。はじめて教職の面接を受けたとき、君は鼻っ柱の強いビジネススクールの学生が一目置くようなタイプじゃないから、教壇に立ったら苦労するぞといわれた。教授が教え方を教わる機会はめったにない。だからアダムは練習して上達するために、ほかの教授のクラスのゲスト講師を買って出た。手強い聴衆だった。なにしろ1学期間かけて関係を築くのではなく、たったの1時間で信頼を勝ちとり、味方につけなくてはならないのだ。そしてゲスト講義が終わるたびアンケート用紙を配り、どうすればもっと興味をそそり、ためになる講義ができるだろうかと意見を求めた。コメントは耳に痛かった。コチコチに緊張した先生を見ていると、こっちまで震えてくる、という感想まであった。

冷や汗もののゲスト講義を経て、アダムは自分のクラスを教えはじめた。講義開始から数週間経ったころ、学生に無記名で授業評価アンケートを書いてもらった。次に、数人の同僚に「正気の沙汰ではない」といって反対されたことを決行した。寄せられたコメントを全部まとめて、クラス全員にメールしたのだ。そんなことをするのは火に油を注ぐようなものだと心配する教授もいた。でも同僚のひとり、スー・アッシュフォードは、ネガティブなフィードバックを受け止め、適切な対策をとることでこそ、潜在能力を伸ばせるのだと励ましてくれた。スーの研究によると、わざと自分を卑下してほめ言葉を引き出そうとすればかえって評判を落とすものの、一般には批評を求めることで、「本気で上達したい」というメッセージを伝えられるという。[*11]

次の授業の冒頭で、アダムはコメントの要点を分析し、フィードバックを踏まえてどんな改善策をとるつもりかを話した。たとえばコンセプトをわかりやすく伝えるために、自分の体験談をもっと盛り込むなど。アダムに触発されて学生も学習方法を工夫するようになり、そのうちにクラスの雰囲気が変化して、アダムは学生から多くを学ぶようになった。数年後、アダムはウォートンの学生による投票で人気ランキング1位に選ばれた。[*12]彼はいまも学生に毎学期フィードバックを求め、コメントを包み隠さず公開し、授業のやり方を工夫し続けている。

だれにでも盲点はある。盲点とは、自分は気がついていないが、他人には見えている弱みである。弱みから目をそらしている場合もあれば、たんに何がいけないのかわかっていない場合もある。これまでのキャリアで私にもっとも多くを学ばせてくれたのは、私自身が気づかないことを指摘してくれた人たちだ。グーグルで一緒だったジョアン・ブラッディは、私が会議でいまひとつ説得力に欠けるのは、早く話そうと焦るあまり、人の話を途中で遮るからだと教えてくれた。もっと辛抱して、まずは意見をじっくり聞きなさい、そうすればもっと的を射た答えを返せるわよ、という。フェイスブックのグローバルチームを指揮するデービッド・フィッシャーは、そう急《せ》かずにもっと耳を傾けるべきだと、しょっちゅう諭してくれる。

ときにはフィードバックを受け入れがたいこともある。デーブが亡くなってから4カ月ほど経ったころ、フェイスブックの元同僚でデーブのポーカー仲間だったチャマス・パリハピティヤが、いまから散歩に誘いにいくよと電話をくれた。私はいそいそと首輪をはめ、玄関のドアの前を行ったり来たりして待っていた（……まあ、そこまでじゃないけれど、会うのをとても楽しみにしていたわけだ）。息子と娘、私の様子を見に来てくれたのだとばかり思っていたから、彼の言葉には驚いた。私がいまも全力で仕事に取り組んでいるかどうかを確かめにきた、というのだから。私はびっくりして、いえ正直ムッとして、彼をまじまじと見つめた。「これ以上何をがんばれというの？　冗談でしょう？」。その日その日をなんとか生き抜き、ひどいヘマをしないようにするだけで精一杯なのだと、嚙みついた。チャマスは有無をいわせなかった。どなりたきゃどなればいい、でも貪欲な目標を掲げるよう、君にハッパをかけるのが自分の務めだといい放った。そして、チャマスならではの、こんな檄《げき》を飛ばしてくれたのだ。「くそいまいましいほどしゃかりきだったあのころを思い出せ」。こんな挑発は裏目に出ることも多いが、チャマスは私という人間をよく知っていた。彼はこう叱咤激励することで、私になにより必要な自信を与え――そして、挑戦し続けないかぎり、成功はあり得ないことを思い出させてくれたのだ。おまけに彼はこの本に唯一の罵《ののし》り言葉を吹き込んでくれた。

自分の姿をはっきり見るには、だれかに鏡をかざしてもらうのもいい。「一流のアスリートや歌手にはコーチがいる」と、外科医で著作家のアトゥール・ガワンデは指摘する。「あなたもコーチについてはどうか？」[*13]。グレッグ・ポポビッチは、バスケットボール・チームのサンアントニオ・スパーズを5度のNBA優勝に導いている名コーチである。ある年ファイナル敗退を喫したあとで、彼はチームと過去2試合の全プレーを振り返り、何がいけなかったのかを学んだ。「人間の評価は、思いどおりにいかないときにどう動くかで決まります」と彼は語っている。「いつでも、何かしら改善できる余地はあるんです。バスケットボールはミスのゲームですから」[*14]。

スポーツチームのあいだでは、失敗から学べるプレーヤーを探すことが重要だという認識が高まっている。シカゴ・カブスは２０１６年に、１０８年ぶりのワールドシリーズ制覇を果たした。ゼネラルマネジャーのセオ・エプスタインは、快挙の理由をこう説明する。「うちは選手の実績より、人物について話すことに大半の時間を費やしています。……スカウトにはこういっています。若い選手がグラウンドでどのように困難に立ち向かい対処したか、そして、グラウンドの外でどのように困難に立ち向かったかがくわしくわかるエピソードを3つ挙げろ、と。野球は失敗の上に成り立っているからです。いい古されたことですが、トップレベルのバッターでさえ10回のうち7回は打てないんですからね」[*15]。

スポーツでは、コーチの助言を受け入れることが練習のすべてだ。アダムがフィードバックを歓迎するようになったのは、飛び込み競技のジュニアオリンピック選手だったころにまでさかのぼる。上達するには、批評だけが頼みの綱だった。そしてとうとう教授として講義デビューのときがやってくると、アダムはスピード社の競技用水着は脱ぎ捨てたが、戦略はそのままもち続けた。今度は学生を自分のコーチにしたのである。

フィードバックは、個人攻撃だと思わなければ受け入れやすくなる。批評に対してオープンになれば、ますます多くのフィードバックが得られ、一層上達できる。批評の痛手を和らげるには、「批評をどれだけ活かすことができたか」を評価するのもひとつの手だ。ロースクール講師のダグラス・ストーンとシーラ・ヒーンは、こうアドバイスする。「ひどい点数をつけられたら、もらった点数にどれだけうまく対処できたかを考えて、自分に『2つめの点数』をつけよう。……たとえもとの点数が落第点だったとしても、それに対処する方法次第では、A＋を稼ぐこともできる[*16]」。

フィードバックを聞き入れる能力は、レジリエンスの証である。とてつもない苦難を通して、その力を身につけた人もいる。私がバイロン・オーガストに出会ったのは、アソシエイトとして働いていたマッキンゼーで、同じプロジェクトに配属されたときのことだ。のちにアフリカ系アメリカ人としてははじめてマッキンゼーのディレクターに選出されたバイロンは、とても穏やかな性格で、フィードバックを「純粋に人類学的な見地」からとらえていた。あとから聞いたのだが、彼がこの視点を身につけたのは、10代のころに経験したトラウマがきっかけだという。彼が15歳のとき、夕飯を食べに行こうと、いとこと弟、お父さんと一緒にアリゾナ州フェニックスの自宅近くを歩いていると、飲酒運転の車がいきなり突っ込んできた。バイロンは両足を骨折し、意識を失った。病院で目を覚ますと、お母さんが悲痛な知らせを伝えた。お父さんは昏睡状態に陥り、10歳の弟さんは亡くなったのである。

事故のあと、バイロンは嘆き悲しむ母をこれ以上困らせてなるものかと心に誓った。学生時代を通して優秀な成績をおさめ続け、経済学の博士号を取得した。彼がレジリエンスを身につけるのにいちばん役立ったのは、永続化を克服したことだそうだ。「ものごとをこれ以上ないほど細分化するのが、僕の最大のスーパーパワーかもしれないね」と、笑いながら話してくれた。プロジェクトが思いどおりにいかないとき、もっと悪い事態にならなくてよかった、と考えるそうだ。「いつも自分やみんなにいい聞かせている。『だれかが死ぬわけじゃないだろう?』と。最悪なのは死だ――失敗なんて怖くない」。

レジリエントなチームや組織をつくるには、オープンで率直なコミュニケーションが欠かせないことを、私はバイロンに教わった。企業が破綻するとき、その理由はだれもが知っているが、だれも口に出さない。だれかがまずい決断を下していても、それが上司であればなおさら、なかなか進言できないものだ。

オフィスの壁に貼ってあるポスターのなかで、私のお気に入りのひとつは、「フェイスブックでは何事も他人事《ひとごと》ではない」というものだ。あるとき私は全社会議で呼びかけた。同僚や部下とのつきあいで問題を抱えている人は――というのはもちろん、全員のことだけれど――もっと腹を割って相手と話してほしい、と。そして毎月少なくとも一度は「本音の話」をする、という目標を掲げた。また会話がうまく運ぶように、フィードバックはいつも双方向で行うべきだと念を押した。相手にネガティブなフィードバックを受け入れてもらうために、こんな前置きをするよう勧めた。「私がこんなことをいうのは、あなたに高い期待をかけていて、あなたならきっと応えてくれるはずだと思っているからだ」と。[*17]

最近では世界各地のフェイスブックのオフィスを訪ねるたび、チームに尋ねている。「このひと月に一度でも『本音の話』をした人、手を挙げてください」。最初はほとんど手が挙がらなかった（しかもここだけの話、私の前では少なめより多めに申告する人が多いというのにである）。でもしつこく尋ねるうちに、挙がる手はだんだん増えていった。フェイスブックのリーダーのなかには、フィードバックに対するオープンな姿勢を企業文化にとり入れるべく、大胆な行動をとっている人もいる。グローバル・セールスチームを指揮するキャロリン・エバーソンは、自分の勤務評定を社内のフェイスブック・グループの２４００人に公開しているのだ。自己向上に努めている様子を、チームのみんなに見てほしいのだという。

はじめて尽くしの1年が終わりに近づいたころ、もうひとつ「本音の話」をしなければ、と思い立った。とても大事な話である。私はフェイスブックで年に一度、「女性のためのリーダーシップ・デイ」というイベントを主催している。前年のイベントで私は、仕事とプライベートでの恐れや失敗について語った。かつて、完全に自分を見失っていたころのことを話し、これまでに数々の誤った判断を下したことを認めた。たとえば20代前半に結婚と離婚を経験し、その後自分に合わない男性たちとつきあったことなど。そして、ようやくデーブという真のパートナーを見つけることができたといった。あの年は、「信じればすべてがうまくいく」と話を結んだのだった。

それから1年後、私はまったくちがう立場に置かれていた。そして自分だけでなく、会場にいるほかの女性たちも四苦八苦していることを、前よりはっきりと意識していた。ある社員には重病の母親がいて、別の社員は大変な離婚手続きの最中だった。私が直接知っていたのはこの2人だけだが、職場なのだから無言で耐えている社員はほかにも大勢いるにちがいなかった。私が心を打ち明けることに決めたのは、私生活でつらい思いをしている人たちの助けになればと思ったからである。まず「3つのP」について話し、深い悲嘆がどんなものなのかを説明した。そして、ひとり親になることがどんなに大変なことか、家庭でつらい思いをしているときに集中して仕事に取り組むことがどんなに大変なことなのか、自分にはわかっていなかったと、正直に打ち明けた。泣かずにスピーチを終えられないのではと心配していたけれど……やはり泣いてしまった。それでも、語り終えるころには胸のつかえがとれたような気がした。その後の数週間に、職場のみんなも次々と心を打ち明けはじめた。私たちは力を合わせて、ゾウの大群をオフィスのビルから追い出したのである。

その日会場にいた女性のひとりが、キャリン・マルーニーだ。彼女が大きな決断を迫られているのを、私は知っていた。グローバル・コミュニケーションズのチーム統括者への昇進を、彼女に打診したばかりだったからだ。でもその決断は、とても複雑なものになっていた。キャリンは乳がんの疑いがあると主治医にいわれたのである。くわしい検査結果を待っているところだったが、もし陽性と診断されたら昇進は断ろうと、彼女はもう決めていた。「新しい任務で失敗する不安と、がんと宣告される恐怖のダブルパンチに打ちひしがれていたわ」と打ち明けてくれた。職場で自分の健康問題をもち出すのは、気が引けたという。心配をかけたくなかったし、弱々しく見られるのが怖かった。でも、数千人の社員の前で自分の苦しみを率直に語る私の姿を見て、一筋の希望が見えたそうだ。

翌週、彼女は主治医にがんと告げられ、手術と継続的な治療が必要だといわれた。私はキャリンに仕事をどうしたいのかと尋ね、どんな決定を下しても私たちは全力でサポートするから安心して、と励ました。キャリンはほかのがん患者と出会ったことで、自分は早い段階でがんが見つかり、しかもこんなに柔軟な働き方を選択できる会社で働ける幸運を痛感したという。怖いけれど、長年夢見てきた職務をあきらめるのはいやだと、彼女はいった。そこで私たちは、彼女が新しい職務に就けるよう、一緒に計画を練った。

「『怖いもの知らずのリーダー』になる、なんて考えは捨て去る必要があった」とキャリンはいう。総勢200人のグローバル・コミュニケーションズ・チームにはじめて挨拶するとき、病気と診断されたことを包み隠さず話した。毎日放射線治療を受けていて、体力が消耗し、忘れっぽくなっているのだと打ち明けた。「あの場に立つ自分を想像するとき、自分の理想像として、強くて賢明で信頼できるリーダーをいつも思い描いていたわ」と彼女は語った。「完璧で理想的なリーダー像を地で行く、ロールモデルになりたかった。でもそれはやめて、自分はがんで、支えが必要なのは自分のほうだと訴えた」。

チームの反応にキャリンはすっかり感激した。全員が一丸となってキャリンを支えてくれた。そして彼らもまた、私生活や仕事の悩み事を打ち明けるようになったのである。オープンな姿勢には、仕事の効率を上げる効果があるとキャリンは考えている。「こうした分かち合いのせいで、仕事のペースが落ちたと思うかもしれない。でもじつは感情を押し隠すほうが、時間もエネルギーも消耗するのよ」と彼女は説明する。私生活をオープンにすることで、仕事に関してもよりオープンになれたのである。チームではそれまで、個別のミーティングでは「失敗から学んだこと」を話し合っていたが、人前で自分の失敗について話したがらない人がほとんどだった。いまでは「学んだ教訓」をチーム全体で積極的に受け入れている。「以前はうまくいったことだけを振り返っていた」とキャリン。「いまはうまくいかなかったことについても話し合っているのよ」。

キャリンははじめて尽くしの1年を果敢に乗り切った。グローバル・コミュニケーションズ・チームを指揮したうえに、放射線治療を完了したのである。これから治療が始まるという日に、「YGT」のイニシャルがついたネックレスを彼女にプレゼントした。自分のイニシャルは「CLM」なのに、と不思議そうな顔をするキャリンに、これはあなたへの信頼を表すシンボルで、「You've Got This（あなたならできる）」の頭文字なのよと教えた。

「いまではチームにしょっちゅう『YGT』とハッパをかけているわ」とキャリン。「みんなでYGTといい合っている。とても大切なことだから」。

10 もう一度、愛し笑う

結婚式を挙げた2004年当時、デーブはヤフー、私はグーグルで働いていた。2人の会社間の――また一部のゲスト間の――ライバル心をいなすには、みんなにヤフーかグーグルの野球帽を選ばせて、ジョークにしてしまえばいいと考えた。「あなたは花嫁派？それとも花婿派？」の私たちバージョンというわけである。私がいち早くグーグル派の帽子をオーダーして悦に入っていると、デーブはなんとその帽子をヤフーの職場にもっていき、「これよりいいのをつくろうぜ」と呼びかけたのだ。彼らはまんまとやり遂げた。グーグルのゲストの多くが週末中ヤフー帽をかぶりっぱなしなのを見て、ヤフーチームの喜んだこと喜んだこと。

デーブと私にとって、愛と笑いはいつも切っても切れない関係にあったから、それが表れた結婚式にしたかった。結婚式前のブランチで、私は女友だち全員に「ミスター・ワンダフル」の人形をプレゼントした。人形の手をギュッと押すと、「朝の君はほんとにキレイだよ」とか「お義母さんにもう1週間いてもらいなよ？」なんて女心をくすぐるセリフをいってくれるのだ。私のお気に入りのセリフは、「チャンネル権は君のものさ。君と一緒にいられるなら、僕はなんでもかまわない」である。式の前日の晩餐《ばんさん》では、義弟のマルクがさらにハイレベルな笑いを追求して、私の男性遍歴をナレーションつきのスライドショーでご説明くださった。はい、みなさんお待ちかねのフレーズ、「乳首ピアスの野郎」も、もちろん飛び出した。

結婚式はよく晴れたとても風の強い日に、アリゾナで行われた。式の直前に、デーブと私は小さな部屋で家族と親友たちの見守るなか、2人で書いたユダヤ教の結婚の誓い、ケトゥバーに署名した。私が先に署名し、デーブがあのぶっといへたくそな署名を添えた。外に出ると、芝地の上に通路がしつらえられていた。婚礼の行進が始まり、位置につこうと足を踏み出したとき、前の方にいたマルクが、リングボーイを務めてくれる3歳の少年をけしかけるのが聞こえた。「ようジャスパー、この結婚式ではパンツ一丁になってもいいらしいぞ」。そこへ私の妹が割り込んだ。「こらジャスパー、唾を飛ばすのはやめなさい！」。そんなやりとりに笑いながら、即席の通路を歩きはじめたとたん、突風にベールを高く高く舞いあげられ、転びそうになった。なんとか踏みとどまって、デーブのもとに行くと、ラビが式を始めた。

ユダヤ教の伝統的な結婚式では、新婦が新郎のまわりを7周回ることになっている。デーブと私は見つめ合いながら、お互いのまわりをくるくると回った。まるでダンスのよう、と友人たちにいわれた。それから両親ときょうだいに囲まれながら、2人向かい合って、一緒に書いた誓いを一節ずつ唱えた。

私は愛情をもってあなたを伴侶とします。あなたの喜びと悲しみを自分のものとして感じるために、日々あなたを努めて愛することを約束します。私たちは敬意と誠意、なぐさめと思いやり、学びと愛情に満ちた家庭をともに築きます。

私は友情をもってあなたを伴侶とします。ありのままのあなたを祝福し、あなたがなりたい人間になれるよう支えることを誓います。今日からあなたの夢を私の夢とし、あなたが人生の希望を叶えられるよう尽くします。

私は信仰をもってあなたを伴侶とします。お互いへの献身が生涯続くことを信じ、あなたとともにあるとき、私の魂が完全になることを信じます。

私は自分が何者であるか、何者でありたいのかを知りながら、この婚礼の日にあなたの心と永遠に結ばれるよう、私の心をあなたに捧げます。

10
もう一度、愛し笑う

11年のあいだ、私たちは愛情と友情をもってお互いのまわりをくるくる回りながら、この誓いを実践してきた。なのにデーブの「永遠」は、突然終わりを迎えた。毎晩傷心を抱えてベッドに入るたび、デーブのクローゼットのそばの壁に貼った誓いが目に入った。クローゼットも誓いも、見るたび胸がつぶれそうになった。とくに、デーブの帰りを待っているかのように、そこにかけっぱなしになっている洋服が目に入るのがつらかった。まるで自分を見るようだったから。

数カ月経っても、壁の横を通るたび息を止めていた。なんとかしなくてはいけないと思った。ケトゥバーを壁から下ろすのは忍びないから——いまもそこにかけてある——デーブのクローゼットを片づけることに決めた。これを私がどれだけ恐れていたかは、とうてい筆舌に尽くせるものではない。心の準備などできるはずもなかった。キャロル・ガイトナーに相談すると、息子と娘と一緒にやることを勧めてくれたので、3人でとりかかった。ほとんど見分けのつかないグレーのセーターの山や、大昔の会議でもらってきたTシャツの山に、私たちは大笑いし、そして笑ってしまったことに私はショックを受けた。デーブのお気に入りのバイキングスのジャージが出てきたときには、みんなで涙をこぼした。子どもたちは手元に置いておきたいものをそれぞれ選んだ。娘はデーブのセーターを抱きしめながら、みんなが思っていたことを口にした。「お洋服、パパのにおいがする」。

その夜遅く、デーブの母ポーラと弟ロブが2階に来て、片づけを終えるのを手伝ってくれた。2人はデーブの父メルが亡くなった16年前にも、このわびしい作業を経験していた。まさかデーブのために同じことをするなんて、2人は考えもしていなかった。私たちは現実離れした感覚に打ちのめされた。デーブがいつも着ていたすり切れたグレーのセーターをポーラが掲げると、私は泣き崩れてポーラにすがりついた。「こんな思いをもう一度するなんて、どんなにつらいでしょうね。どうやって耐えているの？　いったいどうやって？」。ポーラは答えた。「私は死ななかった。メルは死に、デーブも死んだけれど、私は生きている。これからも生きていくわ」。そして私の肩に腕をまわしていった。「あなたも生きていくの」。続く一言に、私は動転してしまった。「ただ生きていくだけじゃない、いつの日か再婚するのよ――私も祝福に駆けつけるわね」。

その瞬間まで、またｄれかを愛するなんて考えたこともなかった。その数カ月前、寝室にかけてあった夜の海岸の写真を下ろすつもりだと、ロブに話したときのことだ。デーブと一緒に選んだ写真だったが、いまとなっては暗い風景はとても気が滅入るのだった。代わりに私とデーブ、子どもたちの4人で写した写真を飾るつもりよというと、ロブは首を横に振り、「ここは君だけの寝室だろう」といったのだ。「デーブの写真はもういらない。吹っ切って前に進むんだ」。

前に進むといっても、簡単なことではない。結婚指輪を外す気にはとてもなれなかった。

でも左手にはめた指輪を見るたび、現実から目を背けながら生きているような気がした。だから右手に移して、デーブとのつながりを感じつつも、まだ結婚しているふりをするのはやめにした。こんな命のないモノに対する気持ちさえ整理できないのだから、だれかとつきあうなど、口にするのはもちろん、考える気にもなれなかった。デーブを裏切っているような気がしたし、自分がデーブをどんなにとり戻したいと思っているかを痛感するだけだと思った。だから、いつか新しい人とつきあいはじめるかもしれないよとロブにほのめかされたときも、あわてて話題を変えた。

とはいえ、私はひとりになりたいと思ったことなどない。両親は愛情に満ちた結婚生活を送っていたから、自分もいつかそんな結婚をするんだと、幼いころからあこがれていた。最初の結婚を焦ってしたのは、そのせいもあるのだろう。私がもっと自立心旺盛で、ひとりで生きていける自信があったなら、男性とのおつきあいであんなに苦労することもなかった。最初の結婚が離婚に終わると、何度も夢にうなされた。となりで寝ているはずのだれかを探して目覚め、空っぽのベッドを見てひとりだったことに気づく、という悪夢である。デーブと結婚してからも同じ夢を見ることはあったが、目が覚めてとなりで寝ているデーブが目に入ると――いびきが聞こえるときのほうが多かったけれど――「なんだ、ただの夢ね」と、ホッと胸をなでおろしたものだ。

いまやあの強迫的な夢が、現実のものになった。ベッドではひとりだった。子どもたちが遊びに出かけると、家でひとりになった。だれもいない家で1時間も過ごしていると、将来2人が私を置いて大学へ行ってしまうときのことを想像した。この先一生ひとりで生きていくのだろうか？

親友のマーニーによると、ひとりで生きるという選択は、人を強くするそうだ。結婚と離婚が幸福感に与える影響に関する画期的な研究で、2万4000人を15年間にわたって追跡したところ、結婚しても幸福感の平均値はほんの少ししか上昇しないことがわかった。[*1] 10段階でいうと、独身時の幸福感が6・7なのに対し、結婚後は6・8に高まるといった程度である。このわずかな上昇は結婚式の前後に生じ、1年以内に消滅することが多かった。また配偶者と死別してから再婚しなかった場合、死別から8年後の幸福感の平均値は6・55だった。自分の意志で独身を選択する人は、人生への満足感がとても高い。[*2]「独身者は型にはめられ、レッテルを貼られ、無視されている」と、心理学者のベラ・デパウロは指摘する。「それでも彼らは『いつまでもしあわせに暮らす』ことができるのだ」。既婚者が独身者のように扱われる世界を想像してほしい、と彼女は呼びかける。「そこでは結婚していることを打ち明けると、首をかしげてこんなことをいわれる。『あらあら』『大丈夫、いつかきっと離婚できるから』。……そして職場では、既婚者だからという理由で、休日出勤やその他の煩《わずら》わしい仕事を、独身者から押しつけられるのだ」。[*3]

デーブと私も夫婦である以上、ぎくしゃくしたときはあったが、いつも2人で正面から問題に向き合おうとした。でも、私たちが一度も向き合おうとしなかった問題がひとつある。それが、私のいま陥っている状況である。私からデーブには、もし私が死んだらまたいい人を見つけてね、でも子どもたちにダルメシアンの子犬の毛皮でつくったコートを着せるような悪い継母だけは勘弁よ、といったことがある。デーブはといえば、そんな話題は悪趣味だといって、何ひとつ希望を話してくれなかった。いま私は友人や家族に、自分がいなくなったらやってほしくないこと、やってほしいことを、パートナーに話しておくよう勧めている。

恋愛は、パートナーの死後にタブー視される話題である。あまりにもピリピリする話題だから、だれも触れたがらない。パートナーと死別した人がとる行動のなかで、喜びを見つけること以上に感情を揺さぶる行動があるとすれば、それは愛を見つけることだろう。ほかの人とデートすると考えただけで、さびしさに襲われ、続いて罪悪感に駆られる。子どもも時代の友人とダンスするだけでわっと泣き出してしまうのだから、だれかとデートなんてしたらどうなることか……。

パートナーの死後どのくらいだと、デートをするのに「早すぎる」のだろう? 夫を亡くした4週間後に夫の親友とつきあいはじめたイギリス人女性の話を聞いたことがある。新しいロマンスがあまりにも早く始まったことに、まわりの人たちは戸惑いを隠せなかった。義理の母とは連絡が絶え、友人たちの多くとも疎遠になったという。「非難するならすればいいわ」と、彼女は開き直った。「でも、悲嘆の感じ方は人それぞれ、後悔なんかしていない」[*4]。配偶者を亡くすと、だれもがいたわり、早く悲しみが癒えますようにと祈ってくれる。でも別の人とつきあいはじめたとたん、非難されたり、悲しみが癒えるのがちょっと早すぎるのではと思われたりするのだ。私の幼なじみで現在はラビである友人によると、ユダヤ教では親や子ども、きょうだいを亡くした場合の喪の期間は1年だが、配偶者の場合は30日間である。友人いわく、「人々に吹っ切って前に進んでもらいたいと、ラビたちは考えたんだよ」。

デーブが亡くなってから4カ月ほど経ったころ、弟のデービッドが話があるといってきた。「こんなことをいっていいのかどうかわからないけれど」と、いつもよりずっとためらいがちに切り出した。「だれかとデートするのを考えはじめたらどうかな」。彼もロブと同様、デーブは私がひとりでいることを望んだはずがないと断言した。デートをすれば気が紛れるし、将来についてもっと明るい気持ちになれるという。それに、もし私が男だったら、もうすでにだれかとつきあいはじめているだろう、と。

たしかに男性は、パートナーを亡くしたあとでデートする人の割合が女性より高く、デートしはじめる時期も早い[*5]。配偶者を亡くした中年男女のうち、男性の54%が死別の1年後にだれかと恋愛関係にあったのに対し、女性の場合はわずか7%だった。高齢者では、男性の15%が半年後にデートしていたのに対し、女性の場合は1%にも満たなかった。また男性の25％が2年後に再婚していたが、女性の場合はわずか5％だった。男性は新しい関係をスタートさせてもそれほど白い目で見られない。一方女性は、愛のたいまつを掲げ続けることを期待され、ともしびが消えたあとも、男性より長く悲しむものと思われている。女性に求められる像は「嘆き悲しむ未亡人」であって、「ダンスやデートをする未亡人」ではない。男女を異なる基準で扱う、このようなダブルスタンダードは、たとえば女性が男性にくらべて新しい恋愛関係に罪悪感と不安を抱きがちなことや、男性が年下の相手と結婚することに寛容な文化があること、あるいは女性のほうが男性より長寿だという人口統計上の現実など、さまざまな問題に根ざしている。

女性の肩により重くのしかかる現実的な問題に、育児や介護の責任がある。ある同僚は、親族にシングルマザーが4人いるが、4人とも再婚はおろか、デートすらしたことがないそうだ。「いろいろ理由はあると思う」と彼女はいう。「でも全員が挙げるのが、子育ての最中は、デートなんてしている暇もお金もないってこと」。そして4人のほとんどが、前夫から養育費をもらえず、仕事をかけもちして家族を養っているという。恋愛はもちろんしたい、でも子どもたちと住む家を確保するだけで精一杯なのである。ベビーシッターを雇う余裕はなく、ピンチのときに駆けつけてくれる家族や友人も近くにいない。彼女たちにとって、デートは許されない贅沢なのだ。

寡婦はいまだに世界各地で残酷な仕打ちを受けている。インドの一部地域では、寡婦は実家からも見捨てられ、物乞いをして生きていくしかない。[*6] ナイジェリアの一部の村では、寡婦は衣服をはがれ、亡夫を清めた水を飲まされるという。[*7] 寡婦に対する差別が激しいと答えた人の割合は、中国では54％、トルコでは70％、韓国では81％にものぼった。[*8] 寡婦が財産権を得にくい国も多い。[*9]

性差別を指摘されると、私はがぜんやる気が湧いてくる。そんなわけで、弟の一言をきっかけに、デートをすることについて考えるようになった。頭を整理しようとすると、疑問がぐるぐる渦巻いた。前に進もうとしても、いまよりひどい状態になるのでは？ デートをしても、前のようにつらい思いをするだけでは？ また時折、日記にもデートについて書くようになった。でも親友や家族に公開するときは――直接話すよりも書くほうが気持ちを伝えやすいときにやるのだが――その部分を削った。そんなことを考えるだけで罪悪感を覚えたし、どう思われるかが怖かったのだ。

それから数カ月して、フィルにさりげなく話してみた。最近ある友人とメールのやりとりをしていて、なんだかときめきを感じるようになったの、と。フィルの最初の反応は、私が恐れていたとおりのものだった。「君はいまもこれからも僕の友人だ」と彼はいった。「でも、デーブは親友だった。そんな話はまだ聞きたくないな」。1年前にご主人を亡くしたフィルのおばさんがその場にいた。その日しばらくしてその2人だけになったとき、フィルが「気まずい会話をうまく乗り切ったよ」と得意げにいうと、おばさんはぴしゃりと返したそうだ。「あなた、最低だったわよ」。

フィルはたじろいだ。「男の掟《おきて》に従ったまでだ。デーブを立てていただけで、シェリルを責めたわけじゃない」と弁解したが、たとえ悪気がなかったとしても、あんな突き放すようないい方はないでしょうと、おばさんにたしなめられたという。フィルは謝るためにわが家に戻ってきた。そして、これからはデートのことを含め、どんなことも話せたらいいね、といってくれた。ハグしてから、フィルはしみじみいった。「僕ら2人とも、前に進むときが来たのかもしれないな」。

物わかりのよい人ばかりではなかった。しばらくして私のデート報道が流れると、ある男性がネット上で私のことを「ふしだらな男好き」と呼んだ。別の人は、明らかに「いけすかない女」だといった。生涯の恋人が亡くなったのに「もう新しい男とおネンネしている」のだからと。

幸い、ネット上には理解のある人もいる。著作家のエーベル・キーオは、妻を自殺で亡くしたあと、デートしようとしたときのことをブログに書いている。[*10]「はじめて別の女性とディナーに出かけたとき、亡くなった妻をだましているような気がした。……罪と裏切りの意識に苛まれた」。半年後、エーベルは教会でひとりの女性と出会った。はじめてのデートで、妻を亡くしたことを打ち明けた。女性は気をそがれ、もう会いたくないと思ったが、彼に2度めのチャンスを与えてあげたらどうだと、父親に後押しされたという。2

人は1年と経たずに結婚した。いまでは彼女とのあいだに7人の子どもがいるエーベルは、男やもめのためのデートガイドを何冊か書いている。「なぜあなたが新しい人とつきあうことにしたのか、その気持ちをわかってくれない人は必ずいる」と嘆く。「あなたのことをなじってきたり、やもめは二度と人を好きになってはいけないなどというバカげた考えをもっていたりする。そんな輩《やから》にどう思われようと、気にしなくていい。大切なのは、またデートをする気になったということだ。自分の行動を正当化する必要などない」。

配偶者を亡くした人は、それだけで十分すぎるほどの悲しみと罪悪感を抱いているのに、そこへもって上から目線で評価されれば、よけいつらくなる。デートすることを、裏切りと考えず、悲しみを乗り越えて喜びを見つけようとする試みだと思ってほしい。ポーラとロブ、デービッドがこの話をもち出してくれたことに、私はいまも感謝している。デートの「ゾウ」を呼び出し、丁重に部屋から連れ出してくれたのだから。

とはいえ、デートをしても悲しみが癒えるわけではない。このことは、「クラブ」のだれもが知っている。別のだれかと一緒にいるときも、亡くなった伴侶が恋しいことはある。とくにそのだれかが、存分に悲しませてくれ、悲しみを乗り越えるのを手伝ってくれるほど懐の深い人である場合はそうだ。奥さんを3カ月前に亡くした友人と朝食をとったとき、落ち着いたら新しい人とつきあいはじめるべきよ、と勧めた。デーブの家族が私にしてくれたように、背中を押してあげたかったのだ。しばらくして、はじめてデートをしたよとメールをくれた。「なんだか妙な気分だった。次の日も変わらず悲しかった。でも、居心地の悪い瞬間はあったけど、はじめて1歩踏み出したような気がした。生き返った気分だよ」。

私がトレーシー・ロビンソンに会ったのは昨夏、子どもたちが同じキャンプに参加したときのことだ。彼女も私と同じく夫を亡くしていて、2人の子どもがいる。ご主人のダンを亡くしてから何年も、とてもさびしい思いをしていた。友人たちに寄りすがり、絆を深めたこともあれば、がっかりさせられたこともあったという。だれかとつきあうなんて考えてもいなかった。そんなとき、ミッシェルと出会ったのである。「思いやりのある女性よ」とトレーシーは教えてくれた。「ダンを愛していたのとはまったくちがうかたちで、彼女を愛しているの」。トレーシーは昨夏、ダンとの死別から5年を経てミッシェルと結婚した。いまもダンが恋しいし、再婚してもそれは変わらない。でも、チャンスをつかむことの大切さを、身に沁みて感じているそうだ。だって人生はあっという間に終わってしまうことがあるのだから。「こんなことをいうのはよくないのかもしれないけれど、これまでの人生でいまがいちばんしあわせなの」と教えてくれた。「この世の美しいものごとを味わうには、とびきりひどい経験をすることも必要なのかもしれない」。

恋愛中の人の脳をスキャンすると、中毒状態の人の脳とまったく同じ高揚感や陶酔感が見られる。[*11] 恋に落ちると、自信と自尊心が高まり、アイデンティティが広がる。[*12] 新しいパートナーと性格が似てくることも多い。たとえば好奇心にあふれる人や穏やかな人を好きになると、自分にもそんな性質が少しあるように思えてくる。

デートをするようになって、暮らしに笑いが戻ってきた。私がフィルに話した男性は、折あるごとにメールをくれるようになった。最初は思い出したように時々、そのうちもっと頻繁に。そして、何カ月ものやりとりのなかで、いつも笑わせてくれた。彼は自分で「気晴らし王」を名乗っているが、実際そのとおりの人だ。彼のおかげで、いまとこれからに目を向け、喜びの瞬間を見つけられるようになった。

恋愛が、悲嘆においてタブー視される話題であるように、笑いも物議を醸しがちな問題である。だれかが亡くなると、何を冗談にするのも不謹慎に感じられる。さらにいけないとされるのが、死そのものを笑い飛ばすことだ。でも私自身はしょっちゅうやってしまう――そしてそのたび自分でぎょっとするのだ。まるで禁断のお菓子の壺にひじまで突っ込んでから、ハッと我に返るようなものである。デーブの死後はじめて冗談をいったのはたしか、前の彼氏がお葬式後にわが家に来てくれたときのことだ。ハグをしてとても残念だといってくれた彼に、「全部あなたのせいよ」とおどけていった。「あなたがしっかりしていれば、私はあなたと結婚して、こんな目に遭わなかったのに」。2人で顔を見合わせて笑った。でもそれからハッと息をのみ、そんなジョークをいってしまった自分にゾッとした。

その数週間後、義妹のエイミーと2階の私の部屋で泣いていたとき、ふと顔を上げて私はいった。「まあ、あの悪趣味な映画にもうつきあわされずにすむのは救いよね」。そういって2人して絶句し、それから爆笑した。だってデーブの映画の趣味は――私のテレビ番組の趣味に負けず劣らず――本当にひどかったのだ。こうしたジョークは、いまも思い出すたび身がすくむが、そのときどきの底知れない暗闇を押しのける効果があった。ロブだって同じことをした。デーブのせいで母に妻、それに義理の姉までもが毎日20回ずつ電話をかけてくる、あいつぜったい許さねぇぞ、とぼやいたのだ。本当のことだからおかしかった。そして私ときたらまったく空気を読まずに、いまも気の毒なロブに電話をかけまくり、うんざりさせ続けているのだ。

最近では絶句することも減り、デーブが生きていたころに一緒にいっていたようなジョークなら、気にせず口にできるようになった。彼の死に関するジョークは、いまだにドキッとするが、そういうジョークは場を和ませ、会話の糸口になることもある。ある日、デーブが息子を私立の学校に行かせたがっていたことを知る友人が、おや公立中学に通っているんだねと、驚いたようにいった。私はこう返した。「デーブもそんなに私立に行かせたかったのなら、そうなるまで見届けるべきだったわよね」。友人は一瞬凍りつき、それからジョークとわかって、緊張がほぐれたようだった。そしてこの日、デーブが亡くなってからはじめて彼と会話らしい会話をした。

ユーモアには、レジリエンスを高める効果もある。手術を受けた患者にコメディを見せると、鎮痛剤の使用量が25％減少した。[13] ジョークをいう兵士は、ストレスに強かった。[14] 配偶者を亡くした半年後に、結婚生活を振り返って自然に笑うことができた人は、ストレスとうまくつきあうことができた。[15] ともに笑うカップルは、結婚生活が長続きする確率が高かった。[16] 生理学的には、ユーモアは心拍数を下げ、筋肉を弛緩させるはたらきがある。[17] 進化論的にいえば、ユーモアは状況が安全であることを示すシグナルである。笑うことによって、ストレスに満ちた状況をそれほど脅威に感じなくなるから、緊張が和らぐのだ。

ユーモアによって、不正がまかり通っている状況に、ささやかなモラルを注入できることもある。ひどい状況を笑い飛ばすことができれば、ほんの一瞬だけでも力のバランスを有利に傾けることができる。無力な者が勝者になり、負け犬が決定権を握るのだ。映画監督のメル・ブルックスが、ヒトラーとナチスを笑いものにする映画を撮ったのは、「彼らをあざけりの対象におとしめれば、優位に立てるからだ」という。[18] 宮廷道化師は何世紀ものあいだ、権力者に真実を語り、王や女王に異議を唱えることを許された、唯一の存在だった。今日のアメリカでこの役割を担うのは、深夜番組のコメディアンである。

お葬式でジョークがよく聞かれるのは、ブラックユーモアに悲しみを吹き飛ばす力があるからだ。[19] ネル・スコーヴェルは『ＬＥＡＮ ＩＮ』の執筆を手伝ってくれる前、テレビのコメディ番組の脚本を書いていた。彼女には4人のきょうだいがいるのだが、お母さんが亡くなったときの弔辞で封筒をかかげてこう宣言し、笑いをとったそうだ。「みなさん、母のお気に入りの子の名前が、この封筒のなかにあります」。またネルの友人は、亡くなったご主人への思いを日記に綴りはじめ、「やっと私の話を聞いてもらえるようになったわ」とおどけたという。コメディアンのジャニス・メシッテは、結婚のわずか2週間後にご主人を亡くし、なぜ亡くなった（lost）のですかという問いに、こう返した。「なくなってなんかないわ、モノじゃあるまいし。死んだ（dead）のよ！」[*20]。ユーモアは、たとえ一瞬であっても、ホッとできる時間を与えてくれる。

私は吹っ切って前へ進むために、いとこの結婚式に「気晴らし王」を同伴した。ダンスの相手がまたできたのはよかったけれど、身内の結婚式にデーブ以外の人と出るのは、やはり大変なことだった。音楽が始まると、私は覚悟してポーカーフェイスをつくった。さっそくだれかが近づいてきて、「あなた方おつきあいしているんですってね！　元気になられてうれしいわ！」と声をかけてくれた。別の女性は、私の相手と握手をしてから、私にささやいた。「デーブの死を乗り越えたのね、よかったわ！」。2人とも悪気はなく、私のしあわせを願ってくれているのはわかっている。でもいいえ、私はデーブの死を「乗り越えて」なんかいないし、この先乗り越えることもけっしてないだろう。

結婚するカップルは、「死が2人を分かつまで」愛し合うことを誓う。私たちが思い浮かべる愛情のイメージは、能動的なものだ。友人に寄り添う、子どもの世話をする、だれかのそばで目を覚ますなどの行為を通して、愛情を表現する。どれも、相手が生きていればこそできることだ。でも今回私が学んだもっとも大切なことのひとつは、亡くなったあともだれかをこんなに深く愛し続けられる、ということである。もう抱きしめることも、話しかけることもできないし、ほかの人とつきあったり、愛したりすることもある。それでも前とまったく同じように、亡くなった人を愛することはできるのだ。脚本家のロバート・ウッドラフ・アンダーソンも、１９６８年の映画『父の肖像』で巧みにいい表している。「死で命が絶たれても、絆は断たれない」と。[*21]

昨夏のこと、３組のカップルと食事をした。全員が私の親しい友人だが、お互いは顔見知り程度だった。カップルは順々になれそめ話を披露し、楽しく茶々を入れ合った。話を聞いているうちに、みぞおちあたりがモヤモヤするあの感覚がしてきて、そのうちますますひどくなった。ゾウさん、い、まさかあなたが恋しくなるなんて。最初は、私の前で恋愛話をする思いやりのなさが悲しいのだと思った。デーブの死は15カ月と3日前のできごとで、ほとんどの人の念頭からもう抜け落ちていた。世界は先へ進んでいたのだ。気分がすぐれないといって、その夜は早々に失礼した。

翌朝目覚めると、さらに落ち込んでいた。悪気はまったくないのだから、友人たちのせいではない。ただ、もうだれもデーブと私のなれそめを聞いてくれないことがわかって、悲しかったのだ。みんなが順々に話していったのに、私の番になると飛ばされた。デーブ亡きいま、私たちのほほえましいなれそめ話は、もうほほえましくなくなっていたのである。パートナーを亡くした人に出会ったきっかけを尋ねるのはむごいような気がするから、だれも尋ねない。でも尋ねてもらえないと、知り合ったばかりの甘い日々を懐かしむこともできないのだ。さっそくトレーシー・ロビンソンに電話をかけて、これからは「クラブ」のみんなとなれそめを聞き合って、出会いのときめきを思い出す機会にしようと誓い合った。

アダムと私は家庭と職場でのレジリエンスを研究するうちに、同じ教訓を人間関係に当てはめる方法についても考えるようになった。私たちはだれしも、試練にもちこたえ、お互いに力を与え、人生の浮き沈みを乗り越える支えになるような絆を築きたいと願っている。心理学者によると、恋愛中の2人は口論をしても、相手に一層強く引きつけられるという[*22]（仲直りのセックスって聞いたことがあるでしょう?）。でも蜜月期を過ぎると、日常の厄介ごとに対処しているだけで、いつの間にか険悪な関係になっていることがある。ときにはパートナーの病気やレイオフ、うつなどの逆境が、なんの前ぶれもなく襲うこともある。またパートナー選びをしくじり、相手の浮気やうそ、虐待などに苦しめられることもある。どんなに努力しても続けられない関係や、続けるべきでない関係もある。

愛情に満ちた真剣な関係のレジリエンスを高めるには、パートナーとの日々のやりとりに注意を払うことが大切だ。ある有名な研究で、130組の新婚カップルを集めて、B

&B〔朝食つきの簡易宿〕に似せた「恋愛ラボ」でふだんどおりの1日を過ごしてもらった。[*23] 心理学者がこの「野生環境」でのカップルのやりとりを観察し、どの結婚が長続きするかしないかを予測したところ、6年後に離婚するカップルを83%の精度で予測できたという。カギはカップルの会話に隠されていた。一般に、会話は相手の注目や愛情、支え、笑いを得ようとする呼びかけから始まることが多い。私たちは「ねえ、あの鳥を見て!」とか「バターを切らしてるんだっけ?」などというたび、そうした呼びかけをしている。そしてその呼びかけに対して、パートナーには「そっぽを向く」か「向き合う」かの、2種類の選択肢がある。そっぽを向くとは、相手の呼びかけをはねつけたり無視したりすることをいう。「鳥なんてどうでもいいだろ、いまテレビを見てるんだから」。向き合うとは、関わり合うことである。「じゃあ、バター買ってくるよ。ついでにポップコーンもね」。6年後も結婚生活を続けていたカップルは、「向き合う」反応が全体のやりとりの86%を占めたのに対し、離婚したカップルは33%に過ぎなかった。けんかの原因の大半は、お金やセックスの問題ではなく、「不発に終わった呼びかけ」だったのだ。

　アダムの同僚ジェーン・ダットンは、レジリエントな関係を、「激しい感情にもちこたえ、緊張に耐え得る関係」と定義する。[*24] レジリエントな2人の個人間のつながりというだけでなく、つながり自体がレジリエンスをもつようになるのだ。私の亡き友ハリエット・ブレイカーは、愛に関する著作を多くもつセラピストだった。彼女がよくいっていたことだが、どんな関係にも当事者が三者いる。「自分」、「相手」、そして「関係」そのものである。「関係」も、守られ育まれなくてはならない、意味のある実体なのだ。

絆を守り育むには、何かを一緒にやるのもいい。カップルは恋に落ちたあとで、愛の火花が消えてしまうことが多い。[*25] もう一度火を燃え立たせるには、新しいことやわくわくすることを2人でやってみるのもひとつの手だ。そういえば昔、遠方の結婚式に行ったとき、デーブとスクラブルをして週末のほとんどを過ごした。離婚したばかりの友人が私たちを見て、こんなことをいっていた。前妻とは何かを一緒にやるということがほとんどなかったな、今度はスクラブルを楽しめる相手を見つけるぞ、と。どうやらスクラブルは彼にとっての「わくわくすること」だったようだ。私にとってもそうだ。

関係を長続きさせるには、当事者同士で対立をうまく処理できなくてはならない。ある研究で新婚カップルのグループに、夫婦のあいだでもめごとになっている問題について15分間話してもらったところ、2人が表した「怒り」の程度と6年以内に離婚する確率は、まったく関連がなかった。離婚へと向かうカップルの典型的なやりとりは、こんなふうだった。妻が何か問題をもち出すと、夫はけんか腰になるか身構え、妻が悲しみや反感、拒絶で応戦するという具合。これに対して結婚生活が続いたカップルの場合は、ネガティブな反応をエスカレートさせず、ユーモアや思いやりをお互いに示した。[*26] また2人で責任をもって問題に対処し、妥協点を見つけた。たとえいまはけんかしていても、深いところではわかり合っているというシグナルを送り合っていたのである。

パートナーと口論になると、私たちはえてして自分の見方に固執しがちである。より幅広い視点からものごとをとらえれば、対立を解消できることも多い。ある研究で、カップルに2人のあいだの最大のもめごとについて書いてもらった——ただし傍観者の視点からである。それぞれが7分間書く作業を3回行っただけで、その後1年にわたってよりよい結婚生活を送ることができたという。[*27]

もちろん、しっかりした関係さえあれば、どんな問題も解決するというわけではない。友人のジェニファー・ジョフィはご主人と相思相愛の仲で、2人のすばらしいお子さんに恵まれている。ジェニファー自身はじつに思いやり深い人なのだが、35年ものあいだ自分にはやさしくしてこなかった。「自分が大嫌いで、心底自分を憎んでいたから、体を大切にしたことがなかった」と彼女はいう。ジェニファーは私の娘と同じ歳にお父さんを亡くし、深い悲しみから、何十年ものあいだ過食症に苦しんでいたのだ。「食べることで、父を亡くした苦痛を癒やしているつもりだったのね」と彼女は教えてくれた。「でもそのうち、自分を世間から隔てる層をつくるようなつもりで食べるようになった」。

数年前のこと、ジェニファーのお嬢さんが学校から自転車で帰宅途中、車にはねられた。お嬢さんはその日遅くには病院から帰宅できたのだが、あわや大惨事になるところだったこのできごとをきっかけに、ジェニファーの考え方は変わった。「いちばん恐れていたことが現実になりかけたとき、人生をまともに生きていないことに気がついたの」と彼女は語る。そうしてしばらくのあいだは過食症を克服できていたが、春になるとまた暴食に戻ってしまった。デーブが亡くなったのは、そのころである。ジェニファーは娘と私をなぐさめに駆けつけてくれた。そしてなんとも喜ばしいことに、私たちを助けることが、彼女自身を助けることにもなったのである。「悲劇の一部始終が目の前でくり返されるのを見て、過去の自分に出会ったような気分だった」と話してくれた。「あなたのお嬢さんにいってあげたかった。あなたの世界は永遠に変わってしまって、それは本当にやるせないことだけれど、あなたのせいじゃない。だれのせいでもない。人生にはそういうこともあるのよって。自分を大切にしてほしかった。私の娘にも、自分を大切にしてほしかった。でも、母親がこんな体《てい》たらくで、どうして娘に――息子にも――それを期待できる?」。

とうとうジェニファーは、他人に示す思いやりといたわりを、自分にも向けるようになった。大きな転機が訪れたのは、こう気づいたときだという。「依存症から逃げることはできない。自分自身が癒える必要がある。そしてそのためには、ほかのだれでもなく、自分だけが与えられる愛情を自分に注がなくてはならない」。自己への思いやりをもち、ありのままの自分を受け入れるようになってはじめて、ジェニファーは依存症をコントロールできるようになった。いま彼女は、情動的摂食〔不安や悲しみなど負の感情をまぎらわせるために食べること〕に悩む女性のためのコーチングを行っている。彼女は私のロールモデルであり、また充実した人生を送るために必要な愛情は、他人から与えられるだけでなく、自分の内面からも湧き出なくてはならないということを、思い出させてくれる存在でもある。

人生全般についていえることだが、愛せる人にめぐり合えるかどうかは、自分の力ではどうにもならない部分がある。フェイスブックの同僚ニーナ・チョードリは、結婚して子どもをもつという生涯の夢に真剣に取り組んでいた。彼女の両親はお見合いで知り合い、深く愛し合うようになったが、お父さんは彼女が3歳のときに亡くなった。「私の知る唯一の現実は、はからずもシングルマザーになった母との生活だったの。あれが母にとってのオプションBだった」とニーナはいう。結婚して子どもをもつことをニーナは夢見ていた。自分にふさわしい相手を見つけ、愛のある結婚をしなさいと、お母さんに励まされた。彼女は完璧な男性を探しはじめた。20代のころは、はじめての相手とデートするたび、「この人は結婚相手としてふさわしいかしら?」と考えたそうだ。いつも前向きな彼女も、オンラインのマッチングやお見合いデートがなかなか実らないと、母と分かち合ってきた夢が実現しないのではと不安になっていった。

そして40歳になろうというころに、気づいたという。この先愛する人が見つかるかどうかは自分でコントロールできないが、子どもをもつことは自分で選択できるのだ、と。妊娠にまつわるリスクが心配だったため、養子縁組を検討しはじめた。「43歳のとき、まるで啓示を受けたかのように、ありのままを受け入れられた瞬間があった。そして、人生とは思い描いた夢を追うことではなく、充実した日々を送ることなのだと悟ったのよ」。彼女はひとりで赤ちゃんを養子に迎えることに決めた。お兄さんに打ち明けると、肩を抱いて励ましてくれた。お母さんも、赤ちゃんは神さまからの授かりものよと、大喜びだった。「こんなに応援してもらえると、『私にはできる！』という確信が正しかったと思える。愛と思いやりに包まれて本当にしあわせよ」とニーナはいう。「白い柵で囲まれたマイホームに暮らす男女と2、3人の子どもだけが『家族』だなんて、だれが決めたの？　私のオプションBでは、Bはベビーの Bよ。これから赤ちゃんと2人でオプションAをつくっていくの」。

養子縁組は忍耐を強いられるプロセスである。彼女はある実親によって選ばれたが、赤ちゃんは先天性心疾患をもって生まれ、1週間後に亡くなった。でも後悔はしていない、と彼女はほほえむ。「すばらしい7日間にわたって赤ちゃんを愛し」、むごい経験ではあったが、養子縁組への決意を新たにしたそうだ。そんな折、バレンタインデーの直前に、ニーナから「ご紹介します……」という件名のメールが届いた。生後間もない赤ちゃんを腕に抱いた彼女の写真を見て、胸が高鳴った。写真ではニーナの目を見ることはできない。だってお嬢さんに釘づけなのだから。本文は、ごく簡潔なメッセージだった。「かわいくてたまらない。夢みたい！」。

愛情のレジリエンスとは、自分の内なる力を見つけ、それを人と分かち合うことである。

人生の浮き沈みに耐える愛情の育み方を探すことである。人生が思いどおりにならないときに、自分なりの愛し方を見つけることである。無情にも愛が奪われたとき、希望を見つけ、愛と笑いをとり戻すことである。そして、愛する人が亡くなったあと、なおも愛し続ける方法を見つけることである。

*

これを書いているいま、メキシコでのあの想像を絶する日から2年近くが経とうとしている。子どもたちが父親を亡くしてから2年。私が生涯の恋人を亡くしてから2年だ。

ジャーナリストのアナ・クィンドレンは、レジリエンスと心の整理は別物だと指摘する。彼女は40年前に亡くしたお母さんのことを、コーヒーを飲みながらこんなふうに語ってくれた。「いまは当時より楽になったかって？　イエス。いまでも母を恋い焦がれる気持ちが歯痛のようにうずくかって？　イエス。いまでも思わず母に電話をかけそうになるかって？　イエス」。

時は刻々と進み、ある面では私も前へ進んでいる。でも進んでいない面もある。デイビス・グッゲンハイムがひと月めに教えてくれたことが、いまはストンと腑に落ちる。悲嘆があるべきところに自然と導かれるのを、私たちは待たなくてはならないのだ。私はこの

10
もう一度、愛し笑う

本を書き、人生の意味を見出そうとしたが、悲しみを追い払うことはできなかった。いまでも悲嘆が波のように襲い、意識のなかに入り込んできて、ほかには何も感じられなくなるときがある。結婚記念日のような前もってわかっている大きな節目のときにも、またデーブ宛てのダイレクトメールが届いたときのようななんでもないときにも、悲嘆は襲ってくる。キッチンのテーブルで仕事をしていると、彼がドアを開けて帰ってきたような気がして、胸がドキンとすることもある。

でも悲嘆は波のように押し寄せる一方で、潮のように引いていく。そして潮が引いてみると、ただ生き延びただけでなく、ある面では前より強くなっていることに気がつく。たとえオプションBであっても、私たちには選択肢がある。いまも人を愛し……そして喜びを見つけることができるのだ。

逆境から立ち直るだけでなく、逆境をバネに成長することもできるのだと、いまならわかる。デーブをとり戻すためなら、この成長をあきらめるかって？　あ、た、り、ま、え、よ。だれも好き好んでこの方法で成長したいとは思わない。でも悲劇は否応なしに起こり――そして私たちは成長するのだ。アレン・ラッカーも、自身の麻痺のことをこう書いている。「あれを『別のかたちの幸運』だなんて、気色悪い呼び方をしたくない。幸運でもないし、別のかたちでもない。だが、失われるものもあれば、得られるものもある。そしてときには、得られるものが、やむを得ず失われるものと同じくらいか、もっと大きいこともあるかもしれない」。[28]

悲劇は自分のせいではなく、すべてにおよぶわけではなく、ずっと続くものでもない。しかし、レジリエンスはちがう。私たちは生涯を通して自分の力でレジリエンスを育み、すべてに広げ、永遠にもち続けることができるのだ。もしもマララが感謝の気持ちをもてるのなら……、もしもキャサリン・ホークが人々にやり直すチャンスを与える夢をやり直せるのなら……、もしも中国の「売れ残り」の女性たちが団結して社会的スティグマと闘えるのなら……、もしも母なるエマニュエルの信徒が憎しみから解き放たれるのなら……、もしもアレン・ラッカーがユーモアを失わずにいられるのなら……、もしもワファーが異国に逃れて再び喜びを見出せるのなら……、もしもジョー・キャスパーが亡くなった息子さんと共同運命を築けるのなら……、それならば、私たちはみな、自分のなかに強さを見つけ、ともに力を育んでいけるはずだ。私たち一人ひとりのなかに、けっして消えることのないともしびがあるのだから。

デーブのお葬式で私はいった。もしも結婚式の日に、私たちが11年しか一緒にいられないことをだれかに告げられたとしても、私は教会の通路を歩いたでしょう、と。11年間デーブの妻でいられ、10年間彼とともに親でいられたことは、想像をはるかに超える僥倖《ぎょうこう》であり、喜びだった。2人で過ごした一瞬一瞬に感謝してやまない。私は弔辞をこんなふうに結んだ。

10
もう一度、愛し笑う

デーブ、今日私はあなたに約束したいと思います。

私はアメフトのことは何も知らないし、勝てないチームだとわかっているけれど、あなたの子どもたちをバイキングスのファンに育てることを約束します。

2人をウォリアーズの試合に連れて行き、まわりによく注意を払って、ウォリアーズが得点したときだけ歓声を上げることを約束します。

あなたが息子に8歳からオンラインポーカーをさせたことや、ふつう父親というものは年端のいかない子どもにオンラインポーカーをさせるかどうか、母親と話し合うべきだということはさておいて、これからも息子にオンラインポーカーをさせることを約束します。そして娘へ。あなたも8歳になったら――それより1分でも前はだめだけれど――オンラインポーカーをしていいわよ。

デーブ、あなたがどんな人だったかを教えながら、子どもたちを育てることを約束します――きっとここにいるみなさんが、デーブの思い出を語ることで、私を手伝ってくださることでしょう。そしてデーブ、あなたが子どもたちに何を望んでいたかを、あなたが2人を世界でいちばん愛していたことを教えながら、子どもたちを育てたいと思います。

デーブ、私はあなたに誇りに思ってもらえるような人生を送るよう努力することを約束します。いつも全力を尽くすことを、私たちの友人にとってあなたのような友人でいられることを、世界をよりよくしようとしたあなたを見倣《みなら》うことを、そしていつも、いつまでもあなたの思い出を大切にし、家族を愛しながら生きていくことを約束します。

今日、私は生涯の恋人を埋葬します。でも埋葬するのは彼の体だけです。彼の精神、彼の魂、彼の惜しみなく与える力は、まだ私たちとともにあります。彼がだれかの人生を変えたという物語のなかに、家族や友人のまなざしのなかに、それは感じられます。そしてなにより、子どもたちの精神と耐え抜く力のなかに、それはたしかに受け継がれているのです。世界は二度と元には戻りません——でも、デーブ・ゴールドバーグが生きていた歳月のおかげで、世界はよりよいものになったのです。

そう、デーブ・ゴールドバーグが生きていた歳月は、世界をよりよい方向に変えた。そして2人で過ごした歳月は、彼が生と死をもって教えてくれたことは、私をよりよい人間に変えたのである。

ともにレジリエンスを育もう

あなたと同じような問題に向き合う人たちとつながるために、ぜひOptionB.Orgをのぞいてみてほしい。このサイトでは、喪失や病気、虐待といった逆境のなかでレジリエンスを育んだ人たちの物語を紹介し、あなたや大切な人たちに役立てていただける情報を提供している。

また、フェイスブックのオプションBコミュニティ、facebook.com/OptionBOrgで、これからも励まし合っていければうれしい。

心を合わせ支え合いながら、逆境をバネに成長し、もう一度喜びを見つけよう。

謝辞

レジリエンスについての本を書いていると、おのずと大切な人たちとお互いの苦難をさらけ出すようになる。これまでも一緒に仕事をしてきた人たちが多いが、このプロジェクトを通してさらに親密になれたと感じている。ここに名前を挙げるみなさんには、知識や力添え、そしてなにより率直さと信頼をもって協力してくださったことにたいへん感謝している。

ネル・スコーヴェルは、並外れた粘り強さでこの本を編集してくれた。すべての文章、すべての段落について考え抜き、骨身を惜しまず最適なかたちにしてくれた。ネルはすばらしいスキルのもち主で、この本にはそのすべてが表れている。ジャーナリストとしての彼女は、物語を組み立て、細部にまで磨きをかける達人である。コメディライターとしての彼女は、肉声をとらえる方法を深く理解している。スピーチライターとしての彼女は、私がなにより必要としていたユーモアを、紙面にも実生活にも与えてくれた。彼女のきめ細やかな気配りと、核心をとらえる能力、そして誠実さと愛情をもってこのプロジェクトにかけてくれた骨折りには、感嘆せずにはいられない。ネルの能力はすべてのページに遺憾なく発揮されており、彼女なしでこの本を書くことはできなかった。

ジャーナリストのステイシー・カリッシュは、40本以上のインタビューを行い、聞きにくいことも思いやりをもって尋ねてくれた。スタンフォード大学の社会学者マリアン・クーパーが、鋭い分析と社会的・経済的不公正に関する深遠な知識を惜しみなく披露してくれたおかげで、私たちは思考をまとめ、貴重な洞察を得ることができた。

クノッフの編集者ロビン・デッサーは、感情的な部分と理論的な部分のバランスをとる必要があることを認識し、その2つを組み合わせる方法を知っていた。彼女のたゆみない情熱に導かれてゴールまでこぎ着くことができた。クノッフの編集長ソニー・メータと社長トニー・キリコは私たちにとってのオプションAであり、お2人の支えに心から感謝申しあげる。またCEOのマーカス・ドールには、親会社のペンギン・ランダムハウスで私たちの後ろ盾となり、仕事をやりやすくしてくれたことにお礼をいいたい。私たちの代理人ジェニファー・ウォルシュとリチャード・パインは、プロジェクト全体を通して、かけがえのない助言と友情で励ましてくれた。

デービッド・ドレイヤーとエリック・ロンドンは、コミュニケーションの名手であり、信頼できるアドバイザーである。お2人の理性の声は灯台となって、進むべき方向を示してくれた。リズ・ブルジョワとアン・コーンブラットは、時間を惜しみなく注ぎ、人物や語調、感情についてきわめて機知に富む見解を示してくれた。ラクラン・マッケンジーはいつも思いやりを忘れず、難解なコンセプトをイメージを使ってわかりやすく説明するという、たぐいまれな才能を発揮してくれた。ジーン・スパーリングはつねに先を読み、私たちが気づきもしなかった問題を解決してくれた。メリル・マーコーは暗闇に光を投げかけ、いつも大声で笑わせてくれた。

レイチェル・トーマスは、シェリル・サンドバーグ&デーブ・ゴールドバーグ・ファミリー財団の会長として、世界中の女性が野心を追求できる社会をめざすLeanIn.Orgの取り組みを指揮してきた。いま彼女はOptionB.Orgの立ち上げにも力を尽くしている。このような仕事に彼女ほどの適任者はいない。情熱と創造性をもって日々仕事に取り組んでいるチームの全員に、大きな感謝を送りたい。デザインの才能を注ぎ込んでくれた、ジエナ・ボット。リーダーシップと実行力を発揮してくれた、アシュリー・フィンチ。多くの人々から物語を引き出してくれた、ケイティー・ミセラニーとサラ・メイゼル。オプションBのウェブサイトを制作してくれた、レイナ・サドラーとマイケル・リナレス。いつも的確なアドバイスをしてくれた、ミーガン・ルーニーとブリジット・ヘルゲン。現地の事情に合わせて各国版をローカライズしてくれた、ボビー・トマソン。オプションBコミュニティをサポートしてくれたクラリス・チョーと、とくにアビー・スペイト。みなさん本当にありがとう。そしてレジリエンスの精神を写真にとらえるというすばらしい才能を注ぎ込んでくれたノーマン・ジーン・ロイと、活躍する女性たちを映画でとりあげてくれたディラン・マギー率いるマギー・メディアにも、心からの感謝を送りたい。

学識豊かな友人から助言や意見をいただくことができたのは、このうえない幸運だった。子どもたちが悲嘆を乗り越える手助けをする方法を教示してくれた、キャロル・ガイトナー。偏見と多様性に関する博学な知識を授けてくれた、マキシーン・ウィリアムズ。「3つのP」をわかりやすく説明する事例を考えるよう促してくれた、マルク・ボドニック。病院がどのようにしてあやまちから学習し、それを未然に防いでいるかを教えてくれた、エイミー・シェフラー。コミュニケーション能力と政治的手腕を惜しみなく発揮してくれた、アンドレア・ソール。宗教観をご教示くださった、ラビのジェイ・モーゼス師、スコッティ・マクレナン師、コーリー・マスカラ、レザ・アスラン、クリスタ・ティペットのみなさん。悲嘆の孤独についても触れたほうがいいと指摘してくれた、アナ・クィンドレン。レジリエンスの研究における最近の展開を説明してくれた、レブ・レベル。人が読書するのは、学ぶためだけでなく、希望をもつためでもあるのだと指摘してくれた、アリアナ・ハフィントン。いつも顔を見せてはこの本のトーンについて貴重な意見をくれた、クレイグとカーステン・ネビル＝マニング。逆境が襲う前にコミュニティを育むことの大切さを教えてくれた、スコット・ティアーニー。この本から「ゾウ」を呼び出してくれた、ノラ・バラックマンとテッサ・リオン・ラング。ワファーのインタビューを行ってくれた、ローレン・ボンと優秀な通訳のモハメッド。レジリエントな中小企業について教えてくれた、ダン・レビーとグレイス・ソン。重要なフレーズの確認を手伝ってくれた、カラ・スウィッシャーとメロディー・ホブソン。全体にまとまりをもたせ内容をより明確にしてくれた、リッキー・シードマン。この本と前著とのつながりを明らかにするよう勧めてくれた、マイケル・リントン。文体や内容に関する日々の質問に、いつも辛抱強く答えてくれた、コリン・サマーズ。そしてメンタルヘルスに関する知見を与え執筆期間を通して私たち2人に愛情と支援を惜しみなく注いでくれた、アリソン・グラント。みなさんに心からお礼を申しあげる。

クノッフのチームは、最初は情熱を、のちには熱狂をもってこのプロジェクトに取り組んでくれた(ポール・ボガーズ、とくにあなたのことよ)。この本は、次の方々の勤勉で情熱的な努力のたまものである――ピーター・アンダーセン、リディア・ビューチュラー、ジャネット・クック、アナ・ドッベン、クリス・ギレスピー、エリン・ハートマン、キャサリン・フーリガン、アンディ・ヒューズ、ジェームズ・キンボール、ステファニー・クロス、ジェニファー・カーディラ、ニコラス・ラティマー、ベス・マイスター、リサ・モンテベッロ、ジェニファー・オルセン、オースティン・オマリー、カッサンドラ・パッパス、ララ・ファン、ダニエル・プラフスキー、アン＝リズ・スピッツァー、アンケ・シュタイネッケ、ダニエル・トス、アメリア・ザルクマン。みなさん、ありがとう。それから、求められている以上の仕事をして、私たちの原稿を書籍にまで高めてくれた、エレン・フェルドマンにもお礼をいいたい。エイミー・ライアンのとてつもない緻密さと、カンマの細則に関する果てしないやりとりに耐えてくれた辛抱強さにも、感謝しきりである。

この本の装丁は、多くの人たちが愛情を注ぎ込んでくれた大仕事だった。創造性を発揮してくれたキース・ヘイズと、すばらしい装丁に仕上げてくれたクノップフの有能なチーム——ケリー・ブレア、キャロル・カーソン、ジャネット・ハンセン、チップ・キッド、ピーター・メンデルサンド、オリバー・マンデーに感謝を捧げる。デザイン会社マイヤーズボールのジョン・ボールとホリー・ハウク、ローレン・ラム、ショーン・リッツェンセイラーのご尽力にも感謝する。

WMEとインクウェルのチーム、とくにエリック・ゾーン、イライザ・ロスタイン、ナサニエル・ジャックス、アレクシス・ハーリーのたゆみないサポートを受けられて、とても幸運だった。この本を世界中で刊行するために、多大な時間と助言を与えてくれたトレーシー・フィッシャーに感謝を捧げる。

原稿を読んで率直な意見をくれた多くの友人と同僚にも、ありがとうをいいたい。ジョイ・バウアー、アマンダ・ベネット、ジェシカ・ベネット、デービッド・ブラッドリー、ジョン・コーエン、ジョアナ・コールズ、マーガレット・ユエン、アナ・フィーラー、ステファニー・フランダース、アダム・フリード、ドン・グレイアム、ニコル・グラネット、ジョエル・カプラン、ルソー・カージ、マイク・ルイス、サラ・ルキアン、スカイラー・ミレンダー、ダン・ローゼンスワイグ、ジム・サントゥッキ、カレン・ケーラ・シャーウッド、アナ・トンプソン、クリア・ティアニー、キャロライン・ウィーバーのみなさん、感謝している。そして、生まれてはじめて電話口で本を読みあげるという経験をしてくれたラリー・サマーズに、とびきりの感謝を送りたい。

　執筆にあたっては、卓越した社会科学者らの研究を大いに参照させてもらった。彼らの研究は私たちの思考を啓発し、この本の重要な柱となっている。とくに3つのP（マーティン・セリグマン）、ソーシャルサポート（ペギー・ソイツ）、自己への思いやり（クリスティン・ネフとマーク・リアリー）、筆記表現法（ジェイミー・ペネベイカーとシンディ・チャン）、雇用の喪失（リック・プライスとアミラム・ビノカー）、トラウマ後の成長と意味（リチャード・テデスキ、ローレンス・カルフーン、エイミー・レズネスキー）、幸福と感情（ジェニファー・アーカー、ミハイ・チクセントミハイ、ダン・ギルバート、ジョナサン・ハイト、ローラ・キング、ブライアン・リトル、リチャード・ルーカス、ソニア・リュボミアスキー、C・R・スナイダー、ティモシー・ウィルソン）、子どものレジリエンス（マーシャル・デューク、キャロル・ドゥエック、グレゴリー・エリオット、ニコル・スティーブンズ、デービッド・イエーガー）、集団のレジリエンス（ダニエル・オルドリッチ、ダン・グルーバー、ステバン・ホブフォール、ミシェル・ラモント、ミシェル・マイヤー)、仕事における失敗と学習(スー・アッシュフォード、エイミー・エドモンドソン、サビーン・ソネンタグ)、喪失と悲嘆(ジョージ・ボナンノ、デボラ・カー、ダリン・リーマン、カミール・ワートマン)、愛情と人間関係(アーサー・アーロンとエレーン・アーロン、ジェーン・ダットン、ジョン・ゴットマンとジュリー・ゴットマン)に関する研究である。

そしてなにより、この本とOptionB.Orgのサイトのために経験を語ってくださった人たちに、心からの賞賛を送りたい。そうした人々の多くが、「参加しようとも思わなかったクラブ」のメンバーである。さまざまな英知を授けてくださったことにも感謝している。みなさんのレジリエンスと、人生に意味や喜びを見出そうとする姿勢に、私たちは心を打たれた。虚空にとらわれたときも、みなさんのことを考えて勇気をもらっている。

Robert E. Quinn (San Francisco: Berrett- Koehler, 2003).
*25　Arthur Aron, Christina C. Norman, Elaine N. Aron, et al., "Couples' Shared Participation in Novel and Arousing Activities and Experienced Relationship Quality," *Journal of Personality and Social Psychology* 78 (2000): 273– 84.
*26　John M. Gottman, Janice Driver, and Amber Tabares, "Repair During Marital Conflict in Newlyweds: How Couples Move from Attack- Defend to Collaboration," *Journal of Family Psychotherapy* 26 (2015): 85– 108.
*27　Eli J. Finkel, Erica B. Slotter, Laura B. Luchies, et al., "A Brief Intervention to Promote Conflict Reappraisal Preserves Marital Quality over Time," *Psychological Science* 24 (2013): 1595–601.
*28　Allen Rucker, *The Best Seat in the House: How I Woke Up One Tuesday and Was Paralyzed for Life* (New York: Harper- Collins, 2007).

*12 Arthur Aron, Meg Paris, and Elaine N. Aron, "Falling in Love: Prospective Studies of Self-Concept Change," *Journal of Personality and Social Psychology* 69 (1995): 1102– 12; Elaine N. Aron and Arthur Aron, "Love and the Expansion of the Self: The State of the Model," *Personal Relationships* 3 (1996): 45– 58.
*13 James Rotton and Mark Shats, "Effects of State Humor, Expectancies, and Choice on Postsurgical Mood and Self- Medication: A Field Experiment," *Journal of Applied Social Psychology* 26 (1996): 1775– 94. このとき、患者はユーモアが健康によいことを学んでから、自分の観たい映画を選んだ。
*14 Smadar Bizi, Giora Keinan, and Benjamin Beit Hallahmi, "Humor and Coping with Stress: A Test Under Real- Life Conditions," *Personality and Individual Differences* 9 (1988): 951– 56.
*15 Dacher Keltner and George A. Bonanno, "A Study of Laughter and Dissociation: Distinct Correlates of Laughter and Smiling During Bereavement," *Journal of Personality and Social Psychology* 73 (1997): 687– 702.
*16 John Mordechai Gottman and Robert Wayne Levenson, "The Timing of Divorce: Predicting When a Couple Will Divorce over a 14- Year Period," *Journal of Marriage and Family* 62 (2000): 737– 45.
*17 Michelle Gayle Newman and Arthur A. Stone, "Does Humor Moderate the Effects of Experimentally- Induced Stress?" *Annals of Behavioral Medicine* 18 (1996): 101– 9.
*18 Mel Brooks, quoted in Forrest Wickman, "Watch the New Documentary About Mel Brooks," *Slate*, May 28, 2013: www.slate.com/blogs/browbeat/2013/05/28/_mel_brooks_make_a_noise_the_pbs_american_masters_documentary_is_now_available.html.
*19 Blake E. Ashforth and Glen E. Kreiner, " 'How Can You Do It?' Dirty Work and the Challenge of Constructing a Positive Identity," *Academy of Management Review* 24 (1999): 413– 34.
*20 "Tragicomedia with Comic Janice Messitte on Being a Newly Wedded Widow," Art for Your Sake, March 20, 2014: http://artforyoursake.com/tragicomedia-with-comic-janice-messitte-on-being-a-newly-wedded-widow/.
*21 Robert Woodruff Anderson, *I Never Sang for My Father* (New York: Random House, 1968).
*22 Anita L. Vangelisti and Daniel Perlman, eds., *The Cambridge Handbook of Personal Relationships* (New York: Cambridge University Press, 2006).
*23 John M. Gottman, James Coan, Sybil Carrere, and Catherine Swanson, "Predicting Marital Happiness and Stability from Newlywed Interactions," *Journal of Marriage and Family* 60 (1998): 5– 22; John Gottman, *The Seven Principles for Making Marriage Work* (New York: Three Rivers Press, 2000).〔ジョン・M・ゴットマン、ナン・シルバー『結婚生活を成功させる七つの原則』松浦秀明訳、第三文明社〕
*24 Jane E. Dutton and Emily Heaphy, "The Power of High- Quality Connections," in *Positive Organizational Scholarship: Foundations of a New Discipline*, ed. Kim S. Cameron, Jane E. Dutton, and

結婚が近づいたころにはすでに幸福感が低下しており、離婚後はむしろ上昇した。

＊2　Richard E. Lucas and Portia S. Dyrenforth, "The Myth of Marital Bliss?" *Psychological Inquiry* 16 (2005): 111– 15; Maike Luhmann, Wilhelm Hofmann, Michael Eid, and Richard E. Lucas, "Subjective Well- Being and Adaptation to Life Events: A Meta- Analysis," *Journal of Personality and Social Psychology* 102 (2012): 592– 615.

＊3　Bella DePaulo, *Singled Out: How Singles Are Stereotyped, Stigmatized, and Ignored, and Still Live Happily Ever After* (New York: St. Martin's Press, 2006).

＊4　Aaron Ben- Zeev, "Love After Death: The Widows' Romantic Predicaments," The Center for Behavioral Health, April 12, 2012: www.njpsychologist.com/blog/love-after-death-the-widows-romantic-predicaments/.

＊5　Deborah Carr, "The Desire to Date and Remarry Among Older Widows and Widowers," *Journal of Marriage and Family* 66 (2004): 1051– 68; Danielle S. Schneider, Paul A. Sledge, Stephen R. Schuchter, and Sidney Zisook, "Dating and Remarriage over the First Two Years of Widowhood," *Annals of Clinical Psychiatry* 8 (1996): 51– 57; Karin Wolff and Camille B. Wortman, "Psychological Consequences of Spousal Loss Among Older Adults," in *Spousal Bereavement in Late Life*, ed. Deborah S. Carr, Randolph M. Nesse, and Camille B. Wortman (New York: Springer, 2005).

＊6　Nilanjana Bhowmick, "If You're an Indian Widow, Your Children Could Kick You Out and Take Everything," *Time*, October 7, 2013: http://world.time.com/2013/10/07/if-youre-an-indian-widow-your-children-could-kick-you-out-and-take-everything/.

＊7　Osai Ojigho, "Scrape Her Head and Lay Her Bare: Widowhood Practices and Culture," *Gender Across Borders*, October 28, 2011: www.genderacrossborders.com/2011/10/28/scrape-her-head-and-lay-her-bare-widowhood-practices-and-culture/.

＊8　Haider Rizvi, "RIGHTS: Mistreatment of Widows a Poorly Kept Secret," IPS, June 23, 2008: www.ipsnews.net/2008/06/rights-mistreatment-of-widows-a-poorly-kept-secret/.

＊9　Mary Kimani, "Women Struggle to Secure Land Rights," *Africa Renewal*, April 2008: www.un.org/africarenewal/magazine/april-2008/women-struggle-secure-land-rights; UN Women, "Empowering Widows: An Overview of Policies and Programs in India, Nepal and Sri Lanka," accessed on December 15, 2016: www2.unwomen.org/~/media/field%20office%20eseasia/docs/publications/2015/09/final_empowering%20widows_report%202014.pdf?v=1&d=20150908T104700.

＊10　www.abelkeogh.com/blog.

＊11　以下を参照のこと。Arthur Aron, Helen Fisher, Debra J. Mashek, et al., "Reward, Motivation, and Emotion Systems Associated with Early- Stage Intense Romantic Love," *Journal of Neurophysiology* 94 (2005): 327– 37; Helen Fisher, Arthur Aron, and Lucy L. Brown, "Romantic Love: An fMRI Study of a Neural Mechanism for Mate Choice," *The Journal of Comparative Neurology* 493 (2005): 58– 62.

Behavioral Science 32 (1996): 5– 28.

＊8　Melanie Stefan, "A CV of Failures," *Nature* 468 (2010): 467; Johannes Haushofer CV, accessed on December 15, 2016: www.princeton.edu/~joha.

＊9　Jack Deming, "Native Son Suffers Loss from Western Mountain Flooding," *The Deerfield Valley News*, 2013: www.dvalnews.com/view/full_story_obits/23695561/article-Native-son-suffers-loss-from-western-mountain-flooding.

＊10　Cathy van Dyck, Michael Frese, Markus Baer, and Sabine Sonnentag, "Organizational Error Management Culture and Its Impact on Performance: A Two- Study Replication," *Journal of Applied Psychology* 90 (2005): 1228– 40.

＊11　Susan J. Ashford, Ruth Blatt, and Don VandeWalle, "Reflections on the Looking Glass: A Review of Research on Feedback- Seeking Behavior in Organizations," *Journal of Management* 29 (2003): 773– 99. 自分の弱みを指摘されることを恐れて、フィードバックを求めるのをためらう人が多い。だがそうした心配は杞憂にすぎない。批評を求めることで、上司や部下、同僚からの評価が上がることが多いのだ。

＊12　https://mba-inside.wharton .upenn.edu/class-of-1984-awardees/ と https://mba-inside.wharton .upenn.edu/excellence-in-teaching-class-of-1984-awards.

＊13　Atul Gawande, "The Coach in the Operating Room," *The New Yorker*, October 3, 2011: www.newyorker.com/magazine/2011/10/03/personal-best.

＊14　Gregg Popovich, quoted in J. A. Adande, "Spurs' Fortitude Fueled Title Run," ESPN, November 19, 2014: www.espn.com/nba/story/_/id/11901128/spurs-2014-title-run-started-game-7-2013-finals.

＊15　Theo Epstein, quoted in Bill Pennington, "Cubs' Theo Epstein Is Making Lightning Strike Twice," *The New York Times*, September 29, 2016: www.nytimes.com/2016/10/02/sports/baseball/theo-epstein-chicago-cubs-boston-red-sox-world-series.html.

＊16　Douglas Stone and Sheila Heen, *Thanks for the Feedback: The Science and Art of Receiving Feedback Well* (New York: Viking, 2014).〔ダグラス・ストーン、シーラ・ヒーン『ハーバード あなたを成長させるフィードバックの授業』花塚恵訳、東洋経済新報社〕

＊17　David S. Yeager, Valerie Purdie- Vaughns, Julio Garcia, et al., "Breaking the Cycle of Mistrust: Wise Interventions to Provide Critical Feedback Across the Racial Divide," *Journal of Experimental Psychology: General* 143 (2014): 804– 24.

10

＊1　Richard E. Lucas, Andrew E. Clark, Yannis Georgellis, and Ed Diener, "Reexamining Adaptation and the Set Point Model of Happiness: Reactions to Changes in Marital Status," *Journal of Personality and Social Psychology* 84 (2003): 527– 39. その一方で、離婚に終わったカップルは、

*30 Joop de Jong, ed., *Trauma, War, and Violence: Public Mental Health in Socio- Cultural Context* (New York: Springer, 2002).

*31 Brooke Larmer, "The Price of Marriage in China," *The New York Times*, March 9, 2013: www.nytimes.com/2013/03/10/business/in-a-changing-china-new-matchmaking-markets.html; A.A., " 'Leftover' and Proud," *The Economist*, August 1, 2014: www.economist.com/blogs/analects/2014/08/womens-voices.

*32 Clarissa Sebag- Montefiore, "Romance with Chinese Characteristics," *The New York Times*, August 21, 2012: http://latitude.blogs.nytimes.com/2012/08/21/romance-with-chinese-characteristics/?_r=0.

*33 Jenni Risku, "Reward Actors Who Promote Diversity: Lean In China's Virginia Tan," *e27*, September 19, 2016: https://e27.co/reward-actors-who-promote-diversity-lean-in-chinas-virginia-tan-20160916/.

9

*1 Peter M. Madsen and Vinit Desai, "Failing to Learn? The Effects of Failure and Success on Organizational Learning in the Global Orbital Launch Vehicle Industry," *Academy of Management Journal* 53 (2010): 451– 76.

*2 Trenton A. Williams, Daniel A. Gruber, Kathleen M. Sutcliffe, et al., "Organizational Response to Adversity: Fusing Crisis Management and Resilience Research Streams," *Academy of Management Annals* (in press).

*3 Edie Lutnick, *An Unbroken Bond: The Untold Story of How the 658 Cantor Fitzgerald Families Faced the Tragedy of 9/11 and Beyond* (New York: Emergence Press, 2011).

*4 "We Asked People to Tell Us Their Biggest Regrets— But What They All Had in Common Was Heartbreaking," *A Plus*, January 22, 2016: http://aplus.com/a/clean-slate-blackboard-experiment.

*5 Thomas Gilovich and Victoria Husted Medvec, "The Experience of Regret: What, When, and Why," *Psychological Review* 102 (1995): 379– 95.

*6 Patrice Francois, Frederic Prate, Gwenaelle Vidal- Trecan, et al., "Characteristics of Morbidity and Mortality Conferences Associated with the Implementation of Patient Safety Improvement Initiatives, An Observational Study," *BMC Health Services Research* 16 (2015), http://bmchealthservres.biomedcentral.com/articles/10.1186/s12916-016-1279-8; Juliet Higginson, Rhiannon Walters, and Naomi Fulop, "Mortality and Morbidity Meetings: An Untapped Resource for Improving the Governance of Patient Safety?" *BMJ Quality and Safety* 21 (2012): 1– 10.

*7 Amy C. Edmondson, "Learning from Mistakes Is Easier Said Than Done: Group and Organizational Influences on the Detection and Correction of Human Error," *The Journal of Applied*

キング牧師説教集』梶原寿訳、日本キリスト教団出版局〕
＊23　Elahe Izadi, "The Powerful Words of Forgiveness Delivered to Dylann Roof by Victims' Relatives," *The Washington Post*, June 19, 2015: www.washingtonpost.com/news/post-nation/wp/2015/06/19/hate-wont-win-the-powerful-words-delivered-to-dylann-roof-by-victims-relatives; John Eligon and Richard Fausset, "Defiant Show of Unity in Charleston Church That Lost 9 to Racist Violence," *The New York Times*, June 21, 2015: www.nytimes.com/2015/06/22/us/ame-church-in-charleston-reopens-as-congregation-mourns-shooting-victims.html; Alexis Simmons, "Families Impacted by Gun Violence Unite at Mother Emanuel Calling for Gun Reform," *KCTV News*, April 24, 2016: www.kctv5.com/story/31804155/families-impacted-by-gun-violence-unite-at-mother-emanuel-calling-for-gun-reform; Michael S. Schmidt, "Background Check Flaw Let Dylann Roof Buy Gun, F.B.I. Says," *The New York Times*, July 10, 2015: www.nytimes.com/2015/07/11/us/background-check-flaw-let-dylann-roof-buy-gun-fbi-says.html.
＊24　"President Obama Sings 'Amazing Grace,' " YouTube, accessed on January 13, 2017: www.youtube.com/watch?v=IN05jVNBs64.
＊25　Richard Fausset and John Eligon, "Charleston Church Reopens in Moving Service as Congregation Mourns," *The Charlotte Observer*, June 21, 2015: www.charlotteobserver.com/news/local/article25113397.html.
＊26　http://thedartcenter.org/.
＊27　Dean A. Shepherd and Trenton A. Williams, "Local Venturing as Compassion Organizing in the Aftermath of a Natural Disaster: The Role of Localness and Community in Reducing Suffering," *Journal of Management Studies* 51 (2014): 952– 94.
＊28　以下を参照のこと。Daniel P. Aldrich and Michelle A. Meyer, "Social Capital and Community Resilience," *American Behavioral Scientist* 59 (2015): 254– 69; Stevan E. Hobfoll, Patricia Watson, Carl C. Bell, et al., "Five Essential Elements of Immediate and Mid- Term Mass Trauma Intervention: Empirical Evidence," *Psychiatry* 70 (2007): 283– 315. 経済的に豊かなコミュニティも、レジリエンスが高い傾向にある。1992年8月にハリケーン・アンドリューがフロリダに上陸した際、倒壊した家を建て直す資金のない人々は、PTSDを発症するリスクがより高かった。Gail Ironson, Christina Wynings, Neil Schneiderman, et al., "Posttraumatic Stress Symptoms, Intrusive Thoughts, Loss, and Immune Function After Hurricane Andrew," *Psychosomatic Medicine* 59 (1997): 128– 41. またHobfollらによる"Five Essential Elements of Immediate and Mid- Term Mass Trauma Intervention."（前掲論文）によれば、「ミシシッピ州が州法に則り、保険会社に災害補償を義務づけたことは、メンタルヘルスにおけるきわめて重要な介入である」。
＊29　J. P. De Jong, Wilma F. Scholte, Maarten Koeter, and Augustinus A. M. Hart, "The Prevalence of Mental Health Problems in Rwandan and Burundese Refugee Camps," *Acta Psychiatrica Scandinavica* 102 (2000): 171– 77.

Causes, Moderators, Mediators, Consequences, and Interventions," *Personality and Social Psychology Review* 11 (2007): 107– 30.

＊15　Tina Rosenberg, "Beyond SATs, Finding Success in Numbers," *The New York Times*, February 15, 2012: http://opinionator.blogs.nytimes.com/2012/02/15/beyond-sats-finding-success-in-numbers/?scp=1&sq=fixes%20stereotype%20threat&st=cse.

＊16　Dan S. Chiaburu and David A. Harrison, "Do Peers Make the Place? Conceptual Synthesis and Meta- Analysis of Coworker Effects on Perceptions, Attitudes, OCBs, and Performance," *Journal of Applied Psychology* 93 (2008): 1082– 103; Chockalingam Viswesvaran, Juan I. Sanchez, and Jeffrey Fisher, "The Role of Social Support in the Process of Work Stress: A Meta- Analysis," *Journal of Vocational Behavior* 54 (1999): 314– 34.

＊17　Geoff DeVerteuil and Oleg Golubchikov, "Can Resilience Be Redeemed?" *City: Analysis of Urban Trends, Culture, Theory, Policy, Action* 20 (2016): 143– 51; Markus Keck and Patrick Sakdapolrak, "What Is Social Resilience? Lessons Learned and Ways Forward," *Erdkunde* 67 (2013): 5– 19.

＊18　Antoine Leiris, *You Will Not Have My Hate* (New York: Penguin Press, 2016).〔アントワーヌ・レリス『ぼくは君たちを憎まないことにした』土居佳代子訳、ポプラ社〕

＊19　Jonathan Haidt, "Elevation and the Positive Psychology of Morality," in *Flourishing: Positive Psychology and the Life Well- Lived*, ed. Corey L. M. Keyes and Jonathan Haidt (Washington, DC: American Psychological Association, 2003); Rico Pohling and Rhett Diessner, "Moral Elevation and Moral Beauty: A Review of the Empirical Literature," *Review of General Psychology* 20 (2016): 412– 25; Sara B. Algoe and Jonathan Haidt, "Witnessing Excellence in Action: The 'Other-Praising' Emotions of Elevation, Gratitude, and Admiration," *The Journal of Positive Psychology* 4 (2009): 105– 27; Simone Schnall, Jean Roper, and Daniel M. T. Fessler, "Elevation Leads to Altruistic Behavior," *Psychological Science* 21 (2010): 315– 20.

＊20　リンカーンの大統領第一期就任演説。March 4, 1861, accessed on December 15, 2016: http://avalon.law.yale.edu/19th_century/lincoln1.asp.

＊21　Dan Freeman, Karl Aquino, and Brent McFerran, "Overcoming Beneficiary Race as an Impediment to Charitable Donations: Social Dominance Orientation, the Experience of Moral Elevation, and Donation Behavior," *Personality and Social Psychology Bulletin* 35 (2009): 72– 84; Karl Aquino, Brent McFerran, and Marjorie Laven, "Moral Identity and the Experience of Moral Elevation in Response to Acts of Uncommon Goodness," *Journal of Personality and Social Psychology* 100 (2011): 703– 18; Jane E Dutton, Monica C. Worline, Peter J. Frost, and Jacoba Lilius, "Explaining Compassion Organizing," *Administrative Science Quarterly* 51 (2006): 59- 96.

＊22　Martin Luther King Jr., quoted in Clayborne Carson and Peter Holloran, eds., *A Knock at Midnight: Inspiration from the Great Sermons of Reverend Martin Luther King, Jr.* (New York: Grand Central, 2000).〔クレイボーン・カーソン、ピーター・ホロラン編『真夜中に戸をたたく――

＊4 C. R. Snyder, "Conceptualizing, Measuring, and Nurturing Hope," *Journal of Counseling and Development* 73 (1995): 355– 60; C. R. Snyder, *Handbook of Hope* (San Diego: Academic Press, 2000).

＊5 David B. Feldman and Lee Daniel Kravetz, *Supersurvivors: The Surprising Link Between Suffering and Success* (New York: Harper Wave, 2014).

＊6 "Chile Miners Get Support from 'Alive' Crash Survivors," BBC News, September 4, 2010: www.bbc.com/news/world-latin-america-11190456; " 'Alive' Survivors Reach Out to Trapped Chilean Miners," *Weekend Edition Sunday*, NPR, September 5, 2010: www.npr.org/templates/story/story.php?storyId=129662796; "A Survivor' s Message to Miners," YouTube, accessed on December 15, 2016: www.youtube.com/watch?v=kLHhTLbjtkY.

＊7 www.experience.camp.

＊8 "Testimony of Former SHU Inmate Steven Czifra at the Joint Legislative Hearing on Solitary Confinement in California," October 9, 2013, accessed on December 23, 2016: www.whatthefolly.com/2013/10/22/transcript-testimony-of-former-shu-inmate-steven-czifra-at-the-joint-legislative-hearing-on-solitary-confinement-in-california-oct-9-2013/; "Steven Czifra Speaks on Solitary Confinement in North Berkeley," YouTube, November 6, 2013, accessed on December 23, 2016: www.youtube.com/watch?v=aodLBlt1i0O.

＊9 Larissa MacFarquhar, "Building a Prison- to- School Pipeline," *The New Yorker*, December 12, 2016: www.newyorker.com/magazine/2016/12/12/the-ex-con-scholars-of-berkeley; Jessie Lau, "Incarceration to Convocation," *The Daily Californian*, May 10, 2015: www.dailycal.org/2015/05/10/incarceration-to-convocation/.

＊10 www.possefoundation.org.

＊11 Michele Lamont, Graziella Moraes Silva, Jessica S. Welburn, et al., *Getting Respect: Responding to Stigma and Discrimination in the United States, Brazil, and Israel* (Princeton: Princeton University Press, 2016).

＊12 Michael Johns, Toni Schmader, and Andy Martens, "Knowing Is Half the Battle: Teaching Stereotype Threat as a Means of Improving Women's Math Performance," *Psychological Science* 16 (2005): 175– 79.

＊13 Claude M. Steele and Joshua Aronson, "Stereotype Threat and the Intellectual Test Performance of African Americans," *Journal of Personality and Social Psychology* 69 (1995): 797–811. 概要は以下を参照のこと。Hannah- Hanh D. Nguyen and Ann Marie Ryan, "Does Stereotype Threat Affect Test Performance of Minorities and Women? A Meta- Analysis of Experimental Evidence," *Journal of Applied Psychology* 93 (2008): 1314– 34.

＊14 Claude M. Steele, "A Threat in the Air: How Stereotypes Shape Intellectual Identity and Performance," *American Psychologist* 52 (1997): 613– 29; Jenessa R. Shapiro and Steven L. Neuberg, "From Stereotype Threat to Stereotype Threats: Implications of a Multi- Threat Framework for

*40 Jennifer G. Bohanek, Kelly A. Marin, Robyn Fivush, and Marshall P. Duke, "Family Narrative Interaction and Children' s Sense of Self," *Family Process* 45 (2006): 39– 54.
*41 Constantine Sedikides, Tim Wildschut, Jamie Arndt, and Clay Routledge, "Nostalgia: Past, Present, and Future," *Current Directions in Psychological Science* 17 (2008): 304– 7.
*42 Rachel A. Haine, Tim S. Ayers, Irwin N. Sandler, and Sharlene A. Wolchik, "Evidence-Based Practices for Parentally Bereaved Children and Their Families," *Professional Psychology: Research and Practice* 39 (2008): 113– 21. 以下も参照のこと。Margaret Stroebe and Henk Schut, "Family Matters in Bereavement: Toward an Integrative Intra- Interpersonal Coping Model," *Perspectives on Psychological Science* 10 (2015): 873– 79.「家族との死別を支えるプログラム」について、よりくわしくは以下を参照のこと。https://reachinstitute.asu.edu/programs/family-bereavement.
*43 Daniel Kahneman, *Thinking, Fast and Slow* (New York: Farrar, Straus and Giroux, 2012).〔ダニエル・カーネマン『ファスト&スロー——あなたの意思はどのように決まるか？〈上下〉』村井章子訳、早川書房〕
*44 Kristin Diehl, Gal Zauberman, and Alixandra Barasch, "How Taking Photos Increases Enjoyment of Experiences," *Journal of Personality and Social Psychology* 111 (2016): 119– 40.

8

*1 Martin Luther King Jr., "Letter from a Birmingham Jail," April 16, 1963: quoted at www.theatlantic.com/politics/archive/2013/04/martin-luther-kings-letter-from-birmingham-jail/274668/.
*2 Spencer Harrison, "The Role of Hope in Organizing: The Case of the 1972 Andes Flight Disaster" (working paper, 2016); Piers Paul Read, *Alive: The Story of the Andes Survivors* (Philadelphia: Lippincott, 1974)〔P・P・リード『生存者——アンデス山中の70日』永井淳訳、新潮社〕; Nando Parrado, *Miracle in the Andes: 72 Days on the Mountain and My Long Trek Home* (New York: Crown, 2006)〔ナンド・パラード、ヴィンス・ラウス『アンデスの奇蹟』海津正彦訳、山と溪谷社〕; Roberto Canessa and Pablo Vierci, *I Had to Survive: How a Plane Crash in the Andes Inspired My Calling to Save Lives* (New York: Atria Books, 2016); Michael Useem, *The Go Point: How to Get Off the Fence by Knowing What to Do and When to Do It* (New York: Three Rivers Press, 2006)〔マイケル・ユシーム『一瞬の判断——組織の命運を決めるゴー・ポイント』村井章子訳、アスペクト〕; Pablo Vierci, *La Sociedad de la Nieve: Por Primera Vez Los 16 Sobrevivientes de los Andes Cuentan la Historia Completa* (Argentina: Editorial Sudamericana, 2008), translated from the Spanish by Spencer Harrison.
*3 James D. Ludema, Timothy B. Wilmot, and Suresh Srivastava, "Organizational Hope: Reaffirming the Constructive Task of Social and Organizational Inquiry," *Human Relations* 50 (1997): 1015– 52.

学――思いやりと正義とのかかわりで』菊池章夫・二宮克美訳、川島書店〕
＊28　http://corstone.org/girls-first-bihar-india/.
＊29　Kate Leventhal, "Ritu's Story: A New Advocate for Peace and Women's Rights," CorStone, November 19, 2015: http://corstone.org/ritus-story-peace-rights/.
＊30　Lee Jussim and Kent D. Harber, "Teacher Expectations and Self- Fulfilling Prophecies: Knowns and Unknowns, Resolved and Unresolved Controversies," *Personality and Social Psychology Review* 9 (2005): 131– 55; Robert Rosenthal and Lenore Jacobson, "Teachers' Expectancies: Determinants of Pupils' IQ Gains," *Psychological Reports* 19 (1966): 115– 18; Monica J. Harris and Robert Rosenthal, "Mediation of Interpersonal Expectancy Effects: 31 Meta- Analyses," *Psychological Bulletin* 97 (1985): 363– 86.
＊31　David S. Yeager and Carol S. Dweck, "Mindsets That Promote Resilience: When Students Believe That Personal Characteristics Can Be Developed," *Educational Psychologist* 47 (2012): 302– 14.
＊32　Adam M. Grant and Francesca Gino, "A Little Thanks Goes a Long Way: Explaining Why Gratitude Expressions Motivate Prosocial Behavior," *Journal of Personality and Social Psychology* 98 (2010): 946– 55.
＊33　Social Security Administration, "Benefits Paid by Type of Beneficiary," accessed on December 14, 2016: www.ssa.gov/oact/progdata/icp.html.
＊34　"Life with Grief Research," *Comfort Zone News*, accessed on December 14, 2016: www.comfortzonecamp.org/news/childhood-bereavement-study-results.
＊35　Joan Stiles, "Neural Plasticity and Cognitive Development," *Developmental Neuropsychology* 18 (2000): 237– 72. 以下も参照のこと。Dante Ciccheti, "Resilience Under Conditions of Extreme Stress: A Multilevel Perspective," *World Psychiatry* 9 (2010): 145– 54.
＊36　Kenneth J. Doka and Joyce D. Davidson, eds., *Living with Grief: Who We Are, How We Grieve* (New York: Routledge, 1998).
＊37　Christopher M. Barnes, Cristiano L. Guarana, Shazia Nauman, and Dejun Tony King, "Too Tired to Inspire or Be Inspired: Sleep Deprivation and Charismatic Leadership," *Journal of Applied Psychology* 101 (2016): 1191– 99; Brett Litwiller, Lori Anderson Snyder, William D. Taylor, and Logan M. Steele, "The Relationship Between Sleep and Work: A Meta- Analysis," *Journal of Applied Psychology* (in press): http://psycnet.apa.org/psycinfo/2016-57450-001/.
＊38　https://girlsleadership.org/.
＊39　Robyn Fivush, Jennifer Bohanek, Rachel Robertson, and Marshall Duke, "Family Narratives and the Development of Children' s Emotional Well- Being," in *Family Stories and the Life Course: Across Time and Generations*, ed. Michael W. Pratt and Barbara H. Fiese (Mahwah, NJ: Erlbaum, 2004); Bruce Feiler, "The Stories That Bind Us," *The New York Times*, March 15, 2013: www.nytimes.com/2013/03/17/fashion/the-family-stories-that-bind-us-this-life.html.

change-your-shoes.
*16 Carol S. Dweck, *Mindset: The New Psychology of Success* (New York: Random House, 2006).〔キャロル・S・ドゥエック『マインドセット――「やればできる!」の研究』今西康子訳、草思社〕
*17 Claudia M. Mueller and Carol S. Dweck, "Praise for Intelligence Can Undermine Children's Motivation and Performance," *Journal of Personality and Social Psychology* 75 (1998): 33– 52.
*18 David Paunesku, Gregory M. Walton, Carissa Romero, et al., "Mind- set Interventions Are a Scalable Treatment for Academic Underachievement," *Psychological Science* 26 (2015): 784– 93.
*19 David S. Yeager, Gregory M. Walton, Shannon T. Brady, et al., "Teaching a Lay Theory Before College Narrows Achievement Gaps at Scale," *Proceedings of the National Academy of Sciences* 113 (2016): 12111– 13.
*20 Kyla Haimovitz and Carol S. Dweck, "What Predicts Children's Fixed and Growth Mind-Sets? Not Their Parents' Views of Intelligence but Their Parents' Views of Failure," *Psychological Science* 27 (2016): 859– 69.
*21 Julie Lythcott- Haims, *How to Raise an Adult: Break Free of the Overparenting Trap and Prepare Your Kid for Success* (New York: Holt, 2015).
*22 Carol Dweck, "Carol Dweck Revisits the Growth Mindset," *Education Week*, September 22, 2015: www.edweek.org/ew/articles/2015/09/23/carol-dweck-revisits-the-growth-mindset.html.
*23 Morris Rosenberg and B. Claire McCullough, "Mattering: Inferred Significance and Mental Health Among Adolescents," *Research in Community and Mental Health* 2 (1981): 163– 82; Login S. George and Crystal L. Park, "Meaning in Life as Comprehension, Purpose, and Mattering: Toward Integration and New Research Questions," *Review of General Psychology* 20 (2016): 205– 20.
*24 Gregory C. Elliott, Melissa F. Colangelo, and Richard J. Gelles, "Mattering and Suicide Ideation: Establishing and Elaborating a Relationship," *Social Psychology Quarterly* 68 (2005): 223– 38.
*25 Laura Kann, Emily O' Malley Olsen, Tim McManus, et al., "Sexual Identity, Sex of Sexual Contacts, and Health- Risk Behaviors Among Students in Grades 9– 12," Centers for Disease Control and Prevention, *Morbidity and Mortality Weekly Report*, June 10, 2011: www.cdc.gov/mmwr/pdf/ss/ss60e0606.pdf.
*26 Jessica Alexander, "Teaching Kids Empathy: In Danish Schools, It's . . . Well, It's a Piece of Cake," *Salon*, August 9, 2016: www.salon.com/2016/08/09/teaching-kids-empathy-in-danish-schools-its-well-its-a-piece-of-cake; Jessica Joelle Alexander and Iben Dissing Sandahl, *The Danish Way of Parenting: What the Happiest People in the World Know About Raising Confident, Capable Kids* (New York: TarcherPerigee, 2016).
*27 Martin L. Hoffman, *Empathy and Moral Development: Implications for Caring and Justice* (New York: Cambridge University Press, 2001).〔マーチン・L・ホフマン『共感と道徳性の発達心理

talks/adam_grant_the_surprising_habits_of_original_thinkers.
*3 John Hudson and Stefan Kühner, "Fairness for Children: A League Table of Inequality in Child Well-Being in Rich Countries – Innocenti Report Card 13," Unicef, Accessed on May 17, 2017 at: https://www.unicef-irc.org/publications/pdf/RC13_eng.pdf.
*4 Bernadette D. Proctor, Jessica L. Semega, and Melissa A. Kollar, "Income and Poverty in the United States: 2015," United States Census Bureau, September 2016: www.census.gov/content/dam/Census/library/publications/2016/demo/p60-256.pdf.
*5 Katie Reilly, "Sesame Street Reaches Out to 2.7 Million American Children with an Incarcerated Parent," Pew Research Center, June 21, 2013: www.pewresearch.org/fact-tank/2013/06/21/sesame-street-reaches-out-to-2-7-million-american-children-with-an-incarcerated-parent.
*6 Katie A. McLaughlin and Margaret A. Sheridan, "Beyond Cumulative Risk: A Dimensional Approach to Childhood Adversity," *Current Directions in Psychological Science* 25 (2016): 239– 45.
*7 Gregory Camilli, Sadako Vargas, Sharon Ryan, and William Steven Barnett, "Meta- Analysis of the Effects of Early Education Interventions on Cognitive and Social Development," *Teachers College Record* 122 (2010): 579– 620.
*8 www.nursefamilypartnership.org/.
*9 Nicholas Kristof and Sheryl WuDunn, "The Way to Beat Poverty," *The New York Times*, September 12, 2014: www.nytimes.com/2014/09/14/opinion/sunday/nicholas-kristof-the-way-to-beat-poverty.html.
*10 Lynn A. Karoly, M. Rebecca Kilburn, and Jill S. Cannon, "Early Childhood Interventions: Proven Results, Future Promise," RAND Labor and Population 2005: www.rand.org/content/dam/rand/pubs/monographs/2005/RAND_MG341.pdf.
*11 Ann S. Masten, "Ordinary Magic: Resilience Processes in Development," *American Psychologist* 56 (2001): 227– 38; Carolyn M. Youssef and Fred Luthans, "Positive Organizational Behavior in the Workplace: The Impact of Hope, Optimism, and Resilience," *Journal of Management* 33 (2007): 774– 800; Salvatore R. Maddi, *Hardiness: Turning Stressful Circumstances into Resilient Growth* (New York: Springer Science & Business Media, 2012).
*12 Brian R. Little, Katariina Salmela- Aro, and Susan D. Phillips, eds., *Personal Project Pursuit: Goals, Action, and Human Flourishing* (Mahwah, NJ: Erlbaum, 2006).
*13 Emmy E. Werner, "High- Risk Children in Young Adulthood: A Longitudinal Study from Birth to 32 Years," *American Journal of Orthopsychiatry* 59 (1989): 72– 81.
*14 Mary Karapetian Alvord and Judy Johnson Grados, "Enhancing Resilience in Children: A Proactive Approach," *Professional Psychology: Research in Practice* 36 (2005): 238– 45.
*15 キャシー・アンダーセンが立ち上げたこのプログラムは、のちに「リーン・イン・サークル」のひとつになった。くわしくは以下を参照のこと。https://leanincircles.org/chapter/

＊16　Reverend Veronica Goines, quoted in Anne Lamott, *Plan B: Further Thoughts on* (*Faith* New York: Riverhead, 2006); Robert Lee Hill, *The Color of Sabbath: Proclamations and Prayers for New Beginnings* (Pasadena: Hope Publishing House, 2007).

＊17　Shelly L. Gable, Harry T. Reis, Emily A. Impett, and Evan R. Asher, "What Do You Do When Things Go Right? The Intrapersonal and Interpersonal Benefits of Sharing Positive Events," *Journal of Personality and Social Psychology* 87 (2004): 228–45

＊18　Shannon Sedgwick Davis, "Joy Is a Discipline," *To My Boys*, May 18, 2014: www.2myboys.com/joy-discipline.

＊19　Nicholas Hobbs, "The Psychologist as Administrator," *Journal of Clinical Psychology* 25 (1959): 237– 40; John Habel, "Precipitating Myself into Just Manageable Difficulties: Constructing an Intellectual Biography of Nicholas Hobbs," in *Inside Stories: Qualitative Research Reflections*, ed. Kathleen B. deMarrais (Mahwah, NJ: Erlbaum, 1998).

＊20　Mihaly Csikszentmihalyi, *Finding Flow: The Psychology of Engagement with Everyday Life* (New York: Basic Books, 1998)〔M・チクセントミハイ『フロー体験入門――楽しみと創造の心理学』大森弘監訳、世界思想社〕; Ryan W. Quinn, "Flow in Knowledge Work: High Performance Experience in the Design of National Security Technology," *Administrative Science Quarterly* 50 (2005): 610– 41.

＊21　Quoted in Jason Zinoman, "Patton Oswalt: 'I'll Never Be at 100 Percent Again,' " *The New York Times*, October 26, 2016: www.nytimes.com/2016/10/30/arts/patton-oswalt-ill-never-be-at-100-percent-again.html?_r=0

＊22　Mayo Clinic Staff, "Exercise: 7 Benefits of Regular Physical Activity," Mayo Clinic, October 13, 2016: www.mayoclinic.org/healthy-lifestyle/fitness/in-depth/exercise/art-20048389.

＊23　Georgia Stahopoulou, Mark B. Powers, Angela C. Berry, et al., "Exercise Interventions for Mental Health: A Quantitative and Qualitative Review," *Clinical Psychology* 13 (2006): 179– 93.

＊24　James A. Blumenthal, Michael A. Babyak, Kathleen A. Moore, et al., "Effects of Exercise Training on Older Patients with Major Depression," *Archives of Internal Medicine* 159 (1999): 2349–56.

＊25　UNHCR, the UN Refugee Agency, "Figures at a Glance," accessed on December 18, 2016: www.unhcr.org/en-us/figures-at-a-glance.html; Scott Arbeiter, "America's Duty to Take in Refugees," *The New York Times*, September 23, 2016: www.nytimes.com/2016/09/24/opinion/americas-duty-to-take-in-refugees.html.

7

＊1　www.iguanaacademy.com/timothy-chambers/.

＊2　Adam Grant, "The Surprising Habits of Original Thinkers," TED, April 2016: www.ted.com/

"Experimental Evidence on the Relationship Between Public Service Motivation and Job Performance," *Public Administration Review* 73 (2013): 143– 53.

＊5 Bono, quoted in Brian Boyd, "Bono: The Voice of Innocence and Experience," *The Irish Times*, September 18, 2015: www.irishtimes.com/culture/music/bono-the-voice-of-innocence-and-experience-1.2355501; 引用は、許諾を得たうえで「抵抗」から「究極の抵抗」に変更している。

＊6 Ed Diener, Ed Sandvik, and William Pavot, "Happiness Is the Frequency, Not the Intensity, of Positive Versus Negative Affect," in *Subjective Well- Being: An Interdisciplinary Perspective*, ed. Fritz Strack, Michael Argyle, and Norbert Schwartz (New York: Pergamon, 1991).

＊7 Frank J. Infurna and Suniya S. Luthar, "The Multidimensional Nature of Resilience to Spousal Loss," *Journal of Personality and Social Psychology* (in press): http://psycnet.apa.org/psycinfo/2016-33916-001/.

＊8 Annie Dillard, *The Writing Life* (New York: Harper & Row, 1989).〔アニー・ディラード『本を書く』柳沢由実子訳、パピルス〕

＊9 Tim Urban, "How to Pick Your Life Partner— Part 2," *Wait but Why*, February 2014: http://waitbutwhy.com/2014/02/pick-life-partner-part-2.html.

＊10 Paul Rozin and Edward B. Royzman, "Negativity Bias, Negativity Dominance, and Contagion," *Personality and Social Psychology Review* 5 (2001): 296– 320; Roy F. Baumeister, Ellen Bratslavsky, Catrin Finkenauer, and Kathleen D. Vohs, "Bad Is Stronger than Good," *Review of General Psychology* 5 (2001): 323– 70.

＊11 Anita DeLongis, James C. Coyne, Gayle Dakof, et al., "Relationship of Daily Hassles, Uplifts, and Major Life Events to Health Status," *Health Psychology* 1 (1982): 119– 36; Vivian Kraaij, Ella Arensman, and Philip Spinhoven, "Negative Life Events and Depression in Elderly Persons: A Meta- Analysis," *The Journals of Gerontology Series B* 57 (2002): 87– 94.

＊12 Michele M. Tugade, Barbara L. Fredrickson, and Lisa Feldman Barrett, "Psychological Resilience and Positive Emotional Granularity: Examining the Benefits of Positive Emotions on Coping and Health," *Journal of Personality* 72 (2004): 1161– 90.

＊13 Chad M. Burton and Laura A. King, "The Health Benefits of Writing About Intensely Positive Experiences," *Journal of Research in Personality* 38 (2004): 150– 63; Joyce E. Bono, Theresa M. Glomb, Winny Shen, et al., "Building Positive Resources: Effects of Positive Events and Positive Reflection on Work Stress and Health," *Academy of Management Journal* 56 (2013): 1601– 27.

＊14 Anthony D. Ong, C. S. Bergeman, Toni L. Bisconti, and Kimberly A. Wallace, "Psychological Resilience, Positive Emotions, and Successful Adaptation to Stress in Later Life," *Journal of Personality and Social Psychology* 91 (2006): 730– 49.

＊15 Cassie Mogilner, Sepandar D. Kamvar, and Jennifer Aaker, "The Shifting Meaning of Happiness," *Social Psychological and Personality Science* 2 (2011): 395– 402.

gov/2015-report-economic-well-being-us-households-201605.pdf.
*36 Sally Maitlis, "Who Am I Now? Sense making and Identity in Posttraumatic Growth," in *Exploring Positive Identities and Organizations: Building a Theoretical and Research Foundation*, ed. Laura Morgan Roberts and Jane E. Dutton (New York: Psychology Press, 2009).
*37 Hazel Markus and Paula Nurius, "Possible Selves," *American Psychologist* 41 (1986): 954– 69; Elizabeth A. Penland, William G. Masten, Paul Zelhart, et al., "Possible Selves, Depression and Coping Skills in University Students," *Personality and Individual Differences* 29 (2000): 963– 69; Daphna Oyserman and Hazel Rose Markus, "Possible Selves and Delinquency," *Journal of Personality and Social Psychology* 59 (1990): 112– 25; Chris Feudtner, "Hope and the Prospects of Healing at the End of Life," *The Journal of Alternative and Complementary Medicine* 11 (2005): S- 23– S- 30.
*38 Helen Keller, *We Bereaved* (New York: Leslie Fulenwider Inc., 1929), accessed on December 29, 2016: https://archive.org/stream/webereaved00hele#page/22/mode/2up.
*39 Trenton A. Williams and Dean A. Shepherd, "Victim Entrepreneurs Doing Well by Doing Good: Venture Creation and Well- Being in the Aftermath of a Resource Shock," *Journal of Business Venturing* 31 (2016): 365– 87.
*40 ルキウス・アンナエウス・セネカおよびセミソニック『クロージング・タイム』(アルバム『フィーリング・ストレンジリー・ファイン』1998年、MCA)からの引用。
*41 Stephen Schwartz, *Wicked*, original Broadway cast recording (Decca Broadway, 2003).

6

*1 Margaret Shandor Miles and Alice Sterner Demi, "A Comparison of Guilt in Bereaved Parents Whose Children Died by Suicide, Accident, or Chronic Disease," OMEGA: *Journal of Death and Dying* 24 (1992): 203– 15.
*2 Joel Brockner, Jeff Greenberg, Audrey Brockner, et al., "Layoffs, Equity Theory, and Work Performance: Further Evidence of the Impact of Survivor Guilt," *Academy of Management Journal* 29 (1986): 373– 84; Barbara Kiviat, "After Layoffs, There's Survivor Guilt," *Time*, February 1, 2009: http://content.time.com/time/business/article/0,8599,1874592,00.html.
*3 Roy F. Baumeister, Kathleen D. Vohs, Jennifer L. Aaker, and Emily N. Garbinsky, "Some Key Differences Between a Happy Life and a Meaningful Life," *The Journal of Positive Psychology* 8 (2013): 505– 16.
*4 Adam M. Grant, Elizabeth M. Campbell, Grace Chen, et al., "Impact and the Art of Motivation Maintenance: The Effects of Contact with Beneficiaries on Persistence Behavior," *Organizational Behavior and Human Decision Processes* 103 (2007): 53– 67; Adam M. Grant, "Does Intrinsic Motivation Fuel the Prosocial Fire? Motivational Synergy in Predicting Persistence, Performance, and Productivity," *Journal of Applied Psychology* 93 (2008): 48– 58; Nicola Belle,

Not Right Away: When and Why Perceived Prosocial Impact Predicts Positive Affect," *Personnel Psychology* 65 (2012): 495– 530.

*27 Abby Goodnough, "More Applicants Answer the Call for Teaching Jobs," *The New York Times*, February 11, 2002: www.nytimes.com/learning/students/pop/20020212snaptuesday.html.

*28 Amy Wrzesniewski, "It's Not Just a Job: Shifting Meanings of Work in the Wake of 9/11," *Journal of Management Inquiry* 11 (2002): 230– 34.

*29 J. Curtis McMillen, Elizabeth M. Smith, and Rachel H. Fisher, "Perceived Benefit and Mental Health After Three Types of Disaster," *Journal of Consulting and Clinical Psychology* 65 (1997): 733– 39.

*30 Philip J. Cozzolino, Angela Dawn Staples, Lawrence S. Meyers, and Jamie Samboceti, "Greed, Death, and Values: From Terror Management to Transcendence Management Theory," *Personality and Social Psychology Bulletin* 30 (2004): 278– 92; Adam M. Grant and Kimberly Wade-Benzoni, "The Hot and Cool of Death Awareness at Work: Mortality Cues, Aging, and Self-Protective and Prosocial Motivations," *Academy of Management Review* 34 (2009): 600– 22.

*31 Robin K. Yabroff, "Financial Hardship Associated with Cancer in the United States: Findings from a Population- Based Sample of Adult Cancer Survivors," *Journal of Clinical Oncology* 34 (2016): 259– 67; Echo L. Warner, Anne C. Kirchhoff, Gina E. Nam, and Mark Fluchel, "Financial Burden of Pediatric Cancer Patients and Their Families," *Journal of Oncology Practice* 11 (2015): 12– 18.

*32 National Alliance for Cancer Caregiving, "Cancer Caregiving in the U.S.: An Intense, Episodic, and Challenging Care Experience," June 2016, accessed on December 18, 2016: www.caregiving.org/wp-content/uploads/2016/06/CancerCaregivingReport_FINAL_June-17-2016.pdf; Alison Snyder, "How Cancer in the Family Reverberates Through the Workplace," *The Washington Post*, December 11, 2016: www.washingtonpost.com/national/health-science/how-cancer-in-the-family-reverberates-through-the-workplace/2016/12/09/08311ea4-bb24-11e6-94ac-3d324840106c_story.html.

*33 David U. Himmelstein, Deborah Thorne, Elizabeth Warren, and Steffie Woolhandler, "Medical Bankruptcy in the United States, 2007: Results of a National Study," *The American Journal of Medicine* 122 (2009): 741–46.

*34 Scott Ramsey, David Blough, Anne Kirchhoff, et al., "Washington State Cancer Patients Found to Be at Greater Risk for Bankruptcy than People Without a Cancer Diagnosis," *Health Affairs* 32 (2013): 1143–52. 以下も参照のこと。Robin Yabroff, Emily C. Dowling, Gery P. Guy, et al., "Financial Hardship Associated with Cancer in the United States: Findings from a Population-Based Sample of Adult Cancer Survivors," *Journal of Clinical Oncology* 34 2015): 259- 67.

*35 Board of Governors of the Federal Reserve System, "Report on the Economic Well- Being of U.S. Households in 2015," May 2016, accessed on December 14, 2016: www.federalreserve.

Breast Cancer and Their Husbands: An Intersubjective Validation Study," *Journal of Psychosocial Orthopsychiatry* 20 (2002): 65– 80; Keith M. Bellizzi and Thomas O. Blank, "Predicting Posttraumatic Growth in Breast Cancer Survivors," *Health Psychology* 25 (2006): 47– 56.

＊20 Frankl, *Man's Search for Meaning*.〔前掲書『夜と霧』〕

＊21 Annick Shaw, Stephen Joseph, and P. Alex Linley, "Religion, Spirituality, and Posttraumatic Growth: A Systematic Review," *Mental Health, Religion and Culture* 8 (2005): 1– 11.

＊22 VernonTurner, "Letter to My Younger Self," *The Players' Tribune*, May 3, 2016: www.theplayerstribune.com/vernon-turner-nfl-letter-to-my-younger-self/.

＊23 Paul T. P. Wong, *The Human Quest for Meaning: Theories, Research, and Applications* (New York: Routledge, 2013); Jochen I. Menges, Danielle V. Tussing, Andreas Wihler, and Adam Grant, "When Job Performance Is All Relative: How Family Motivation Energizes Effort and Compensates for Intrinsic Motivation," *Academy of Management Journal* (in press): http://amj.aom.org/content/early/2016/02/25/amj.2014.0898.short.

＊24 Brent D. Rosso, Kathryn H. Dekas, and Amy Wrzesniewski, "On the Meaning of Work: A Theoretical Integration and Review," *Research in Organizational Behavior* 30 (2010): 91– 127; Adam M. Grant, "The Significance of Task Significance: Job Performance Effects, Relational Mechanisms, and Boundary Conditions," *Journal of Applied Psychology* 93 (2008): 108– 24; Adam M. Grant, "Relational Job Design and the Motivation to Make a Prosocial Difference," *Academy of Management Review* 32 (2007): 393– 417; Adam M. Grant, "Leading with Meaning: Beneficiary Contact, Prosocial Impact, and the Performance Effects of Transformational Leadership," *Academy of Management Journal* 55 (2012): 458– 76; Yitzhak Fried and Gerald R. Ferriss, "The Validity of the Job Characteristics Model: A Review and Meta- Analysis," *Personnel Psychology* 40 (1987): 287–322; PayScale, "The Most and Least Meaningful Jobs," accessed on December 14, 2016: www.payscale.com/data-packages/most-and-least-meaningful-jobs/.

＊25 Adam M. Grant and Sabine Sonnentag, "Doing Good Buffers Against Feeling Bad: Prosocial Impact Compensates for Negative Task and Self- Evaluations," *Organizational Behavior and Human Decision Processes* 111 (2010): 13– 22; Adam M. Grant and Elizabeth M. Campbell, "Doing Good, Doing Harm, Being Well and Burning Out: The Interactions of Perceived Prosocial and Antisocial Impact in Service Work," *Journal of Occupational and Organizational Psychology* 80 (2007): 665– 91. 以下も参照のこと。 Thomas W. Britt, James M. Dickinson, DeWayne Moore, et al., "Correlates and Consequences of Morale Versus Depression Under Stressful Conditions," *Journal of Occupational Health Psychology* 12 (2007): 34– 47; Stephen E. Humphrey, Jennifer D. Nahrgang, and Frederick P. Morgeson, "Integrating Motivational, Social, and Contextual Work Design Features: A Meta- Analytic Summary and Theoretical Extension of the Work Design Literature," *Journal of Applied Psychology* 92 (2007): 1332– 56.

＊26 Sabine Sonnentag and Adam M. Grant, "Doing Good at Work Feels Good at Home, but or HIV/AIDS: A Meta- Analysis," *Clinical Psychology Review* 30 (2010): 436– 47.

＊10 Richard G. Tedeschi and Lawrence G. Calhoun, "The Posttraumatic Growth Inventory: Measuring the Positive Legacy of Trauma," *Journal of Traumatic Stress* 9 (1996): 455– 71.

＊11 National Center for PTSD, U.S. Department of Veterans Affairs, "How Common Is PTSD?," calculated from the statistics presented in the report, accessed on December 14, 2016: www.ptsd.va.gov/public/PTSD-overview/basics/how-common-is-ptsd.asp.

＊12 Friedrich Nietzsche, *Twilight of the Idols*, trans. R. J. Hollingdale (New York: Penguin, 1889/1977).〔フリードリッヒ・ニーチェ『偶像の黄昏 反キリスト者〈ニーチェ全集14〉』原佑訳、筑摩書房〕

＊13 Lawrence G. Calhoun and Richard G. Tedeschi, *Handbook of Posttraumatic Growth: Research and Practice* (New York: Routledge, 2014).〔Lawrence G. Calhoun, Richard G. Tedeschi編『心的外傷後成長ハンドブック――耐え難い体験が人の心にもたらすもの』宅香菜子・清水研監訳、医学書院〕

＊14 Camille B. Wortman, "Posttraumatic Growth: Progress and Problems," *Psychological Inquiry* 15 (2004): 81– 90.

＊15 Martin E. P. Seligman, Tracy A. Steen, Nansook Park, and Christopher Peterson, "Positive Psychology Progress: Empirical Validation of Interventions," *American Psychologist* 60 (2005): 410–21. 以下も参照のこと。Fabian Gander, Rene T. Proyer, Willibald Ruch, and Tobias Wyss, "Strength- Based Positive Interventions: Further Evidence for Their Potential in Enhancing Well-Being and Alleviating Depression," *Journal of Happiness Studies* 14 (2013): 1241– 59.

＊16 Patricia Frazier, Amy Conlon, and Theresa Glaser, "Positive and Negative Life Changes Following Sexual Assault," *Journal of Consulting and Clinical Psychology* 69 (2001): 1048– 55; J. Curtis McMillen, Susan Zuravin, and Gregory Rideout, "Perceived Benefit from Childhood Sexual Abuse," *Journal of Consulting and Clinical Psychology* 63 (1995): 1037– 43.

＊17 Darrin R. Lehman, Camille B. Wortman, and Allan F. Williams, "Long- Term Effects of Losing a Spouse or Child in a Motor Vehicle Crash," *Journal of Personality and Social Psychology* 52 (1987): 218– 31.

＊18 Glen H. Elder Jr. and Elizabeth Colerick Clipp, "Wartime Losses and Social Bonding: Influence Across 40 Years in Men's Lives," *Psychiatry* 51 (1988): 177– 98; Glen H. Elder Jr. and Elizabeth Colerick Clipp, "Combat Experience and Emotional Health: Impairment and Resilience in Later Life," *Journal of Personality* 57 (1989): 311– 41.

＊19 Matthew J. Cordova, Lauren L. C. Cunningham, Charles R. Carlson, and Michael A. Andrykowski, "Posttraumatic Growth Following Breast Cancer: A Controlled Comparison Study," *Health Psychology* 20 (2001): 176– 85; Sharon Manne, Jamie Ostroff, Gary Winkel, et al., "Posttraumatic Growth After Breast Cancer: Patient, Partner, and Couple Perspectives," *Psychosomatic Medicine* 66 (2004): 442– 54; Tzipi Weiss, "Posttraumatic Growth in Women with

(2008): 898– 918.

5

*1 Albert Camus, *Lyrical and Critical Essays* (New York: Vintage, 1970).
*2 Joseph E. Kasper, "Co- Destiny: A Conceptual Goal for Parental Bereavement and the Call for a 'Positive Turn' in the Scientific Study of the Parental Bereavement Process," unpublished master's thesis, University of Pennsylvania, 2013.
*3 Viktor Frankl, *Man's Search for Meaning* (New York: Pocket Books, 1959).〔ヴィクトール・E・フランクル『夜と霧』池田香代子訳、みすず書房〕
*4 Richard G. Tedeschi and Lawrence G. Calhoun, *Helping Bereaved Parents: A Clinician's Guide* (New York: Routledge, 2003).
*5 概要は以下を参照のこと。Richard G. Tedeschi and Lawrence G. Calhoun, "Posttraumatic Growth: Conceptual Foundations and Empirical Evidence," *Psychological Inquiry* 15 (2004): 1– 18; Vicki S. Helgeson, Kerry A. Reynolds, and Patricia L. Tomich, "A Meta- Analytic Review of Benefit Finding and Growth," *Journal of Consulting and Clinical Psychology* 74 (2006): 797– 816; Gabriele Prati and Luca Pietrantoni, "Optimism, Social Support, and Coping Strategies as Factors Contributing to Posttraumatic Growth: A Meta- Analysis," *Journal of Loss and Trauma* 14 (2009): 364– 88.
*6 Patricia Frazier, Ty Tashiro, Margit Berman, et al., "Correlates of Levels and Patterns of Positive Life Changes Following Sexual Assault," *Journal of Consulting and Clinical Psychology* 72 (2004): 19– 30; Amanda R. Cobb, Richard G. Tedeschi, Lawrence G. Calhoun, and Arnie Cann, "Correlates of Posttraumatic Growth in Survivors of Intimate Partner Violence," *Journal of Traumatic Stress* 19 (2006): 895– 903.
*7 Steve Powell, Rita Rosner, Will Butollo, et al., "Posttraumatic Growth After War: A Study with Former Refugees and Displaced People in Sarajevo," *Journal of Clinical Psychology* 59 (2003): 71– 83; Zahava Solomon and Rachel Dekel, "Posttraumatic Stress Disorder and Posttraumatic Growth Among Israeli Ex- POWs," *Journal of Traumatic Stress* 20 (2007): 303– 12.
*8 Tanja Zoellner, Sirko Rabe, Anke Karl, and Andreas Maercker, "Posttraumatic Growth in Accident Survivors: Openness and Optimism as Predictors of Its Constructive or Illusory Sides," *Journal of Clinical Psychology* 64 (2008): 245– 63; Cheryl H. Cryder, Ryan P. Kilmer, Richard G. Tedeschi, and Lawrence G. Calhoun, "An Exploratory Study of Posttraumatic Growth in Children Following a Natural Disaster," *American Journal of Orthopsychiatry* 76 (2006): 65– 69.
*9 Sanghee Chun and Youngkhill Lee, "The Experience of Posttraumatic Growth for People with Spinal Cord Injury," *Qualitative Health Research* 18 (2008): 877– 90; Alexandra Sawyer, Susan Ayers, and Andy P. Field, "Posttraumatic Growth and Adjustment Among Individuals with Cancer

Following Job Loss: How Financial Strain and Loss of Personal Control Lead to Depression, Impaired Functioning, and Poor Health," *Journal of Occupational Health Psychology* 7 (2002): 302–12.

＊37 Eileen Y. Chou, Bidhan L. Parmar, and Adam D. Galinsky, "Economic Insecurity Increases Physical Pain," *Psychological Science* 27 (2016): 443– 54.

＊38 Amiram D. Vinokur, Richard H. Price, and Robert D. Caplan, "Hard Times and Hurtful Partners: How Financial Strain Affects Depression and Relationship Satisfaction of Unemployed Persons and Their Spouses," *Journal of Personality and Social Psychology* 71 (1996): 166– 79.

＊39 Amiram D. Vinokur, Michelle van Ryn, Edward M. Gramlich, and Richard H. Price, "Long-Term Follow- Up and Benefit- Cost Analysis of the Jobs Program: A Preventive Intervention for the Unemployed," *Journal of Applied Psychology* 76 (1991): 213– 19; "The Jobs Project for the Unemployed: Update," Michigan Prevention Research Center, accessed on December 15, 2016: www.isr.umich.edu/src/seh/mprc/jobsupdt.html.

＊40 Songqi Liu, Jason L. Huang, and Mo Wang, "Effectiveness of Job Search Interventions: A Meta- Analytic Review," *Psychological Bulletin* 140 (2014): 1009– 41.

＊41 Sarah Jane Glynn, "Breadwinning Mothers, Then and Now," Center for American Progress, June 20, 2014: www.americanprogress.org/issues/labor/report/2014/06/20/92355/breadwinning-mothers-then-and-now/.

＊42 Philip Basor and Masako Tsubuku, "No Relief in Sight for Japan's Poor Single-Parent Families," November 7, 2015, accessed on May 11, 2017 at: http://www.japantimes.co.jp/news/2015/11/07/business/no-relief-sight-japans-poor-single-parent-families/#.WRpO4rwrKb8

＊43 Child Care Aware of America, "Parents and the High Cost of Child Care: 2015 Report" : http://usa.childcareaware.org/wp-content/uploads/2016/05/Parents-and-the-High-Cost-of-Child-Care-2015-FINAL.pdf.

＊44 United States Department of Agriculture, "Key Statistics & Graphics," accessed on December 16, 2016: www.ers.usda.gov/topics/food-nutrition-assistance/food-security-in-the-us/key-statistics-graphics.aspx.

＊45 食事の提供を始めてから、生徒の不登校は前年比で32%減少し、体調不良を訴える生徒も72%減った。Presentation by Sonya Arriola, president of Sacred Heart Nativity Schools, accessed on December 19, 2016.

＊46 International Labour Organization, "Maternity and Paternity at Work: Law and Practice Across the World" (Geneva: International Labour Organization, 2014), accessed on March 11, 2017: www.ilo.org/wcmsp5/groups/public/---dgreports/---dcomm/---publ/documents/publication/wcms_242615.pdf.

＊47 Adam M. Grant, Jane E. Dutton, and Brent D. Rosso, "Giving Commitment: Employee Support Programs and the Prosocial Sensemaking Process," *Academy of Management Journal* 51

"Relationship of Core Self- Evaluation Traits— Self- Esteem, Generalized Self- Efficacy, Locus of Control, and Emotional Stability— with Job Satisfaction and Job Performance: A Meta- Analysis," *Journal of Applied Psychology* 86 (2001): 80– 92.

＊26 Mark R. Leary, Katharine M. Patton, Amy E. Orlando, and Wendy Wagoner Funk, "The Impostor Phenomenon: Self- Perceptions, Reflected Appraisals, and Interpersonal Strategies," *Journal of Personality* 68 (2000): 725– 56.

＊27 Sheryl Sandberg, "Why We Have Too Few Women Leaders," TED Women, December 2010: www.ted.com/talks/sheryl_sandberg_why_we_have_too_few_women_leaders.

＊28 Edna B. Foa and Elizabeth A. Meadows, "Psychosocial Treatments for Posttraumatic Stress Disorder: A Critical Review," *Annual Review of Psychology* 48 (1997): 449– 80. 以下も参照のこと。Patricia A. Resick and Monica K. Schnike, "Cognitive Processing Therapy for Sexual Assault Victims," *Journal of Consulting and Clinical Psychology* 60 (1992): 748– 56.

＊29 Soren Kierkegaard, *Papers and Journals: A Selection* (New York: Penguin, 1996); Daniel W. Conway and K. E. Gover, *Soren Kierkegaard*, vol. 1 (New York: Taylor & Francis, 2002).

＊30 Karl E. Weick, "Small Wins: Redefining the Scale of Social Problems," *American Psychologist* 39 (1984): 40– 49; Teresa Amabile and Steven Kramer, *The Progress Principle: Using Small Wins to Ignite Joy, Engagement, and Creativity at Work* (Boston: Harvard Business Review Press, 2011).〔テレサ・アマビール、スティーブン・クレイマー『マネジャーの最も大切な仕事——95%の人が見過ごす「小さな進捗」の力』中竹竜二監訳、樋口武志訳、英治出版〕

＊31 Martin E. P. Seligman, Tracy A. Steen, Nansook Park, and Christopher Peterson, "Positive Psychology Progress: Empirical Validation of Interventions," *American Psychologist* 60 (2005): 410–21.

＊32 Joyce E. Bono, Theresa M. Glomb, Winny Shen, et al., "Building Positive Resources: Effects of Positive Events and Positive Reflection on Work Stress and Health," *Academy of Management Journal* 56 (2013): 1601– 27.

＊33 Adam M. Grant and Jane E. Dutton, "Beneficiary or Benefactor: Are People More Prosocial When They Reflect on Receiving or Giving?," *Psychological Science* 23 (2012): 1033– 39. 大学への寄付を募るスタッフが、同僚の役に立てたことを数日間日記に書いたところ、その後2週間にわたって生産性が29%も向上した。

＊34 Larry R. Martinez, Craig D. White, Jenessa R. Shapiro, and Michelle R. Hebl, "Selection BIAS: Stereotypes and Discrimination Related to Having a History of Cancer," *Journal of Applied Psychology* 101 (2016): 122– 28.

＊35 "Japan's Unemployment Rate Falls to 22-year low of 2.8% in February," March 31, 2017, accessed on May 14, 2017 at: http://www.japantimes.co.jp/news/2017/03/31/business/economy-business/joblessness-falls-22-year-low-2-8-february/#.WRpBNbzyub8.

＊36 Richard H. Price, Jin Nam Choi, and Amiram D. Vinokur, "Links in the Chain of Adversity

Journal of Consulting and Clinical Psychology 66 (1998): 174– 84. 書くことによって状態が改善する前にいったん悪化することは、以下の研究で示されている。Antonio Pascual- Leone, Nikita Yeryomenko, Orrin- Porter Morrison, et al., "Does Feeling Bad Lead to Feeling Good? Arousal Patterns During Expressive Writing," *Review of General Psychology* 20 (2016): 336– 47. またこの研究でほかに示されている点として、ジャーナリングがもっとも効果が高いのは、だれにも見せずに、自分のためだけに、事実と感情を表現した場合であること、男性は感情を押し殺しがちなため、女性にくらべジャーナリングの効果がやや高いこと、健康上の問題やトラウマ、ストレスを多く抱えている人ほど効果が高いことが挙げられる。そしてもっとも重要なことだが、つらい経験についての考えや思いを整理することと、ただ反芻《はんすう》することはまったく異なる――つらい経験に意味をもたせようとすることは助けになるが、ただくよくよ悩んでいてもなんにもならないのである。心理学者のダリン・リーマンは、「多くの人が、過去の大変な経験について過剰に考えたり、夢に見たり、話したりしていることに気づきます。また、そうした話を他人は聞きたがらないということにも気づくのです」と説明してくれた。「そういう人こそ、筆記表現法を試すとよいでしょう。とはいえ、これは万能薬ではありません。お金はかからず、効果も劇的というわけではないのですから、効果がなさそうだと思えば、やめて別の方法を探せばよいのです」

*20　Matthew D. Lieberman, Naomi I. Eisenberger, Molly J. Crockett, et al., "Putting Feelings into Words," *Psychological Science* 18 (2007): 421– 28; Lisa Feldman Barrett, "Are You in Despair? That's Good," *The New York Times*, June 3, 2016: www.nytimes.com/2016/06/05/opinion/sunday/are-you-in-despair-thats-good.html.

*21　Katharina Kircanski, Matthew D. Lieberman, and Michelle G. Craske, "Feelings into Words: Contributions of Language to Exposure Therapy," *Psychological Science* 23 (2012): 1086– 91.

*22　ペネベーカーとスマイスの『オープニングアップ』(前掲書) のほか、緊急事態ストレスに関する以下の報告文献も参照のこと。Timothy D. Wilson, *Redirect: The Surprising New Science of Psychological Change* (New York: Little, Brown, 2011); Jonathan I. Bisson, Peter L. Jenkins, Julie Alexander, and Carol Bannister, "Randomised Controlled Trial of Psychological Debriefing for Victims of Acute Burn Trauma," *The British Journal of Psychiatry* 171 (1997): 78– 81; Benedict Carey, "Sept. 11 Revealed Psychology's Limits, Review Finds," *The New York Times*, July 28, 2011: www.nytimes .com/2011/07/29/health/research/29psych.html.

*23　Karolijne van der Houwen, Henk Schut, Jan van den Bout, et al., "The Efficacy of a Brief Internet- Based Self- Help Intervention for the Bereaved," *Behaviour Research and Therapy* 48 (2010): 359– 67.

*24　James W. Pennebaker and Janel D. Seagal, "Forming a Story: The Health Benefits of Narrative," *Journal of Clinical Psychology* 55 (1999): 1243– 54.

*25　Alexander D. Stajkovic, "Development of a Core Confidence– Higher Order Construct," *Journal of Applied Psychology* 91 (2006): 1208– 24; Timothy A. Judge and Joyce E. Bono,

だし重要な点として、自分の失敗から学ぼうという意欲がなければ、自己への思いやりは人との関係を深める助けにならない――どころか、むしろ関係を損ないかねない。

＊9　Mark Leary, "Don't Beat Yourself Up," *Aeon*, June 20, 2016: https://aeon.co/essays/learning-to-be-kind-to-yourself-has-remarkable-benefits. 以下も参照のこと。Meredith L. Terry and Mark Leary, "Self- Compassion, Self- Regulation, and Health," *Self and Identity* 10 (2011): 352– 62.

＊10　Paula M. Niedenthal, June Price Tangney, and Igor Gavanski, " 'If Only I Weren't' Versus 'If Only I Hadn't' : Distinguishing Shame and Guilt in Counterfactual Thinking," *Journal of Personality and Social Psychology* 67 (1994): 585– 95.

＊11　Ronnie Janoff- Bulman, "Characterological Versus Behavioral Self- Blame: Inquiries into Depression and Rape," *Journal of Personality and Social Psychology* 37 (1979): 1798– 809.

＊12　Erma Bombeck, *Motherhood: The Second Oldest Profession* (New York: McGraw- Hill, 1983).〔アーマ・ボンベック『母親って大変なんだからね！』桐島洋子・加藤風美訳、ダイナミックセラーズ出版〕

＊13　June Price Tangney and Ronda L. Dearing, *Shame and Guilt* (New York: Guilford, 2002).

＊14　Ronda L. Dearing, Jeffrey Stuewig, and June Price Tangney, "On the Importance of Distinguishing Shame from Guilt: Relations to Problematic Alcohol and Drug Use," *Addictive Behaviors* 30 (2005): 1392– 404.

＊15　Daniela Hosser, Michael Windzio, and Werner Greve, "Guilt and Shame as Predictors of Recidivism: A Longitudinal Study with Young Prisoners," *Criminal Justice and Behavior* 35 (2008): 138– 52. 以下も参照のこと。June P. Tangney, Jeffrey Stuewig, and Andres G. Martinez, "Two Faces of Shame: The Roles of Shame and Guilt in Predicting Recidivism," *Psychological Science* 25 (2014): 799– 805.

＊16　June Price Tangney, Patricia E. Wagner, Deborah Hill- Barlow, et al., "Relation of Shame and Guilt to Constructive Versus Destructive Responses to Anger Across the Lifespan," *Journal of Personality and Social Psychology* 70 (1996): 797– 809.

＊17　Bryan Stevenson, *Just Mercy: A Story of Justice and Redemption* (New York: Spiegel & Grau, 2014).〔ブライアン・スティーヴンソン『黒い司法――黒人死刑大国アメリカの冤罪と闘う』宮﨑真紀訳、亜紀書房〕

＊18　Mark R. Leary, Eleanor B. Tate, Claire E. Adams, et al., "Self- Compassion and Reactions to Unpleasant Self- Relevant Events: The Implications of Treating Oneself Kindly," *Journal of Personality and Social Psychology* 92 (2007): 887– 904.

＊19　概要は以下を参照のこと。James W. Pennebaker and Joshua M. Smyth, *Opening Up by Writing It Down: How Expressive Writing Improves Health and Eases Emotional Pain* (New York: Guilford, 2016)〔前掲書『オープニングアップ』〕; Joanne Frattaroli, "Experimental Disclosure and Its Moderators: A Meta- Analysis," *Psychological Bulletin* 132 (2006): 823– 65; Joshua M. Smyth, "Written Emotional Expression: Effect Sizes, Outcome Types, and Moderating Variables,"

Labor Market with a Criminal Record (Kalamazoo, MI: Upjohn Institute Press, 2014).
＊3　www.legis.state.tx.us/tlodocs/81R/billtext/html/HR00175I.htm and www.kbtx.com/home/headlines/7695432.html?site=full. ここで挙げた情報や発言は、キャサリン・ホークとのインタビューおよび以下からの引用である。Kris Frieswick, "Ex- Cons Relaunching Lives as Entrepreneurs," *Inc.*, May 29, 2012: www.inc.com/magazine/201206/kris-frieswick/catherine-rohr-defy-ventures-story-of-redemption.html; Leonardo Blair, "Christian Venture Capitalist Defies Sex Scandal with God's Calling," *The Christian Post*, October 31, 2015: www.christianpost.com/news/christian-venture-capitalist-defies-sex-scandal-with-gods-calling-148873/; Ryan Young, "CCU's Moglia Teaching 'Life After Football,' " *Myrtle Beach Online*, August 22, 2015: www.myrtlebeachonline.com/sports/college/sun-belt/coastal-carolina-university/article31924596.html; Jessica Weisberg, "Shooting Straight," *The New Yorker*, February 10, 2014: www.newyorker.com/magazine/2014/02/10/shooting-straight.
＊4　Kristin D. Neff, "The Development and Validation of a Scale to Measure Self- Compassion," *Self and Identity* 2 (2003): 223– 50. 以下も参照のこと。Kristin Neff, *Self- Compassion: The Proven Power of Being Kind to Yourself* (New York: William Morrow, 2011).〔クリスティーン・ネフ『セルフ・コンパッション――あるがままの自分を受け入れる』石村郁夫・樫村正美訳、金剛出版〕
＊5　David A. Sbarra, Hillary L. Smith, and Matthias R. Mehl, "When Leaving Your Ex, Love Yourself: Observational Ratings of Self- Compassion Predict the Course of Emotional Recovery Following Marital Separation," *Psychological Science* 23 (2012): 261– 69.
＊6　Regina Hiraoka, Eric C. Meyer, Nathan A. Kimbrel, et al., "Self- Compassion as a Prospective Predictor of PTSD Symptom Severity Among Trauma- Exposed U.S. Iraq and Afghanistan War Veterans," *Journal of Traumatic Stress* 28 (2015): 127– 33.
＊7　Kristin D. Neff, "Self- Compassion, Self- Esteem, and Well- Being," *Social and Personality Psychology Compass* 5 (2011): 1– 12; Angus Macbeth and Andrew Gumley, "Exploring Compassion: A Meta- Analysis of the Association Between Self- Compassion and Psychopathology," *Clinical Psychology Review* 32 (2012): 545– 52; Nicholas T. Van Dam, Sean C. Sheppard, John P. Forsyth, and Mitch Earleywine, "Self- Compassion Is a Better Predictor than Mindfulness of Symptom Severity and Quality of Life in Mixed Anxiety and Depression," *Journal of Anxiety Disorders* 25 (2011): 123– 30; Michelle E. Neely, Diane L. Schallert, Sarojanni S. Mohammed, et al., "Self-Kindness When Facing Stress: The Role of Self- Compassion, Goal Regulation, and Support in College Students' Well- Being," *Motivation and Emotion* 33 (2009): 88– 97.
＊8　Lisa M. Yarnell, Rose E. Stafford, Kristin D. Neff, et al., "Meta- Analysis of Gender Differences in Self- Compassion," *Self and Identity* 14 (2015): 499–520; Levi R. Baker and James K. McNulty, "Self- Compassion and Relationship Maintenance: The Moderating Roles of Conscientiousness and Gender," *Journal of Personality and Social Psychology* 100 (2011): 853–73. た

theory-20130407.
＊11　Elisabeth Kubler- Ross, *On Death and Dying* (New York: Routledge, 1969).〔エリザベス・キューブラー＝ロス『死ぬ瞬間――死とその過程について』鈴木晶訳、中央公論新社〕
＊12　Holly G. Prigerson and Paul K. Maciejewski, "Grief and Acceptance as Opposite Sides of the Same Coin: Setting a Research Agenda to Study Peaceful Acceptance of Loss," *The British Journal of Psychiatry* 193 (2008): 435– 37. 以下も参照のこと。Margaret Stroebe and Henk Schut, "The Dual Process Model of Coping with Bereavement: Rationale and Description," *Death Studies* 23 (1999): 197– 224. ソーシャル・ワーカーのキャロル・ガイトナーが私たちに説明してくれたように、ステージ・モデルは「悲しみ方の個別性や多様性を矮小化するものでもあります。悲しみにどのように向き合い、克服するかは、人によってさまざまです。こうしたモデルの何が問題かといえば、『こうあるべきだ』という規範を押しつけかねない点です。最近のモデルは、個人性を重視しています。もちろん、モデルを求める気持ちは理解できます。悲しみには必ず終わりがあり、攻略法があり、予測できるものだと安心したいのです。でもそうした考え方には、悲嘆の現実を忠実に表していないというマイナス面もあります。それはまやかしのなぐさめでしかないのです。喪失の受け止め方は人それぞれ異なるのですから」。
＊13　Laura L. Carstensen, Derek M. Isaacowitz, and Susan T. Charles, "Taking Time Seriously: A Theory of Socioemotional Selectivity," *American Psychologist* 54 (1999): 165– 81.
＊14　Cheryl L. Carmichael, Harry T. Reis, and Paul R. Duberstein, "In Your 20s It's Quantity, in Your 30s It's Quality: The Prognostic Value of Social Activity Across 30 Years of Adulthood," *Psychology and Aging* 30 (2015): 95– 105.
＊15　この寓意的な詩はさまざまなかたちで発表されている。たとえば以下を参照のこと。http://www.footprints-inthe-sand.com/index.php?page=Main.php.

4

＊1　Matthew Friedman, "Just Facts: As Many Americans Have Criminal Records as College Diplomas," Brennan Center for Justice, November 17, 2015: www.brennancenter.org/blog/just-facts-many-americans-have-criminal-records-college-diplomas; Thomas P. Bonczar and Allen J. Beck, "Lifetime Likelihood of Going to State or Federal Prison," Bureau of Justice Statistics, special report NCJ 160092, March 6, 1997: www.nij.gov/topics/corrections/reentry/Pages/employment.aspx.
＊2　犯罪歴のある人を「必ず」または「おそらく」雇うと答えた雇用者は、40%にすぎなかった。また犯罪歴の有無以外は同じ履歴書を使った実験で、犯罪歴のある応募者が雇用者から連絡をもらう確率は、犯罪歴のない応募者の半分以下でしかなかった。以下を参照のこと。John Schmitt and Kris Warner, "Ex- Offenders and the Labor Market," *The Journal of Labor and Society* 14 (2011): 87– 109; Steven Raphael, *The New Scarlet Letter? Negotiating the U.S.*

Love (New York: HarperOne, 2017).
*18 Tim Lawrence, “8 Simple Words to Say When Someone You Love Is Grieving,” *Upworthy*, December 17, 2015: www.upworthy.com/8-simple-words-to-say-when-when-someone-you-love-is-grieving.

3

*1 David C. Glass and Jerome Singer, “Behavioral Consequences of Adaptation to Controllable and Uncontrollable Noise,” *Journal of Experimental Social Psychology* 7 (1971): 244– 57; David C. Glass and Jerome E. Singer, “Experimental Studies of Uncontrollable and Unpredictable Noise,” *Representative Research in Social Psychology* 4 (1973): 165– 83.
*2 Brian R. Little, *Me, Myself, and Us: The Science of Personality and the Art of Well- Being* (New York: Public Affairs, 2014).〔ブライアン・R・リトル『自分の価値を最大にするハーバードの心理学講義』児島修訳、大和書房〕
*3 C. Daniel Batson, Jim Fultz, and Patricia A. Schoenrade, “Distress and Empathy: Two Qualitatively Distinct Vicarious Emotions with Different Motivational Consequences,” *Journal of Personality* 55 (1987): 19– 39.
*4 Allen Rucker, *The Best Seat in the House: How I Woke Up One Tuesday and Was Paralyzed for Life* (New York: HarperCollins, 2007).
*5 Loran F. Nordgren, Mary- Hunter McDonnell, and George Loewenstein, “What Constitutes Torture? Psychological Impediments to an Objective Evaluation of Enhanced Interrogation Tactics,” *Psychological Science* 22 (2011): 689– 94.
*6 この言葉がはじめて用いられた文献に関しては諸説あるが、とくにわかりやすい説明として、カール・ポパーの文章を挙げておく。「ゴールデンルールもよい鉄則ではあるが、他人が扱ってほしいように他人を扱うことを心がけるほうがさらによい」。Karl Popper, *The Open Society and Its Enemies*, vol. 2 (New York: Routledge, 1945/1966).〔カール・R・ポパー『開かれた社会とその敵〈第二部 予言の大潮〉』小河原誠・内田詔夫訳、未來社〕
*7 Bruce Feiler, “How to Be a Friend in Deed,” *The New York Times*, February 6, 2015: www.nytimes.com/2015/02/08/style/how-to-be-a-friend-in-deed.html.
*8 Megan Devine, Refuge in Grief: Emotionally Intelligent Grief Support, accessed on December 14, 2016: www.refugeingrief.com/.
*9 Jessica P. Lougheed, Peter Koval, and Tom Hollenstein, “Sharing the Burden: The Interpersonal Regulation of Emotional Arousal in Mother- Daughter Dyads,” *Emotion* 16 (2016): 83– 93.
*10 Susan Silk and Barry Goldman, “How Not to Say the Wrong Thing,” *Los Angeles Times*, April 7, 2013: http://articles.latimes.com/2013/apr/07/opinion/la-oe-0407-silk-ring-

Challenges of the Disengaged Mind," *Science* 345 (2014): 75– 77.
＊6　Lynn C. Miller, John H. Berg, and Richard L. Archer, "Openers: Individuals Who Elicit Intimate Self- Disclosure," *Journal of Personality and Social Psychology* 44 (1983): 1234– 44.
＊7　Daniel Lim and David DeSteno, "Suffering and Compassion: The Links Among Adverse Life Experiences, Empathy, Compassion, and Prosocial Behavior," *Emotion* 16 (2016): 175– 82. ただし、つらいできごとを乗り越えた人ほど、乗り越えようとしない人に対して厳しいという研究結果もある。Rachel L. Ruttan, Mary- Hunter McDonnell, and Loran F. Nordgren, "Having 'Been There' Doesn't Mean I Care: When Prior Experience Reduces Compassion for Emotional Distress," *Journal of Personality and Social Psychology* 108 (2015): 610– 22.
＊8　Anna Quindlen, "Public and Private: Life After Death," *The New York Times*, May 4, 1994: www.nytimes.com/1994/05/04/opinion/public-private-life-after-death.html.
＊9　Darrin R. Lehman, John H. Ellard, and Camille B. Wortman, "Social Support for the Bereaved: Recipients' and Providers' Perspectives on What Is Helpful," *Journal of Consulting and Clinical Psychology* 54 (1986): 438– 46.
＊10　Jeanne L. Tsai, "Ideal Affect: Cultural Causes and Behavioral Consequences," *Perspectives on Psychological Science* 2 (2007): 242– 59.
＊11　David Caruso, quoted in Julie Beck, "How to Get Better at Expressing Emotions," *The Atlantic*, November 18, 2015: www.theatlantic.com/health/archive/2015/11/how-to-get-better-at-expressing-emotions/416493/.
＊12　Quindlen, "Public and Private."
＊13　2015年6月3日のシェリル・サンドバーグの投稿。www.facebook.com/sheryl/posts/10155617891025177:0.
＊14　概要は以下を参照のこと。James W. Pennebaker and Joshua M. Smyth, *Opening Up by Writing It Down: How Expressive Writing Improves Health and Eases Emotional Pain* (New York: Guilford, 2016)〔J・W・ペネベーカー『オープニングアップ――秘密の告白と心身の健康』余語真夫監訳、北大路書房〕.本書の第4章で、よりくわしく説明している。
＊15　Anthony C. Ocampo, "The Gay Second Generation: Sexual Identity and the Family Relations of Filipino and Latino Gay Men," *Journal of Ethnic and Migration Studies* 40 (2014): 155–73; Anthony C. Ocampo, "Making Masculinity: Negotiations of Gender Presentation Among Latino Gay Men," *Latino Studies* 10 (2012): 448–72.
＊16　Emily McDowell, quoted in Kristin Hohendal, "A Cancer Survivor Designs the Cards She Wishes She'd Received from Friends and Family," *The Eye*, May 6, 2015: www.slate.com/blogs/the_eye/2015/05/06/empathy_cards_by_emily_mcdowell_are_greeting_cards_designed_for_cancer_patients.html.
＊17　http://emilymcdowell.com/. 以下も参照のこと。Kelsey Crowe and Emily McDowell, *There Is No Good Card for This: What to Say and Do When Life Is Scary, Awful, and Unfair to People You*

Personality and Social Psychology 84 (2003): 377– 89.
*22 Emily C. Bianchi, "The Bright Side of Bad Times: The Affective Advantages of Entering the Workforce in a Recession," *Administrative Science Quarterly* 58 (2013): 587– 623.
*23 "Japan's Worsening Poverty Rate," September 24, 2014, accessed on May 10, 2017 at: http://www.nippon.com/en/features/h00072/.
*24 "Americans' Financial Security: Perception and Reality," The Pew Charitable Trusts, accessed on December 14, 2016: www.pewtrusts.org/en/research-and-analysis/issue-briefs/2015/02/americans-financial-security-perceptions-and-reality.
*25 Mariko Lin Chang, *Shortchanged: Why Women Have Less Wealth and What Can Be Done About It* (New York: Oxford University Press, 2010).
*26 Alicia H. Munnell and Nadia S. Karamcheva, "Why Are Widows So Poor?," Center for Retirement Research at Boston College Brief IB #7- 9, accessed on December 14, 2016: http://crr.bc.edu/briefs/why-are-widows-so-poor/.

2

*1 Tim Urban, "10 Types of Odd Friendships You're Probably Part Of," *Wait but Why*, December 2014: http://waitbutwhy.com/2014/12/10-types-odd-friendships-youre-probably-part.html. 自分のことを尋ねてくれる人に好感をもちやすいことは、以下の研究でも示されている。Karen Huang, Mike Yeomans, Alison Wood Brooks, et al., "It Doesn't Hurt to Ask: Question- Asking Encourages Self- Disclosure and Increases Liking," *Journal of Personality and Social Psychology* (in press).
*2 Mitch Carmody, quoted in Linton Weeks, "Now We Are Alone: Living On Without Our Sons," *All Things Considered*, NPR, September 3, 2010: www.npr.org/templates/story/story.php?storyId=128977776.
*3 Sidney Rosen and Abraham Tesser, "On Reluctance to Communicate Undesirable Information: The MUM Effect," *Sociometry* 33 (1970): 253– 63.
*4 Joshua D. Margolis and Andrew Molinsky, "Navigating the Bind of Necessary Evils: Psychological Engagement and the Production of Interpersonally Sensitive Behavior," *Academy of Management Journal* 51 (2008): 847– 72; Jayson L. Dibble, "Breaking Bad News in the Provider-Recipient Context: Understanding the Hesitation to Share Bad News from the Sender's Perspective," in *Medical Communication in Clinical Contexts*, ed. Benjamin Bates and Rukhsana Ahmed (Dubuque, IA: Kendall Hunt Publishing, 2012). 以下も参照のこと。Walter F. Baile, Robert Buckman, Renato Lenzi, et al., "SPIKES— A Six- Step Protocol for Delivering Bad News: Application to the Patient with Cancer," *The Oncologist* 5 (2000): 302– 11.
*5 Timothy D. Wilson, David A. Reinhard, Erin C. Westgate, et al., "Just Think: The

＊12　James H. Dulebohn, Janice C. Molloy, Shaun M. Pichler, and Brian Murray, "Employee Benefits:Literature Review and Emerging Issues," *Human Resource Management Review* 19 (2009): 86– 103. 以下も参照のこと。Alex Edmans, "The Link Between Job Satisfaction and Firm Value, with Implications for Corporate Social Responsibility," *Academy of Management Perspectives* 26 (2012): 1– 19; James K. Harter, Frank L. Schmidt, and Theodore L. Hayes, "Business- Unit- Level Relationship Between Employee Satisfaction, Employee Engagement, and Business Outcomes: A Meta- Analysis," *Journal of Applied Psychology* 87 (2002): 268– 79.

＊13　Daniel T. Gilbert, Elizabeth C. Pinel, Timothy D. Wilson, and Stephen J. Blumberg, "Immune Neglect: A Source of Durability Bias in Affective Forecasting," *Journal of Personality and Social Psychology* 75 (1998): 617– 38.

＊14　Timothy D. Wilson and Daniel T. Gilbert, "Affective Forecasting: Knowing What to Want," *Current Directions in Psychological Science* 14 (2005): 131– 34; Daniel T. Gilbert, *Stumbling on Happiness* (New York: Knopf, 2006).〔ダニエル・ギルバート『明日の幸せを科学する』熊谷淳子訳、早川書房〕

＊15　Gilbert et al., "Immune Neglect."

＊16　Elizabeth W. Dunn, Timothy D. Wilson, and Daniel T. Gilbert, "Location, Location, Location: The Misprediction of Satisfaction in Housing Lotteries," *Personality and Social Psychology Bulletin* 29 (2003): 1421– 32.

＊17　認知行動療法については、ベック研究所のサイトを参照のこと。www.beckinstitute.org.

＊18　C. S. Lewis, *A Grief Observed* (New York: Harper & Row, 1961).〔前掲書『悲しみをみつめて』〕

＊19　Pema Chodron, *When Things Fall Apart: Heart Advice for Difficult Times* (Boston: Shambhala, 1997).〔ペマ・チュードゥン『すべてがうまくいかないとき――チベット密教からのアドバイス』ハーディング祥子訳、めるくまーる〕

＊20　Alex M. Wood, Jeffrey J. Froh, and Adam W. A. Geraghty, "Gratitude and Well- Being: A Review and Theoretical Integration," *Clinical Psychology Review* 30 (2010): 890– 905; Laura J. Kray, Katie A. Liljenquist, Adam D. Galinsky, et al., "From What *Might* Have Been to What *Must* Have Been: Counterfactual Thinking Creates Meaning," *Journal of Personality and Social Psychology* 98 (2010): 106– 18; Karl Halvor Teigen, "Luck, Envy, and Gratitude: It Could Have Been Different," *Scandinavian Journal of Psychology* 38 (1997): 313– 23; Minkyung Koo, Sara B. Algoe, Timothy D. Wilson, and Daniel T. Gilbert, "It's a Wonderful Life: Mentally Subtracting Positive Events Improves People's Affective States, Contrary to Their Affective Forecasts," *Journal of Personality and Social Psychology* 95 (2008): 1217– 24.

＊21　Robert A. Emmons and Michael E. McCullough, "Counting Blessings Versus Burdens: An Experimental Investigation of Gratitude and Subjective Well- Being in Daily Life," *Journal of*

ティン・セリグマン『オプティミストはなぜ成功するか』山村宜子訳、パンローリング〕
*3　以下を参照のこと。Tracy R. G. Gladstone and Nadine J. Kaslow, "Depression and Attributions in Children and Adolescents: A Meta- Analytic Review," *Journal of Abnormal Child Psychology* 23 (1995): 597– 606.
*4　Angela Lee Duckworth, Patrick D. Quinn, and Martin E. P. Seligman, "Positive Predictors of Teacher Effectiveness," *The Journal of Positive Psychology* 4 (2009): 540– 47.
*5　Martin E. P. Seligman, Susan Nolen- Hoeksema, Nort Thornton, and Karen Moe Thornton, "Explanatory Style as a Mechanism of Disappointing Athletic Performance," *Psychological Science* 1 (1990): 143– 46.
*6　Martin E. P. Seligman and Peter Schulman, "Explanatory Style as a Predictor of Productivity and Quitting Among Life Insurance Sales Agents," *Journal of Personality and Social Psychology* 50 (1986): 832– 38.
*7　Matt J. Gray, Jennifer E. Pumphrey, and Thomas W. Lombardo, "The Relationship Between Dispositional Pessimistic Attributional Style Versus Trauma- Specific Attributions and PTSD Symptoms," *Journal of Anxiety Disorders* 17 (2003): 289– 303; Ronnie Janoff- Bulman, "Characterological Versus Behavioral Self- Blame: Inquiries into Depression and Rape," *Journal of Personality and Social Psychology* 37 (1979): 1798– 809.
*8　女性は男性よりも謝りがちである。以下を参照のこと。Karina Schumann and Michael Ross, "Why Women Apologize More than Men: Gender Differences in Thresholds for Perceiving Offensive Behavior," *Psychological Science* 21 (2010): 1649– 55; Jarrett T. Lewis, Gilbert R. Parra, and Robert Cohen, "Apologies in Close Relationships: A Review of Theory and Research," *Journal of Family Theory and Review* 7 (2015): 47– 61.
*9　Robert W. Van Giezen, "Paid Leave in Private Industry over the Past 20 Years," U.S. Bureau of Labor Statistics, *Beyond the Numbers* 2 (2013): www.bls.gov/opub/btn/volume-2/paid-leave-in-private-industry-over-the-past-20-years.htm. アメリカでは、子どもが生まれた人は12週間までの無給の育児休暇を取得できるが、子どもが死んだときは3日間の休暇しか認められていない。しかも、働く女性のうち有給休暇をとることができない人は30%近くにのぼる。これは受け入れがたいことである。以下を参照のこと。http://scholars.unh.edu/cgi/viewcontent.cgi?article=1170&context=carsey. 有給休暇の定義については以下を参照のこと。Kristin Smith and Andrew Schaefer, "Who Cares for the Sick Kids? Parents' Access to Paid Time to Care for a Sick Child," Carsey Institute Issue Brief #51 (2012), accessed on December 16, 2016: http://scholars.unh.edu/cgi/viewcontent.cgi?article=1170&context=carsey.
*10　Jane E. Dutton, Kristina M. Workman, and Ashley E. Hardin, "Compassion at Work," *Annual Review of Organizational Psychology and Organizational Behavior* 1 (2014): 277– 304.
*11　Darlene Gavron Stevens, "The Cost of Grief," *Chicago Tribune*, August 20, 2003: http://articles.chicagotribune.com/2003-08-20/business/0308200089_1_pet-loss-grief-emotions.

原註

はじめに

＊1　C. S. Lewis, A *Grief Observed* (New York: Harper & Row, 1961).〔C・S・ルイス『悲しみをみつめて〈C・S・ルイス宗教著作集6〉』西村徹訳、新教出版社〕

＊2　たとえば以下を参照のこと。Timothy J. Biblarz and Greg Gottainer, "Family Structure and Children's Success: A Comparison of Widowed and Divorced Single- Mother Families," *Journal of Marriage and Family* 62 (2000): 533– 48; Kenneth S. Kendler, Michael C. Neale, Ronald C. Kessler, et al., "Childhood Parental Loss and Adult Psychopathology in Women: A Twin Study Perspective," *Archives of General Psychiatry* 49 (1992): 109– 16; Jane D. McLeod, "Childhood Parental Loss and Adult Depression," *Journal of Health and Social Behavior* 32 (1991): 205– 20.

＊3　George A. Bonanno, Camille B. Wortman, Darrin R. Lehman, et al., "Resilience to Loss and Chronic Grief: A Prospective Study from Preloss to 18- Months Postloss," *Journal of Personality and Social Psychology* 83 (2002): 1150– 64. くわしくは以下を参照のこと。George A. Bonanno, *The Other Side of Sadness: What the New Science of Bereavement Tells Us About Life After Loss* (New York: Basic Books, 2010).〔ジョージ・A・ボナーノ『リジリエンス――喪失と悲嘆についての新たな視点』高橋祥友訳、金剛出版〕

＊4　以下を参照のこと。Geoff DeVerteuil and Oleg Golubchikov, "Can Resilience Be Redeemed?," *City: Analysis of Urban Trends, Culture, Theory, Policy, Action* 20 (2016): 143– 51; Markus Keck and Patrick Sakdapolrak, "What Is Social Resilience? Lessons Learned and Ways Forward," *Erdkunde* 67 (2013): 5– 19.

1

＊1　Samuel Beckett, *The Unnamable* (New York: Grove Press, 1958).〔サミュエル・ベケット『名づけえぬもの』安藤元雄訳、白水社〕

＊2　以下を参照のこと。Steven F. Maier and Martin E. P. Seligman, "Learned Helplessness at Fifty: Insights from Neuroscience," *Psychological Review* 123 (2016): 349– 67; Martin E. P. Seligman, *Learned Optimism: How to Change Your Mind and Your Life* (New York: Pocket Books, 1991).〔マー

p.41

J. B. Handelsman, The New Yorker Collection /
The Cartoon Bank

p.59

Empathy Cards used by permission of
Emily McDowell Studio

p.61

Leo Cullum, The New Yorker Collection /
The Cartoon Bank

p.148

Joshua & Cayla by Timothy Chambers

p.204

A Plus, January 22, 2016:
http://aplus.com/a/clean-slate-blackboard-experiment

アダム・グラント
ADAM GRANT

ペンシルベニア大学ウォートン校教授、心理学者。著書に世界的ベストセラーとなった『ORIGINALS――誰もが「人と違うこと」ができる時代』『GIVE & TAKE――「与える人」こそ成功する時代』がある。意欲や生きがいを見出し、より豊かで創造的な生を送るための研究の第一人者。アメリカ心理学会と国立科学財団から業績賞を受賞し、ニューヨーク・タイムズにも論説を寄稿している。妻と3人の子どもとともにフィラデルフィアに在住。

シェリル・サンドバーグ
SHERYL SANDBERG

フェイスブックCOO（最高執行責任者）、慈善活動家、ビジネス・リーダー。著書に世界的ベストセラーとなった『LEAN IN――女性、仕事、リーダーへの意欲』がある。女性の目標達成を支援する「LeanIn.Org」の創設者。グーグルのオンライン・セールス担当副社長、米財務省首席補佐官を歴任。2人の子どもとともにカリフォルニア北部に在住。

訳者
櫻井祐子
YUKO SAKURAI

京都大学経済学部経済学科卒業。大手都市銀行在籍中にオックスフォード大学で経営学修士号を取得。訳書に『Who Gets What』『SPRINT 最速仕事術』『0ベース思考』『選択の科学』『イノベーション・オブ・ライフ』『100年予測』など多数。

OPTION《オプション》 B
逆境、レジリエンス、そして喜び

2017年7月19日　1刷

著者
シェリル・サンドバーグ
アダム・グラント

訳者
櫻井祐子

発行者
金子 豊

発行所
日本経済新聞出版社
〒100-8066 東京都千代田区大手町1-3-7
Tel（03）3270-0251（代）
http://www.nikkeibook.com/

印刷・製本
大日本印刷

ISBN 978-4-532-32159-8 Printed in Japan